Der rote Faden

OLIVER PRECHT

DER ROTE FADEN
MAURICE MERLEAU-PONTY UND DIE POLITIK DER WAHRNEHMUNG

Mit einem Anhang
Maurice Merleau-Ponty, „L'Ineinander"
Aus dem Französischen von Oliver Precht

August Verlag

INHALT

SIGLENVERZEICHNIS

AD: Die Abenteuer der Dialektik
AG: Das Auge und der Geist
C: Causerien 1948
E: Entretiens avec Georges Charbonnier
HT: Humanismus und Terror 1
HTII: Humanismus und Terror 2
IP: L'institution, la passivité
KV: Keime der Vernunft
MS: Le monde sensible et le monde d'expression
N: Die Natur
P: Parcours 1
PII: Parcours 2
PhW: Phänomenologie der Wahrnehmung
PrW: Das Primat der Wahrnehmung
PW: Die Prosa der Welt
PP: Le problème de la parole
SNS: Sinn und Nicht-Sinn
SU: Das Sichtbare und das Unsichtbare
SV: Die Struktur des Verhaltens
ULL: Recherches sur l'usage littéraire du langage
V: Vorlesungen I
Z: Zeichen

PROLOG: WO BIN ICH?

Wo bin ich? und *Wie viel Uhr ist es?*
Das ist unsere unerschöpfliche Frage an die Welt.

Paul Claudel, *Art poétique*

Als politischer Denker ist Maurice Merleau-Ponty ein wenig in Vergessenheit geraten. Im Gegensatz zu seinen frühen Reflexionen über den Leib und die Wahrnehmung, im Gegensatz auch zu seinen späten Meditationen über das wilde Sein, das Sehen und die Berührung scheinen seine im engeren Sinn politischen Texte heute keine große Faszination mehr auszuüben. Das ist auch nicht weiter verwunderlich. Da sie in einem hohen Maß in die Fragen und Probleme ihrer Zeit verwickelt sind, wirken diese Texte heute fremd und wenig aktuell. Erschwerend kommt hinzu, dass man leicht den Eindruck gewinnen kann, auch Merleau-Ponty erkannte im Marxismus so etwas wie den unüberschreitbaren Horizont seiner Zeit.[1]

Spätestens mit dem Zerfall der Sowjetunion ist die Vorstellung *eines* geschichtlichen Horizonts, vor dem sich alle politischen Probleme und philosophischen Fragen der Menschheit abzeichnen, in Verruf geraten. Und wenn sie in jüngster Vergangenheit wieder eine gewisse Renaissance erlebte, dann wird sie zumeist gerade nicht mit dem Schlagwort des Marxismus, sondern mit dem des Klimawandels in Verbindung gebracht – wobei die Erderwärmung meist nur

[1] Das geflügelte Wort vom Marxismus als unüberschreitbarem Horizont unserer Zeit, das Merleau-Pontys Mitstreiter Jean-Paul Sartre in zahlreichen Kommentaren in den Mund gelegt wird, geht auf eine Passage aus dessen 1960 erschienener *Kritik der dialektischen Vernunft* zurück, in der er schreibt, dass er „den Marxismus als die unüberschreitbare Philosophie unserer Zeit ansehe" (Jean-Paul Sartre, *Kritik der dialektischen Vernunft. 1. Band: Theorie der gesellschaftlichen Praxis,* übers. v. Traugott König, Reinbek bei Hamburg: Rowohlt 1967, S. 686).

als ein besonders markantes Symptom einer tiefgreifenden Verwandlung verstanden wird. Alle politischen und philosophischen Projekte müssen sich demzufolge vor dem Horizont der Metamorphose dessen situieren, was Bruno Latour als die kritische Zone bezeichnet.[2] Und für Latour und seine Mitstreitenden scheitert der Marxismus gerade deswegen daran, die fundamentalen Probleme dieser Verwandlung zu denken, weil er seine Geschichtsphilosophie, seinen Politikstil und die darin implizierte Unterscheidung von Natur und Kultur weiterhin für einen unüberschreitbaren Horizont hält. Weil es ihm nicht gelinge, sich von der Vorstellung eines universellen Fortschritts zu lösen, weil er den Klassenkampf nicht als ökologische Frage denken könne, weil er das Verhältnis des Menschen zur Natur als Beherrschung und nicht als Verflechtung begreife, reihe er sich mit einem Wort von Latour in die „Modernisierungsfront" ein – und verhindere so geradezu die Lösung der wichtigsten Probleme unserer Zeit.[3] Der Marxismus halte genauer gesagt die gefährliche Illusion der Moderne aufrecht, der wir diese Probleme überhaupt verdanken – und der wir nach Latour nur auf dem Weg einer Revolution des Denkens entkommen können.

Diese Revolution dreht sich um die einfache, aber folgenreiche Einsicht, dass wir nicht auf einem Planeten leben, der lediglich den Hinter- und Untergrund für unser Handeln abgibt, sondern, wie Latour sich ausdrückt: *mit* Erde, also auf zahllose Weisen verflochten in eine überaus fragile „winzige Flechte",[4] in die wir eingeschlossen sind und die sich zudem in

[2] Als kritische Zone bezeichnet Latour die wenige Kilometer dicke, fragile Membran, in oder besser gesagt *mit* der sich alles Leben auf der Erde herausgebildet hat – sprich den Boden, die Vegetation, das Wasser und die Atmosphäre.

[3] Bruno Latour: *Das terrestrische Manifest*, übers. v. Bernd Schwibs, Berlin: Suhrkamp 2018, S. 23.

[4] Bruno Latour, *Wo bin ich? Lektionen aus dem Lockdown*, übers. v. Achim Russer u. Bernd Schwibs, Berlin: Suhrkamp 2021, S. 51. Die folgenden Zitate aus diesem Buch werden anhand der Seitenzahl direkt im Text ausgewiesen. Ich beschränke mich in der vorliegenden Untersuchung weitgehend auf Latours letzte Veröffentlichungen. Die hier nur skizzierte Kritik habe ich an anderer Stelle auf breiterer Textgrundlage entwickelt: Oliver Precht, „Weltverlust und Selbstbehauptung. Politische Ökologie und politische Philosophie bei Bruno Latour", in: Björn Bertrams u. Antonio Roselli (Hg.), *Selbstverlust und Welterfahrung. Erkundungen einer pathischen Moderne*, Wien/Berlin: Turia + Kant 2021, S. 69–89.

einem überaus kritischen Zustand befindet. Die so verstandene Revolution des Denkens wähnt sich am Anfang oder im Zentrum einer noch viel umfassenderen Revolution: Die alte Welt – jene Moderne, in der wir Latour zufolge zu leben meinen – ist im Untergehen begriffen, und die aufgehende neue Welt wird gerade keine Postmoderne sein, sondern ganz einfach die Erde, mit der wir immer schon gelebt haben. In dieser neuen Welt werden die modernen Menschen von Erdverhafteten (man könnte auch sagen: Erdverflochtenen) abgelöst worden sein, die sich um diese ganze Flechte sorgen, in der, mit der und durch die sie immer schon leben.

Mit einem bloßen Umdenken ist es dabei freilich nicht getan: Eine Umwälzung von derartigem Ausmaß, vergleichbar wohl nur mit der neolithischen Revolution,[5] erfordert eine Verwandlung aller politischen und gesellschaftlichen Institutionen. Doch genau diese Verwandlung gerät durch Latours Fokussierung auf eine Revolution des Denkens auf fatale Weise aus dem Blickfeld. Besonders deutlich zeigt sich das in seinem letzten zu Lebzeiten veröffentlichten Text *Wo bin ich?*[6] Das kleine Buch dreht sich zwar ausgerechnet um Franz Kafkas berühmte Erzählung „Die Verwandlung", doch wie man weiß, wacht der Protagonist Gregor Samsa bereits als Verwandelter auf.[7] Als ein-

[5] Für die französische Theoriegeschichte spielt der Begriff der neolithischen Revolution, wie er insbesondere von Claude Lévi-Strauss' viel gelesener Studie *Rasse und Geschichte* popularisiert wurde, eine wichtige Rolle (vgl. Claude Lévi-Strauss, *Rasse und Geschichte*, übers. v. Traugott König, Frankfurt a.M.: Suhrkamp 1972, S. 50). An der historischen Wirklichkeit dieser Revolution bestehen heute gravierende und berechtigte Zweifel (vgl. David Graeber u. David Wengrow, *The Dawn of Everything. A New History of Humanity*, London: Penguin 2022). Für Merleau-Ponty und eine Reihe von anderen Theoretiker_innen diente dieser etwas fragwürdige Begriff jedoch weniger einer adäquaten Beschreibung der Vorgeschichte als einer philosophischen Selbstverständigung.

[6] Streng genommen handelt es sich bei *Wo bin ich?* um das vorletzte zu Lebzeiten publizierte Buch. Das allerletzte, gemeinsam mit Nikolaj Schultz verfasste *Zur Entstehung einer ökologischen Klasse*, auf das ich ganz zum Schluss dieser Untersuchung zurückkommen werde, markiert allerdings einen so grundsätzlichen (und begrüßenswerten) Bruch mit Latours pädagogischem Politikbegriff, dass die Vermutung naheliegt, der Text gehe in erster Linie auf Latours Co-Autor zurück.

[7] »Der Anfang der *Verwandlung* erzählt nicht etwa den Anfang einer Verwandlung. Vielmehr wird die Verwandlung, deren Erzählung im Titel angekündigt ist, als bereits geschehen konstatiert und nachträglich als der Erzählung vorgängig vorausgesetzt [...]. Statt den Anfang einer Verwandlung zu erzählen, wird hier die Notwendigkeit und Unmöglichkeit des Anfangens selbst thematisiert« (Katrin Trüstedt, *Stellvertretung. Zur Szene der Person*, Konstanz: Konstanz University Press 2022, S. 267f.).

zig Erdverhafteter findet er sich in Latours eigenwilliger Interpretation unter lauter Modernen wieder, und es ist schwer zu sehen, wie sie ihm auf dem Weg seiner Metamorphose folgen sollen: „Es wäre ein Euphemismus zu sagen, dass Gregor ‚sich nicht gut mit seinen Eltern versteht'; ihre Maßstäbe und die seinen sind schlechterdings unvereinbar" (32).

Einerseits ist für Latour alles ineinander verflochten, andererseits aber scheint es keinen Übergang zu geben zwischen der Welt der Modernen und jener Erde in der, mit der und durch die wir leben. Es gibt hier nur einen „unüberbrückbaren Abgrund" (122): Der Faden ist gerissen. Doch wer hat ihn zerrissen? Glaubt man Latour, dann waren es die Modernen selbst. Als sie sich blindlings und euphorisch in ihr Modernisierungsabenteuer gestürzt haben, kannten sie nur eine Richtung und haben alle Taue gekappt: „Um nicht versucht zu sein umzukehren, um nicht zu riskieren, als ‚reaktionär' zu gelten", haben sie alle ihre „*Schiffe hinter sich verbrannt*" (122). Sie haben von der Erde abgelegt und die kritische Zone verlassen. Aber wie ist das möglich, wenn wir gleichzeitig, wie Latour immer wieder betont, notwendig in sie eingeschlossen bleiben?[8] Es ist nur möglich, weil und insofern die Welt der Modernen eine Illusion ist, ein überaus wirkmächtiger und wirksamer Schleier, der den Blick auf die eigene Verflochtenheit verstellt, ein Gewebe, in dem wir uns verfangen haben, das aber wiederum zerrissen werden kann und muss, um das von den Modernen zerrissene Band neu zu knüpfen.

Der Faden zwischen Moderne und Erde ist also schon längst gerissen: Durch eine verhängnisvolle Revolution des Denkens haben sich die Modernen in eine lebensgefährliche Illusion verstrickt. Doch gibt es einen Philosophen, der die beiden Enden noch in seinen Händen hält. Als Avantgarde der

[8] Gerade weil Latour die These von der Eingeschlossenheit auf so vehemente Weise wiederholt, sollte man davon ausgehen, dass es sich dabei nicht in erster Linie um einen konstativen Satz, sondern um einen politischen Slogan handelt. In diesem Sinn fordert Latour auch: „Eingeschlossene aller Länder, vereinigt euch! Ihr habt dieselben Feinde: diejenigen, die auf einen anderen Planeten ausreißen wollen!" (69)

Erdverbundenen meint er unter den Modernen zu leben wie Gregor Samsa unter den Menschen. Seine Bücher erlauben den Absprung aus dem Luftschloss Moderne und das erneute Landen auf Gaia – eingeschlossen, verflochten, aber endlich frei, frei von den unmöglichen, illusionären Imperativen der Modernisierungsfront. Die große Revolution gegen die moderne Revolution, die Latour vorschwebt, ist also zuerst und in erster Linie eine Desillusionierung, eine Aufklärung, eine Überwindung der alten, illusionären Unterscheidung von Natur und Kultur. Der ganze Rest, die Verwandlung aller modernen Institutionen scheint sich aus dieser Perspektive wie von selbst zu bewerkstelligen, sobald die Erde einmal von desillusionierten Erdverflochtenen bevölkert ist.

Was könnte nun ausgerechnet jener etwas in Vergessenheit geratene, politische Merleau-Ponty zu der Debatte um die Metamorphose der kritischen Zone, die dadurch notwendig gemachte Wende im Denken und die nicht minder notwendige Transformation der modernen Institutionen beitragen?

Merleau-Pontys Antwort auf die von Latour aufgeworfene Frage *Wo landen?* oder auf die von Deborah Danowski und Eduardo Viveiros de Castro gestellte Frage *In welcher Welt leben?* würde ganz einfach lauten: in der Wahrnehmungswelt, in der selben Welt also, die den Ausgangspunkt für alle menschlichen Unternehmungen bildet.[9] Seine Beschreibungen dieser Welt erwecken leicht den Eindruck, als hätte die von Latour propagierte Revolution des Denkens längst stattgefunden. Und tatsächlich hat Merleau-Ponty schon viele Jahrzehnte vor Latour einen „Umsturz der Kopernikanischen Lehre"[10]

[9] „Wo landen? Wie man sich in der Politik orientiert" wäre die wörtliche Übersetzung des Titels von Bruno Latours *Où atterrir? Comment s'orienter en politique*, Paris: La Decouverte 2017 (dt.: *Das terrestrische Manifest*, übers. v. Bernd Schwibs, Berlin: Suhrkamp 2018). *In welcher Welt leben?* ist der Titel der deutschen Übersetzung von Deborah Danowskis und Eduardo Viveiros de Castros Buch *Há mundo por vir?* (dt.: *In welcher Welt leben? Ein Versuch über die Angst vor dem Ende*, übers. v. Ulrich van Loyen u. Clemens van Loyen, Berlin: Matthes & Seitz 2016).

[10] Der Ausdruck geht auf einen kleinen, postum im Jahr 1940 veröffentlichten Text von Edmund Husserl zurück, der von Hans Blumenberg bis Jacques Derrida zahlreiche Denker_innen nachhaltig beeinflusst hat („Grundlegende Untersuchung zum phänomenologischen Ursprung der Räum-

vollzogen: Während das kopernikanische Weltbild und der mit ihm untrennbar verbundene moderne Rationalismus unseren Planeten als einen Himmelskörper unter anderen betrachtete, sollte der Umsturz die Erde wieder ins Zentrum rücken. Während die Kopernikaner einen zeit- und ortlosen, einen degagierten Standpunkt einnahmen, den „Standpunkt des Sirius",[11] wie sich Merleau-Ponty ausdrückte, sollte die rationalistische Perspektive zwar nicht aufgegeben, aber doch wieder situiert, in der Wahrnehmungswelt verortet werden. Und genau darin besteht der entscheidende Unterschied zu Latour: Für Merleau-Ponty ist dieser Umsturz gerade keine Revolution, kein Abreißen und Neuansetzen, sondern eine fortgesetzte Verflechtung.

Wie im Fall von Latours kritischer Zone handelt es sich bei Merleau-Pontys Wahrnehmungswelt um eine sublunare Sphäre, der ein supralunares Universum gegenübersteht, das sich dem Zugriff des Menschen entzieht.[12] Die grundsätzliche

lichkeit der Natur", in: Marvin Farber (Hg.), *Philosophical Essays in Memory of Edmund Husserl*, Cambridge (MA): Harvard University Press 1940, S. 307–325 [bekannt unter dem Titel „Umsturz der Kopernikanischen Lehre"]). Bereits 1939, ein Jahr vor der Erstveröffentlichung, entdeckte Merleau-Ponty diesen epochemachenden Text, der sein Denken fundamental prägen sollte: „Der erste, philosophisch am Husserl-Archiv interessierte Besucher des Leuvener Archivs ist Maurice Merleau-Ponty. Er kommt im April 1939 auf Anraten von Jean Herin, einem ehemaligen Schüler Husserls. Er liest das Manuskript der *Ideen II* und *Erfahrung und Urteil*, die §§ 28–72 aus der *Krisis-Schrift* sowie Transkriptionen des wenig später veröffentlichten Manuskriptes mit dem Titel *Umsturz der Kopernikanischen Lehre. Die Ur-Arche bewegt sich nicht.*" (Thomas Vongehr, „Kurze Geschichte des Husserl-Archivs in Leuven und der Husserl-Edition", in: *Geschichte des Husserl-Archivs*, Dordrecht: Springer 2007, S. 71–98, hier S. 77) Auch Latour wird den Text gekannt haben, allerdings benennt er seine modernen Quellen nur ungern. Während einer philosophischen Debatte im Jahr 1946 legt Merleau-Ponty diesen Umsturz auch Hegel in den Mund: „Erinnern wir uns an Hegels berühmten Satz: ‚Die Erde ist nicht die physische Mitte der Welt, aber sie ist ihre metaphysische Mitte.'" (Maurice Merleau-Ponty, „Das Primat der Wahrnehmung und seine philosophischen Konsequenzen", in: ders., *Das Primat der Wahrnehmung*, hg. v. Lambert Wiesing, übers. v. Jürgen Schröder, Frankfurt a.M.: Suhrkamp 2003, S. 26–84, hier S. 72 [= PrW]) Wie für Husserl gilt freilich auch für Merleau-Ponty, dass der Umsturz gerade keine Absage an die moderne, kopernikanische Wissenschaft ist: „Die Ursprünglichkeit des Menschen in der Welt ist umso sichtbarer, je mehr man ein genaueres Wissen des Universums der Wissenschaft erwirbt. Es ist absolut notwendig, dass wir jedermann die Sonne des Astronomen lehren: Es kann nicht darum gehen, das wissenschaftliche Wissen zu missachten" (PrW 72).

11 Maurice Merleau-Ponty, *Die Prosa der Welt*, hg. v. Claude Lefort, übers. v. Regula Giuliani, München: Fink 1993, S. 39 (= PW).

12 Bis zu der als kopernikanisch oder galileisch bezeichneten Revolution unterschied die abendländisch-geozentrische Kosmologie zwischen einer sublunaren, also unterhalb der Mondsphäre gelegenen, und einer supralunaren, himmlischen Welt. Diese supralunare Sphäre der Planeten und Fixsterne ist vom aristotelischen Äther erfüllt und entzieht sich gänzlich dem Einfluss der Menschen. Sie bleiben eingeschlossen in die sublunare Sphäre, die sich aus den vielfältigen Vermischungen der vier Elemente zusammensetzt. Wie Latour in seiner erstmals 2011 gehaltenen Vor-

Unmöglichkeit, jene winzige Flechte, in und mit der die Menschen leben, weiter auszudehnen oder zu verlassen, verhindert allerdings nicht die Anziehungskraft der himmlischen Sphäre, zumindest für die diversen Fluchtfantasien, Täuschungs- und Ablenkungsmanöver, die von der bedrohlichen Verwandlung der kritischen Zone hervorgerufen wurden. Bruno Latour spricht in diesem Zusammenhang von einem Planet Exit, der von all jenen bewohnt wird, „die die Grenzen der Erde nur allzu gut begriffen, aber ebendarum beschlossen haben, sie zumindest virtuell zu verlassen, indem sie sich hypermoderne Bunker auf dem Mars oder in Neuseeland ausdenken" (139). Je mehr den Modernen dämmere, dass sie nicht auf, sondern mit einem Planeten leben, desto mehr versuchen oder inszenieren sie das Unmögliche: von ihm zu fliehen.

Merleau-Ponty versuchte das eigentümliche Verhältnis zu jener supralunaren Sphäre mithilfe des Begriffs der Ultra-Dinge zu begreifen. Henri Wallon, ein französischer Entwicklungspsychologe, der diesen Begriff zuerst eingeführt hat,[13] bezeichnete damit all jene Dinge, die Kinder (noch) nicht in ihre relativ enge, aber durchaus rational und kohärent strukturierte Wahrnehmungswelt integrieren können. Werden sie nach der Erklärung für diese meistens weit entfernten Dinge, wie etwa die Sterne, gefragt, greifen sie auf magische Vorstellungen zurück. Der Prozess des Erwachsenwerdens verschiebt laut Merleau-Ponty lediglich die Grenze der Ultra-Dinge, ohne sie jedoch völlig zu eliminieren: „Wir können nicht außerhalb jedes Standpunktes denken, wir können die Grenze der ‚*Ultra-Dinge*' ein wenig weiter verschieben, indem wir vom

lesung „Warten auf Gaia" erklärt, war gerade das der entscheidende Punkt der kopernikanischen Revolution: „Es gab keinen Unterschied mehr zwischen der sublunaren und der supralunaren Welt". Alles bestand nun „aus *demselben* materiellen Stoff: das Land, die Luft, der Mond, die Planeten, die Milchstraße und sogar der Urknall" (Bruno Latour, „Warten auf Gaia. Komposition der gemeinsamen Welt durch Kunst und Politik", übers. v. Joachim Schulte, in: Michael Hagner (Hg.), *Wissenschaft und Demokratie*, Berlin: Suhrkamp 2012, S. 163–188, hier S. 181). Mit dem Umsturz der kopernikanischen Lehre kehrt diese Unterscheidung in verwandelter Form zurück.

[13] Vgl. Henri Wallon, *Les origines de la pensée chez l'infant*, Paris: Presses Universitaires de France 2015.

Kopernikanischen System Kenntnis nehmen. Wir können aber die Grenze selbst nicht aufheben und auslöschen."[14] Wenn nun durch die Metamorphose der Erde ebenjenes kopernikanische System fundamental infrage gestellt wird, ist es auch nicht verwunderlich, dass die Dinge der supralunaren Sphäre sich erneut in Ultra-Dinge verwandeln und als magische Fluchtorte eine allgemeine Faszination ausüben – trotz der überwältigenden Evidenz dafür, dass eine Flucht unmöglich ist. Und nicht nur das: Auch weitaus irdischere Projekte als die von Latour angeprangerten „hypermodernen Bunker auf dem Mars" (139) können sich in Ultra-Dinge verwandeln. Als es Anfang der 1950er-Jahre zu dem viel beachteten Bruch mit seinem Freund und Mitstreiter Jean-Paul Sartre kam, unterstellte ihm Merleau-Ponty einen „Ultra-Bolschewismus". Der Kommunismus selbst sei für Sartre zu einem „negativen Seienden" geworden, „beziehungsweise, wie der Mond und die Sonne, zu einem jener ‚Ultra-Dinge' die, sich grundsätzlich nur von weitem zeigen".[15] Auch in Bezug auf die Ablege- und Landestelle in Latours Theorie, in Bezug auf die Moderne und auf Gaia, zwischen denen der Faden gerissen ist, dessen Enden nur noch durch die Figur eines heroischen Philosophen-Wissenschaftlers festgehalten werden, muss man sich fragen, ob sie nicht Gefahr laufen, zu Ultra-Dingen zu werden.

Merleau-Ponty konnte die große Beschleunigung, das Anthropozän, den Klimawandel, die zugrunde liegende Verwandlung der kritischen Zone und die Gaia-Hypothese nur erahnen. Und dennoch wirken seine Beschreibungen der Wahrnehmungswelt oder des wilden Seins bisweilen wie ein Vorgriff auf die von Latour angedachte Landestelle, jene kritische Zone, in die wir eingeschlossen bleiben werden. Auch

[14] Maurice Merleau-Ponty, *Keime der Vernunft. Vorlesungen an der Sorbonne 1949–1952*, hg. v. Bernhard Waldenfels, übers. v. Antje Kapust, München: Fink 1994, S. 251 (= KV).

[15] Maurice Merleau-Ponty, *Die Abenteuer der Dialektik*, übers. v. Alfred Schmitt u. Herbert Schmitt, Frankfurt a.M.: Suhrkamp 1974, S. 203 (= AD).

Merleau-Pontys Beschreibung einer krisenhaften Metamorphose der Welt, die er in einem bemerkenswerten Text, einer unbetitelten Vorlesungszusammenfassung aus dem Jahr 1959 gibt,[16] wirkt prophetisch:

> Die Geschichte hat den Rahmen ausgehöhlt, in dem sich das konservative und das revolutionäre Denken bewegten. Nicht nur ist die menschliche Welt unlesbar geworden, die Natur selbst wird zum Explosionspotential [...]. Was in der menschlichen Anschauung während Jahrhunderten die Festigkeit eines Bodens besaß, stellt sich nun als brüchig heraus. Was unser vorbestimmter Horizont war, ist zur vorläufigen Perspektive geworden. (V 112)

Diese Diagnose macht nicht nur eine radikale Transformation der menschlichen Welt, sondern auch der tradierten Formen revolutionären wie auch konservativen Denkens notwendig. Doch für Merleau-Ponty ist der Faden nie gerissen. Das neue Denken knüpft an das alte an, und wenn es in die Verwandlung der Welt zugunsten einer politischen Transformation interveniert, dann nicht so, dass es den Schleier der Moderne zerreißt, also durch eine aufklärerische Pädagogik, sondern durch eine Politik der Wahrnehmung, die ich in der folgenden Untersuchung skizzieren werde.[17] Für diese Politik ist die Moderne keine bloße Illusion, sondern eher selbst so etwas wie eine Institution, die es radikal zu transformieren gälte.

[16] Seit dem Jahr 1901 veröffentlicht das *Annuaire du Collège de France* jährlich Zusammenfassungen aller gehaltenen Vorlesungen. So entstand über die Jahre ein einmaliges und für die französische Theoriegeschichte unverzichtbares Archiv, in dem den *résumés*, die Merleau-Ponty zwischen 1953 und 1960 von seinen Vorlesungen angefertigt hat, eine Sonderstellung zukommt. Lange Zeit waren sie die entscheidenden Dokumente, die es erlaubten, sich eine Vorstellung von der Entwicklung seines Denkens zu bilden. Spätestens seit Claude Lefort sie 1968 in Form eines kleinen Buches wiederveröffentlichte, haben diese komplexen und verdichteten Texte außerdem als Stichwortgeber und Inspirationsquelle für zahlreiche Theoretiker_innen gedient (deutsche Übersetzung in: Maurice Merleau-Ponty, *Vorlesungen I*, hg. u. übers. v. Alexandre Métraux, Berlin: De Gruyter 1972, S. 51–128 [= V]).

[17] Merleau-Ponty selbst verwendet den Ausdruck „Politik der Wahrnehmung" nicht. Die folgenden Seiten sollen zeigen, warum er dennoch seine Berechtigung hat.

Das „Herz der Modernen", sagt Merleau-Ponty in einem Radiovortrag aus dem Jahr 1948, ist ein „intermittierendes Herz und vermag nicht einmal, sich selbst zu erkennen. Jedoch sind nicht allein die Werke der Modernen unabgeschlossen, sondern die Welt selbst, die in diesen Werken ausgedrückt ist, gleicht einem unabgeschlossenen Werk, von dem man nicht weiß, ob es jemals einen Abschluss finden wird."[18] Und genau deswegen reagieren diese Modernen, wie heute auch Pierre Charbonnier betont, auf die sich schon lange abzeichnende Metamorphose der Welt gerade „nicht univok und naiv", wie Latour ihnen unterstellt.[19] In den Worten von Merleau-Ponty sind die Modernen vielmehr von einer fundamentalen „Unabgeschlossenheit und Ambivalenz" geprägt: Gerade weil ihnen schon lange die Festigkeit des Bodens abhandengekommen ist, fehlt ihnen das „Selbstvertrauen der Klassiker" (C 55). Das könne man einerseits als „Niedergang oder Dekadenz" begreifen (C 56), andererseits aber auch als notwendige Voraussetzung für ein Denken und Handeln, das dem unabgeschlossenen und ambivalenten Charakter der aus den Fugen geratenen Welt angemessen ist. In einer 1959 im Radio gesendeten, erst vor wenigen Jahren in Buchform publizierten Interviewserie betont der späte Merleau-Ponty noch einmal die zentrale Errungenschaft seiner Epoche: Die Modernen seien sich einer Wahrheit bewusst geworden, „deren Entdeckung man nicht bereuen sollte, [...] dass unsere Intelligenz uns nicht zu Herren und Besitzern der Natur oder des menschlichen Lebens – oder der menschlichen Geschichte" macht.[20] Das mangelnde Selbstvertrauen, die mangelnde Gewissheit sind, positiv gewendet, eine

[18] Maurice Merleau-Ponty, *Causerien 1948. Radiovorträge,* hg. v. Stéphanie Ménasé, übers. v. Joan-Catharine Ritter, Ignaz Knips u. Emmanuel Alloa, Köln: Salon Verlag 2006, S. 57 (= C).

[19] Pierre Charbonnier, *Überfluss und Freiheit. Eine ökologische Geschichte der politischen Ideen*, übers. v. Andrea Hemminger, Frankfurt a.M.: Fischer 2022, S. 43.

[20] Maurice Merleau-Ponty, „Entretiens avec Georges Charbonnier", in: ders., *Entretiens avec Georges Charbonnier et autres dialogues. 1946–1959*, hg. v. Jérôme Melançon, Paris: Verdier 2016, S. 111–430, hier S. 258 (= E). Alle fremdsprachigen Zitate wurden unter Angabe der entsprechenden Originalstelle von mir ins Deutsche übersetzt.

Fähigkeit und ein Wille zur Selbstkritik – der in letzter Konsequenz die Grenzen einer Selbstkritik sprengt, indem er eine Bereitschaft produziert, sich von unvorhergesehenen Zufällen und Begegnungen infrage stellen zu lassen. Und ohne „diesen typisch modernen Willen, Entwicklungen aufzunehmen und zu korrigieren, die gesellschaftlich als pathologisch angesehen werden und damit die Fortsetzung der egalitären Ordnung gefährden", behauptet auch Pierre Charbonnier heute zu Recht, „ist die politische Ökologie nicht möglich".[21]

Für Merleau-Ponty wird die Moderne von zwei gegenläufigen Grundtendenzen bestimmt, die er aus immer neuen Blickwinkeln anvisiert: durch eine rationalistische Tendenz, die eng mit dem verbunden ist, was er als Reflexionsphilosophie bezeichnet, und durch eine gegenläufige Tendenz der Öffnung gegenüber einem vielschichtigen Eigensinn der Welt. Es handelt sich genauer gesagt um eine Öffnung gegenüber der Widersetzlichkeit der Natur (etwa bei Schelling), des Ausdrucks und der Sprache (etwa bei Saussure und natürlich bei zahlreichen Schriftsteller_innen), der Politik (etwa bei Machiavelli oder Lenin) oder der Geschichte (etwa bei Hegel, Marx und beim späten Husserl).[22] Sich in dieser ambivalenten und unabgeschlossenen Moderne zu orientieren, das ist der Kern von Merleau-Pontys Projekt, das sich in der Erfahrung des Kriegs, der Besatzung und der Résistance herausbildete, durch die Gründung von *Les Temps Modernes* zum ersten Mal einen prägnanten Ausdruck fand – und an dem er bis zu seinem Tod festhielt.[23] Nur wenn

[21] Ebd., S. 54. Die ambivalenten, modernen Ursprünge einer politischen Ökologie untersucht auch: Leander Scholz, *Die Regierung der Natur,* Berlin: August 2022.

[22] Die zugrunde liegende Philosophie der Geschichte und Geschichte der Philosophie bleibt überall rudimentär und recht schematisch, lediglich in seinen Vorlesungen über den Naturbegriff gibt es Ansätze zu einer Philosophiegeschichte im engeren Sinne, die allerdings recht selektiv ist, beispielsweise bleibt angelsächsisches Denken komplett ausgespart. Trotz dieser offensichtlichen Grenzen lässt sich Merleau-Pontys Denken aber erst vor dem Hintergrund seiner Konzeption einer ambivalenten Moderne verstehen.

[23] Auch wenn der Titel der Zeitschrift zuerst an Charlie Chaplins *Modern Times* von 1936 denken lässt, hat das französische *temps* noch andere Konnotationen: Es lässt auch an den günstigen Augenblick und an das Wetter denken, an den Zustand der Atmosphäre zu einer bestimmten Zeit und an einem bestimmten Ort. Über die Etymologie und die Gründe für diese Verwandtschaft des

die Moderne als ambivalenter Ausgangspunkt und nicht als bloße Illusion erschlossen wird, lässt sich eine Transformation ihrer Institutionen denken. Auch Latour sagt zwar, dass diese Transformation langsam voranschreiten wird, „ohne die Konflikte überspringen zu können" (146), doch sein Denken der Moderne verdunkelt systematisch die Ansatzpunkte und deswegen auch die vielen fundamentalen Konflikte, denen diese Transformation begegnen muss. Das Problem ist nicht, dass Latour keine konkreten Handlungsanweisungen gibt, sondern dass es ausgehend von seinem Begriff der Moderne keinen Weg gibt, die nationalistischen, patriarchalen und kolonialen Hindernisse sowie die massive Institution des Kapitalismus zu denken und also zu überwinden. Wenn Latour schreibt, dass sich der ganze politische Diskurs der Moderne auf die Frage nach „mehr staatlichem Eingriff oder mehr Markfreiheit"[24] reduzieren lasse, dann hat er selbst (und nicht die Modernen) den Faden zerrissen. So inspirierend Latours Denken heute ist, in dieser entscheidenden Frage nach dem Übergang aus der Moderne, nach einer Transformation und Anpassung an die verwandelte Welt, betrieb er gerade das, was er sonst oft anderen Denker_innen vorwarf: ein Überspringen oder einen Doppelklick.

Fraglos gibt auch Merleau-Ponty kein Rezept, keine Handlungsanweisung, nicht einmal eine politische Philosophie im klassischen Sinne des Wortes, jedenfalls keine Lehre von den politischen Dingen, die man dann auf die gegenwärtige Situation anwenden könnte. Was heute, für die gegenwärtige Situation von Interesse ist und deswegen das Thema der folgenden Seiten ausmacht, ist weniger seine *instituierte* als vielmehr

günstigen Augenblicks, der Zeit und des Wetters hätte sich Merleau-Ponty in einem Artikel von Émile Benveniste informieren können (ob er ihn tatsächlich gelesen hat, lässt sich nicht mit Gewissheit sagen): „Latin *tempus*", in: *Mélanges de philologie, de littérature et d'histoire ancienne offerts à Alfred Ernout*, Paris: Klincksieck 1940, S. 11–16.

24 Bruno Latour, „Does the Body Politic Need a New Body?", in: Eva Geulen u. Claude Haas (Hg.), *Formen des Ganzen* (= Literatur- und Kulturforschung. Schriftenreihe des ZfL, Bd. 1), Göttingen: Wallstein 2022, S. 147–158, hier S. 150.

seine *instituierende* Philosophie. Um den politischen Sinn dieser instituierenden Philosophie und ihre Bedeutung für eine umfassendere Theoriegeschichte sichtbar zu machen, bedarf es einer unorthodoxen, zunächst vielleicht befremdlich wirkenden Begrifflichkeit, die ich auf den folgenden, einleitenden Seiten kurz umreiße. Die hier nur formal eingeführten Begriffe müssen sich in der folgenden Untersuchung bewähren und mit Leben gefüllt werden.

In seiner Vorlesung *Die Institution* von 1954/55 beschäftigte sich Merleau-Ponty ausführlich mit dem Wechselspiel zwischen einem instituierenden und einem instituierten Moment, der alle lebendigen Institutionen kennzeichnet. In der Vorlesung hat er diese Unterscheidung zwar nicht explizit auf die Institution der Philosophie bezogen, doch ein Blick in seine berühmte Antrittsvorlesung, die er 1953 unter dem Titel „Lob der Philosophie" am Collège de France gehalten hat, zeigt, dass diese Anwendung ganz in seinem Sinne ist. „Der moderne Philosoph", schreibt er an dieser Stelle, „ist nicht selten ein Beamter, ein Schriftsteller ist er immer. Die Freiheit, die er in seinen Schriften für sich beansprucht, hat eine Kehrseite: Was er sagt, ist von vornherein für eine akademische Welt bestimmt, in der die Lebensentscheidungen amortisiert, die Gelegenheiten der Besinnung verschüttet sind."[25] Die instituierte Philosophie, all das, was der „moderne Philosoph" als Beamter und Schriftsteller sagt und tut, läuft stets Gefahr, die instituierende Philosophie, die Rückbesinnung auf die Aufgabe der Theorie, auf die Rolle der Intellektuellen zu verschütten und zu amortisieren. Es handelt sich dabei jedoch nicht um Dekadenz und Niedergang, nicht um den bedauernswerten Abfall von einer klassischen, einer reinen, rein sokratischen Praxis der Philosophie. Auch

[25] Maurice Merleau-Ponty, „Lob der Philosophie", in: ders., *Das Auge und der Geist*, hg. v. Christian Bermes, übers. v. Hans Werner Arndt, Claudia Brede-Konersmann, Friedrich Hogemann, Andreas Knop, Alexandre Métraux u. Bernhard Waldenfels, Hamburg: Meiner 2003, S. 177–224, hier S. 200 (= AG).

wenn sie sich nur im Gespräch auf dem Marktplatz realisieren würde, müsste sich Philosophie instituieren, selbst Institution werden, und an der ständigen Transformation, Konservation oder Revolution der anderen politischen, literarischen, künstlerischen und gesellschaftlichen Institutionen mitwirken.

Merleau-Ponty hat die instituierte Seite seiner Philosophie, die akademische Lehre, seine schriftstellerische, institutionelle und publizistische Tätigkeit überaus ernst genommen. Doch damit sich dieser Ernst nicht in Starrsinn verwandelt, damit die Lehre nicht zu einem bloßen, vermeintlich zeitlosen Lehrgebäude wird, muss das Denken seiner Ansicht nach immer wieder über diese instituierte Philosophie hinausgehen. Und das tut es, indem es die Frage aufwirft: *Was ist Philosophie?* Das tut es genauer gesagt, indem es fragt: *Worum geht es der Philosophie? Was ist ihre Sache, also ihr zentrales Problem und der Zweck, der in der Auseinandersetzung mit diesem Problem verfolgt wird?* Es handelt sich dabei nicht um eine nachträgliche Selbsterklärung, um eine Reflexion oder eine Meta-Philosophie. Gerade weil die Antwort auf diese Fragen nicht vorgegeben ist (und dementsprechend nur noch expliziert oder reflektiert werden müsste), handelt es sich bei der instituierenden Philosophie wesentlich um Orientierung in der eigenen geschichtlichen Situation: „Zurückgehen auf die ‚Sachen selbst' heißt zurückgehen auf diese aller Erkenntnis vorausliegende Welt, *von* der alle Erkenntnis spricht und bezüglich deren alle Bestimmung der Wissenschaft notwendig abstrakt, signitiv, sekundär bleibt, so wie Geographie gegenüber der Landschaft, in der wir allererst lernten, was dergleichen wie Wald, Wiese und Fluss überhaupt ist."[26] Und dieses Zurückgehen expliziert und radikalisiert einen Grundzug der menschlichen Existenz, der bereits durch die „Wahrnehmung der Welt und der Geschichte" gegeben ist: den fortwährenden Versuch, „den Ort unseres Selbst

[26] Maurice Merleau-Ponty, *Phänomenologie der Wahrnehmung*, übers. v. Rudolf Boehm, Berlin: De Gruyter 1966, S. 5 (= PhW).

innerhalb der Weltkonstellation und den Ort der Dinge im Verhältnis zu unseren Dimensionen zu bestimmen."[27] Die instituierende Philosophie ist also keine Schöpfung aus dem Nichts, sondern nimmt eine Bewegung auf, die aus der Wahrnehmung der Welt und der Geschichte hervorgeht. Sie „steht inmitten der Geschichte; niemals ist sie vom geschichtlichen Geschehen unabhängig" (AG 217).

Als instituierte nimmt Merleau-Pontys Philosophie in den Texten, Vorlesungen, in der Redaktion von *Les Temps Modernes,* in Briefen und Interventionen, also in ihrer Lehre (im weitesten Sinn) Gestalt an, als instituierende hingegen in ihrer Politik, die mit dieser Lehre auf etwas hinauswill.[28] Während sich instituierte Philosophie mit den ewigen, scheinbar zeitlosen Fragen beschäftigt, während sie etwa fragt *Was ist der Raum?* und *Was ist die Zeit?,* beschäftigt sich instituierende Philosophie mit den unerschöpflichen[29] und zeitgenössischen Fragen *Wo bin ich?* und *Wie viel Uhr ist es?* Damit diese Praxis der radikalen Selbstbestimmung der Philosophie durch eine voraussetzungslose Selbstverortung im Hier und Jetzt nicht zur Beliebigkeit verkommt, damit sie nicht desorientiert umherirrt, sind zwei Dinge

[27] Maurice Merleau-Ponty, *Das Sichtbare und das Unsichtbare,* hg. v. Claude Lefort, übers. v. Regula Giuliani u. Bernhard Waldenfels, München: Fink 1994, S. 139 (= SU).

[28] Diese Beziehung zwischen Lehre und Politik impliziert nicht, dass Merleau-Ponty nur irgendwelche politisch motivierten Lehren vorträgt, dass er die Wahrheit zu politischen Zwecken biegt, dass seine Schriften der Propaganda oder Manipulation dienen. Sie expliziert vielmehr Merleau-Pontys Grundannahme, dass jede Wahrheit situiert und orientiert ist. Selbst der Satz des Pythagoras lässt sich demnach nie vollständig von der konkreten Situation seiner ersten Entdeckung lösen. Er ist nur wahr, weil es eine Tradition gibt, die von dieser Entdeckung bis zu uns führt. Würde der Faden dieser Tradition reißen, wäre er weiterhin gültig, aber nicht wahr. Indem Pythagoras seine Einsicht mitteilte und tradierte, löste sie sich zwar von der Situation, blieb aber zugleich an sie gebunden. Die Erkenntnis wird in all den Formen sedimentiert, in denen der Satz tradiert wird: beispielsweise in der Zeichenfolge $a^2 + b^2 = c^2$, die man lernen kann, die passiv vermittelt, was aktiv vollzogen werden kann. Eine Reaktivierung dieser Erkenntnis ist für Merleau-Ponty nicht nur ein Rückgang auf die ursprüngliche Situation, sie ist auch eine Reaktivierung des Sinns oder der Orientierung dieser ursprünglichen Erkenntnis. Denn die Erkenntnis des Pythagoras ist als situierte niemals ein transparenter, neutraler Akt, sondern engagiert in einer Wahrnehmungswelt, in der sich der Mensch immer schon orientieren und Sinn gewinnen muss.

[29] „Unerschöpflich, weil Stunde und Ort unaufhörlich wechseln, aber vor allem, weil es bei dieser Frage im Grunde nicht darum geht, an welcher Stelle innerhalb eines als gegeben vorausgesetzten Raumes und in der wievielten Stunde einer als gegeben vorausgesetzten Zeit wir uns binden, sondern weil es dabei geht um unsere unzerstörbare Verbundenheit mit Stunde und Ort, um jene unaufhörliche Ausrichtung auf die Dinge, um das fortwährende Sicheinrichten unter ihnen, aufgrund derer ich in einer Zeit und an einem Ort sein muss, welches immer sie seien" (SU 161).

vonnöten: einerseits das „Gefühl eines Unterschieds" zwischen rechts und links, zwischen „der rechten und der linken Hand", wie Kant sich in „Was heißt: sich im Denken orientieren?" ausdrückt,[30] und andererseits die Wahrnehmung einer Kontur, einer sich abzeichnenden Gestalt der umgebenden Landschaft, eines sich abzeichnenden Sinnes der gegenwärtigen Situation und somit der Geschichte, aus der sie hervorgegangen ist.

Auch wenn es keine zeitlose Antwort auf die Frage nach der Sache des Denkens gibt, lassen sich also doch zwei Pole ausmachen, zwischen denen es sich, je nachdem, wo es sich befindet und wie viel Uhr es ist, positionieren muss. Mit Blick auf Merleau-Pontys Politik der Wahrnehmung könnte man diese beiden Pole, die irreduzible Differenz zwischen rechts und links, anhand der Begriffe Revolution und Zufall erklären.[31] Für ein revolutionäres Denken wäre die Orientierung in der umliegenden Landschaft eine aneignende Auslegung, eine Situierung, die alles und jede_n ausgehend von und nur mit Blick auf den eigenen Standpunkt und das eigene Denken erschließt, das sich dadurch auf dem zentralen und höchstgelegenen Ort der umgebenden Landschaft verortet.[32] In der gegenwärtigen, durch die Metamorphose der kritischen Zone bestimmten Landschaft würde eine solche Selbstverortung des Denkens sich beispielsweise als eine Revolution des Denkens begreifen, die zugleich

[30] Immanuel Kant, „Was heißt: sich im Denken orientieren?", in: ders., *Werkausgabe*, Bd. 6, hg. v. Wilhelm Weischedel, Frankfurt a.M.: Suhrkamp 1982, S. 267–283.

[31] Um Missverständnissen vorzubeugen, sei betont, dass es hier um eine Orientierung im Denken geht, um verschiedene Weisen, die Geschichte und die eigene Verflochtenheit zu denken. Diese Unterscheidung impliziert freilich nicht, dass Merleau-Ponty die Französische oder die Russische Revolution als rechts und die zahllosen Zufälle, die das geschichtliche Geschehen formen, als links begreift. In einem noch grundsätzlicheren Sinn ist Merleau-Pontys Politik der Wahrnehmung jedoch entschieden links. Sie ist eine linke Politik, in dem Sinn, den ich gemeinsam mit Johannes Kleinbeck herausgearbeitet habe (vgl. „Aplomb! Zur politischen Haltung von Derridas Philosophie", in: Jacques Derrida, *Was tun – mit der Frage „Was tun"?*, übers. v. Johannes Kleinbeck u. Oliver Precht, Wien/Berlin: Turia + Kant 2018, S. 107–134). In dem Text, der sich ebenfalls mit Orientierungsfragen beschäftigt, finden sich einige der hier getroffenen Begriffsunterscheidungen, etwa der zwischen dem *aplomb* und dem *surplomb* der Philosophie, bereits vorweggenommen und ausführlicher erläutert.

[32] Den extremsten Fall dieser Form der Selbstverortung habe ich einer exemplarischen Analyse unterzogen: Oliver Precht, *Heidegger. Zur Selbst- und Fremdbestimmung seiner Philosophie*, Hamburg: Meiner 2020.

das Zentrum und den Höhepunkt der notwendigen Transformation der Welt darstellt: Nur von diesem zentralen und höchsten Punkt aus ist ein Überblick möglich, nur von diesem Punkt aus lassen sich alle anderen Orte in ein Verhältnis zueinander setzen. In bestimmten, revolutionären Situationen ist dieser übermütige Aufstieg und der letztlich illusionäre Überblick notwendig und unvermeidbar. Doch er birgt auch eine Gefahr.

Wenn das Denken sich als revolutionären Mittel- und Höhepunkt der Transformation begreift, läuft es immer Gefahr, die Rollen zu verteilen, als eine Art „Sinnpolizei"[33] alle und jede_n auf ihre Plätze zu verweisen. Auch Merleau-Ponty war vor dieser Gefahr nicht immer gefeit, so etwa in der bereits erwähnten späten Interviewserie von 1959, wo er sich zu folgender Aussage verleiten ließ: „Also meiner Meinung nach sollte jeder an seiner Rolle festhalten."[34] Die Formulierung trifft die Grundgefahr des revolutionären Denkens auf den Punkt. Es läuft stets Gefahr, zur Polizei zu werden, zu einem allgemeinen Aufruf zur Ordnung: Die Revolutionäre sollen Revolution machen, die Regierenden sollen regieren, die Arbeiter sollen arbeiten, die Denker sollen denken – Schuster, bleib bei deinem Leisten![35]

Doch es bleibt nicht bei dieser Interpellation. Merleau-Ponty ist sich der Gefahr bewusst. Deswegen ist sein Denken keineswegs nur von dem revolutionären Pol bestimmt. Es ist mindestens ebenso sehr von jenem anderen Pol bestimmt, der die Zuweisung der Rollen und Orte durchbricht: Für ein aleatorisches Denken wäre die Orientierung in der umgebenden

[33] Hélène Cixous, „Das Lachen der Medusa", übers. v. Claudia Simma, in: dies., *Das Lachen der Medusa*, hg. v. Esther Hutfless, Gertrude Postl u. Elisabeth Schäfer, Wien: Passagen 2017, S. 39–61, hier S. 53.

[34] „Alors à mon avis il faut que chacun reste dans son rôle" (E 312).

[35] Niemand hat diese Gefahr des Philosophozentrismus besser analysiert als Jacques Rancière, insbesondere in: *Der Philosoph und seine Armen*, übers. v. Richard Steurer-Boulard, Wien: Passagen 2010. Aus demselben Buch stammt auch das Motiv des Schusters, der sich nicht in die polizeiliche Rollenverteilung fügen will, der eben nicht bei seinem Leisten bleibt. Der eigenwillige Stil dieses Buchs entspringt nicht dem Versuch, die Sprache der Arbeiter_innen nachzuahmen, die die Soziolog_innen so gerne an ihren Arbeitsorten aufsuchen, sondern die Sprache derjenigen, die außerhalb ihres vermeintlich natürlichen Ortes ganz andere Dinge als Schuhe produzieren.

Landschaft, in der gegenwärtigen Situation in erster Linie ein Erkunden, das sich seinen Ort und seine Rolle von seinen Entdeckungen und Begegnungen zuweisen lässt. Es kennt keine Gewissheit über den eigenen Ort oder den der anderen. Jede Entdeckung, jede Begegnung kann desorientieren. Genauer gesagt ist die Orientierung hier Produkt einer beständigen Desorientierung. Die eigene Rolle und die Rolle aller anderen lassen sich dann nicht aus einem einsamen Denken, aus einer aneignenden Auslegung der Situation ableiten. Sie ergeben sich aus den zahllosen und unvorhergesehenen Begegnungen und Entdeckungen, mit denen das Denken konfrontiert wird, sobald es den tatsächlichen oder imaginierten Gipfel verlässt und die umgebende Landschaft erkundet. Der Zufall desorientiert, bringt die polizeiliche Rollenverteilung durcheinander und unterbricht den Überblicks-Übermut der revolutionären Philosophin. Wie sich weiter unten zeigen wird, führt die Unterbrechung dieses für die Instituierung und Verwirklichung immer wieder notwendigen Übermuts die Revolutionärin für Merleau-Ponty wieder zu den Massen und den Ereignissen zurück. Sie bewahrt die Revolution vor der Erstarrung und erneuert ihren Geist.

Zusammenfassend wende ich also in diesem Buch einen Hinweis, den Merleau-Ponty in seinem ersten Hauptwerk *Phänomenologie der Wahrnehmung* für die Lektüre und Interpretation anderer Philosoph_innen gab, auf sein eigenes Denken zurück: „Auch das Reflektieren bloß auf den Lehrgehalt einer Philosophie bleibt unvollständig, setzt es sich nicht ins Verhältnis zur Entstehungsgeschichte der Lehre und den äußerlich sie erklärenden Gründen, Sinn wie Ursachen dieser Lehre existentiell strukturierend. Was eine Philosophie ‚besagen will', lehrt uns letztlich allein ihre ‚Sinngenesis'" (PhW 16). Nimmt man diesen Hinweis auf eine Lehre der Philosophie und auf das, was sie mit dieser Lehre besagen will (also auf ihre Politik), ernst, lässt sich mit Merleau-Ponty eine instituierte und eine instituierende

Philosophie unterscheiden, die sich wechselseitig bedingen: Philosophie muss sich zwar immer wieder als instituierte realisieren, um jedoch Philosophie zu bleiben, und nicht Dogma zu werden, muss sie sich auch immer wieder infrage stellen. Wenn und insofern sie das tut, wenn sie also auf eine radikale, nicht nachträgliche Weise die Frage *Was ist Philosophie?* aufwirft, ist sie Orientierung in der sie umgebenden Landschaft, Situierung in der gegenwärtigen Situation und in der Geschichte, aus der sie hervorgegangen ist. Sie ist Verflechtung mit all jenen „äußerlich sie erklärenden Gründen", die sie aber nur insofern determinieren oder fremdbestimmen, als sie sich selbst bestimmt. Im Wechselspiel von Zufall und Revolution erkennt sie in der umgebenden Landschaft eine sich abzeichnende Kontur oder Gestalt, einen Sinn der Geschichte, der sich nie endgültig bestimmen lässt, immer vom Nicht-Sinn bedroht bleibt.

Der „Philosoph", den Merleau-Ponty vor Augen hat, ist in den Worten eines späten Textes von 1959 „nicht jener, der die Welt erklären oder konstruieren will, sondern jener, der unsere Einfügung ins Sein zu vertiefen sucht".[36] Sich zu situieren, sich in der Wahrnehmungswelt oder im wilden Sein zu orientieren, das ist für Merleau-Ponty kein bloß theoretisches, sondern ein politisches Unterfangen. Wenn sich die folgenden Seiten in erster Linie auf die instituierende und weniger auf die instituierte Seite von Merleau-Pontys Philosophie konzentrieren, dann um den sich abzeichnenden Sinn seiner Politik sichtbar zu machen: Es geht ihm um eine Verflechtung oder Vertiefung ins Sein, die weder in der theoretischen Distanznahme noch im aktivistischen Handgemenge aufgeht. Diese Vertiefung wiederum ist eine bereits in der Wahrnehmung angelegte Bewegung: Wenn ich also für Merleau-Pontys Philosophie ein Primat des Politischen behaupte, steht diese Behauptung nicht im

[36] Maurice Merleau-Ponty, „Von Mauss zu Claude Lévi-Strauss", in: ders., *Zeichen*, hg. v. Christian Bermes, übers. v. Barbara Schmitz, Hans Werner Arndt u. Bernhard Waldenfels, Hamburg: Meiner 2007, S. 163–179, hier S. 177 (= Z).

Widerspruch zu dem von ihm selbst behaupteten „Primat der Wahrnehmung".[37]

Auch und gerade die für sein Werk so zentrale Lehre von der Wahrnehmung will etwas „besagen", ist Teil seiner Politik der Wahrnehmung. Um ein Porträt dieser Politik zu zeichnen, genügt es daher auch nicht, sich auf die im engeren Sinne politischen Texte zu beschränken. Man muss vielmehr alle Aspekte seines Denkens berücksichtigen – und die Entwicklungen, die es von den frühesten Texten aus den 1930er-Jahren bis zu den spätesten Manuskripten und Vorlesungsnotizen genommen hat. Die Orientierung an der Politik der Wahrnehmung hat allerdings zur Folge, dass die im engeren Sinne politischen Texte wieder die zentrale Stelle einnehmen, die ihnen gebührt. Sie hat außerdem zur Folge, dass neben viel kommentierten Texten wie etwa die *Phänomenologie der Wahrnehmung* oder *Das Sichtbare und das Unsichtbare* auch andere, scheinbar eher randständige Texte in den Fokus rücken. Das gilt insbesondere für eine Reihe von Texten, die erst in jüngerer Vergangenheit veröffentlicht wurden und für das Folgende von besonderer Bedeutung sind.[38]

Um in diesem umfangreichen und heterogenen Textkorpus und der oft hervorragenden Literatur zu Merleau-Ponty nicht den Faden zu verlieren, orientieren sich die fünf Kapitel dieses Buches an ebenso vielen Grundbegriffen seines Denkens: Stil, Sinn, Gestalt, Struktur und Institution. Es ist nicht leicht, den genauen Status dieser Begriffe zu bestimmen oder auch nur ihre Intension und Extension anzugeben. Oft scheint es sogar, als ließen sie sich problemlos untereinander austauschen. Im

[37] So der Titel einer wichtigen Selbstpräsentation von 1946 (Erstveröffentlichung 1947): „Das Primat der Wahrnehmung und seine philosophischen Konsequenzen" (PrW 26–84).

[38] Gemeint ist damit vor allem eine Reihe von (Notizen zu) Vorlesungen, die Merleau-Ponty am Collège de France gehalten hat, etwa *Le monde sensible et le monde d'expression* (1953), *Recherches sur l'usage littéraire du langage* (1953), vor allem aber *L'institution et la passivité* (1954/55), sowie die bereits erwähnten *Entretiens avec Georges Charbonnier*. Einen relativ aktuellen Überblick über den Stand der Editionsarbeiten bietet Mathias Goy („Merleau-Ponty, L'héritage de l'œuvre", in: Maurice Merleau-Ponty, *Dits et écrits rares et inédits*, Paris: Vrin 2018, S. 27–41; englische Übersetzung: S. 43–59).

Gegensatz zu Kants reinen Verstandesbegriffen lassen sich diese Kategorien der Wahrnehmung weder auf der Seite des Seins noch auf der Seite der Erkenntnis oder Erfahrung verorten. Wo sich ein Stil, ein Sinn, eine Gestalt, eine Struktur oder eine Institution abzeichnen, geschieht Verflechtung, eine Verflechtung des Wahrgenommenen mit der Wahrnehmenden, des Gedachten mit der Denkenden. Und weil Merleau-Pontys Denken der Versuch ist, diese Verflechtung explizit zu machen (und zu verstärken), kann man vielleicht sagen, dass diese Begriffe in erster Linie den Stil seines Denkens zu erkennen geben.

Für diesen Stil ist es charakteristisch, dass er sich im Gespräch mit anderen Denker_innen herausbildet, nicht nur mit klassischen Philosophen wie Machiavelli, Montaigne, Descartes, Hegel, Schelling, Bergson, Husserl oder Heidegger, sondern auch mit zentralen Vertreter_innen zeitgenössischer wissenschaftlicher Diskurse, etwa der Entwicklungs- und Gestaltpsychologie oder des literaturwissenschaftlichen, anthropologischen und psychoanalytischen Strukturalismus. Besonders wichtig ist zudem Merleau-Pontys Auseinandersetzung mit Marx und mit marxistischen Theoretiker_innen, insbesondere mit Lenin und Trotzki, sowie mit dem „westlichen Marxismus" (ein Begriff, den Merleau-Ponty selbst eingeführt hat) und mit Max Weber, der eine Art Gegengewicht zu den marxistischen Einflüssen bildet. Einen Sonderfall stellt zweifellos die kritische Auseinandersetzung mit dem Denken seines Freundes Jean-Paul Sartre dar, die ihn von den allerersten Texten (schon 1936 rezensierte er Sartres *L'imagination*) bis zu den allerletzten Manuskripten (insbesondere in *Das Sichtbare und das Unsichtbare*) nicht losließ.

Oft sind Merleau-Pontys Lektüren unorthodox und strategisch: Er zieht merkwürdige Linien und schmiedet unerwartete Allianzen, etwa in der Interpretation von Lenin, dem er zeitweise große Zugeständnisse macht, im Fall von Machiavelli, den er zum Begründer eines radikalen Humanismus erklärt, oder im Fall von Max Weber, den er in eine Art Proto-Marxisten verwandelt. Und dennoch gibt es bei Merleau-Ponty echte Begegnungen: Auch wenn er dem Buchstaben untreu wird, wenn er nicht selten meint, andere Positionen, Theorien und Philosophien besser verstehen und präsentieren zu können, als sie es selbst tun, versucht er doch, ihrem Geist treu zu bleiben. Er scheint, bei allen strategischen Finten, auch in seiner Lektürepraxis an einem Grundsatz festzuhalten, den er in der Politik für unumstößlich hielt: Die Mittel müssen den Zwecken ähneln. Wenn sein philosophisches Projekt, wie er in dem 1945, in der ersten Nummer von *Les Temps Modernes* erschienenen Essay „Der Krieg hat stattgefunden" betont, auf zumindest relativ „durchsichtige Beziehungen unter den Menschen" abzielt,[39] dann muss dies auch für sein eigenes Verhältnis zu anderen Denker_innen gelten.[40] Bei aller unvermeidlichen interpretatorischen Gewalt reduziert er die anderen nie vollständig auf das Eigene, er betreibt, zumindest in den interessanten Fällen, keine Bauchrednerei.

Die folgende Untersuchung, die einige dieser Begegnungen behandelt, entstand im Rahmen eines umfassenderen, theoriegeschichtlichen Forschungsprojekts zur Geschichte des französischen Denkens zwischen 1945 und 1995, in dem ich anhand der vielfältigen kritischen Marx-Rezeption nachzeichnen möchte, wie sich das Selbstverständnis oder die Selbstverortung der Theorie und die Bestimmung der Rolle der Intellektuellen wandelte. In dieser und für diese Geschichte spielt Merleau-Ponty eine Schlüsselrolle. Mit Blick auf das Verhältnis zu Marx ist er zugleich einer der interessantesten, komplexesten und aufschlussreichsten Fälle. Es ist verlockend, diese Geschichte als einen Übergang von Philosophie

[39] Maurice Merleau-Ponty, „Der Krieg hat stattgefunden", in: *Sinn und Nicht-Sinn*, übers. v. Hans-Dieter Gondek, München: Fink 2000, S. 187–206, hier S. 205 (= SNS).

[40] Auf eine *relative* Durchsichtigkeit zielte Merleau-Pontys Denken ab, obwohl oder vielmehr gerade weil es wesentlich eine „*Kritik aller Ideologien der Transparenz*" ist (Emmanuel Alloa, *La résistance du sensible. Merleau-Ponty, Critique de la transparence*, Paris: Editions Kimé 2008, S. 24).

zu Theorie zusammenzufassen, in der Merleau-Ponty die Rolle des letzten Philosophen zukommt.[41] Doch die Unterscheidung zwischen Theorie und Philosophie ist weitaus brüchiger und die Geschichte viel weniger geradlinig, als es zunächst den Anschein haben mag.[42] Denn ebenso gut könnte man behaupten, dass er ein französischer Theoretiker *avant la lettre* ist, dass die ganze weitere theoriegeschichtliche Entwicklung, die man als eine Dezentrierung beschreiben könnte, als eine (freilich nicht nur) vom frühen Marx angestoßene und in Frankreich vielfältig weiterentwickelte Kritik am Philosophozentrismus und an den anderen, damit eng verbundenen Zentrismen, bereits *in nuce* bei Merleau-Ponty angelegt ist.

[41] Die Vorstellung eines radikalen Bruchs, einer Revolution, die ein fundamental neues Denken instituiert, eine Theorie, die endlich Schluss macht mit der Philosophie, ist nicht nur eine nachträgliche Konstruktion, sondern in der französischen Theoriegeschichte bereits angelegt. So schreibt beispielsweise Foucault in seiner 1969 erschienenen Besprechung von Gilles Deleuzes *Differenz und Wiederholung* euphorisch: „Der berühmte und so fest gedachte Faden ist gerissen" („Der Ariadnefaden ist gerissen", in: ders. u. Gilles Deleuze, *Der Faden ist gerissen*, übers. v. Walter Seitter u. Ulrich Raulff, Berlin: Merve 1977, S. 7–12; unter dem korrekt übersetzten Titel „Ariadne hat sich erhängt" findet sich die Besprechung auch in Foucaults *Schriften*, Bd. 1, übers. v. Michael Bischoff, Frankfurt a.M.: Suhrkamp 2001, S. 975–979). Kurze Zeit später schreibt Foucault in einer weiteren, noch euphorischeren Rezension von Deleuzes *Logik des Sinns*, das Buch könne als „konträres Gegenstück zu Merleau-Pontys ‚Phänomenologie der Wahrnehmung' gelesen werden". Die Veröffentlichung dieses Buches sei ein „gewaltiges und außergewöhnliches Zeichen", ein revolutionäres, epochales Ereignis: „Eines Tages wird das Jahrhundert vielleicht deleuzianisch sein" (Michel Foucault, „Theatrum philosophicum", in: ders. u. Gilles Deleuze, *Der Faden ist gerissen*, übers. v. Walter Seitter u. Ulrich Raulff, Berlin: Merve 1977, S. 21–58; neu übers. v. Michael Bischoff in: Michel Foucault, *Schriften*, Bd. 2, Frankfurt a.M.: Suhrkamp 2002, S. 93–122).

[42] In seinem 1965 verfassten Vorwort zu *Für Marx* erklärt Louis Althusser, dass er den Ausdruck Theorie (in Großbuchstaben) nur für einen kurzen Zeitraum gebrauchte (ungefähr zwischen den Jahren 1960 und 1963), dann aber von der Verwendung der in seinen Augen freilich korrekten und streng wissenschaftlichen Terminologie wieder absah und zu der traditionellen und gewohnten Bezeichnung Philosophie zurückkehrte. Es handelt sich dabei zunächst um eine terminologische und nicht um eine konzeptuelle Revision, sie lässt sich allerdings als Symptom einer grundsätzlicheren Problematik lesen, die ich in meiner Studie über *Marx in Frankreich* ausführlich behandeln werde: Die Revolution des Denkens, die einen eindeutigen Unterschied zwischen Theorie und Ideologie produziert, lässt sich nur schwer situieren. Es lässt sich nie mit letzter Gewissheit sagen, ob sie bereits bei Marx stattgefunden hat (und wenn ja, wann genau? In den Texten um 1845? Ausschließlich in den Thesen zu Feuerbach? Oder erst kurz danach? – Fragen, die für Althusser bekanntlich von größter Wichtigkeit sind) oder erst bei Althusser, der sie auf den Begriff gebracht hat. Althussers Erklärung dafür, dass sich diese Revolution des Denkens nicht in Form einer erneuerten Terminologie durchsetzt – er schiebt es auf die Gewohnheit –, bleibt unbefriedigend und bedarf ihrerseits einer Erklärung (vgl. Louis Althusser, „Vorwort: Heute", in: ders., *Für Marx*, übers. v. Frieder Otto Wolf, Frankfurt a.M.: Suhrkamp 2011, S. 17–45, hier S. 44f.). Unbeantwortet bleibt weiterhin die Frage, ob die Herausbildung des zunächst transatlantischen, später (mehr oder weniger) globalen Phänomens Theorie nicht auf der vereinfachenden und vereindeutigenden Rezeption-Konstruktion einer Problematik beruht, die in dem für diesen Prozess so wichtigen französischen Kontext wesentlich ambivalenter ist: Die Grenze zwischen der alten Philosophie und der neuen Theorie scheint in Frankreich überall und nirgends zu verlaufen.

Auch um Merleau-Pontys Rolle in dieser und für diese Geschichte zu verstehen, schien es notwendig, ihm eine Einzeluntersuchung zu widmen. Über dieses theoriegeschichtliche Interesse hinaus soll Merleau-Ponty wieder als ein eigenwilliger und inspirierender politischer Denker ins Spiel gebracht werden, von dem sich vielleicht gerade deswegen etwas für die gegenwärtige Situation lernen lässt, weil er ein im höchsten Maße zeitgenössischer Denker war: ein Genosse nicht unserer, sondern seiner Zeit. Weniger als eine politische Philosophie, als eine Lehre vom Politischen, zu der er höchstens so etwas wie metaphysische Anfangsgründe lieferte, entwickelte er eine philosophische Politik. Als Alternative zu einer „Politik des Verstandes" (AD 8) und zu einer „Politik der Vernunft" (AD 7) entwickelte er genauer gesagt einen bestimmten Stil zu denken und zu handeln, den ich als Politik der Wahrnehmung bezeichne: eine Politik, die der Leiblichkeit und der darin implizierten fundamentalen wie vielschichtigen Verflochtenheit in die eigene Situation, in die Geschichte und in den Planeten Erde Rechnung trägt.[43] Während eine Politik des Verstandes Merleau-Ponty zufolge mit der radikalen Kontingenz rechnet, aber keinen Sinn in der Geschichte erkennen kann (was besonders in revolutionären Situationen zu Orientierungslosigkeit

[43] Die Begriffe *politique de l'entendement* und *politique de la Raison* übernimmt Merleau-Ponty aus Raymond Arons erstmals 1938 erschienener und 1946 neu aufgelegter *Introduction à la philosophie de l'histoire*. Eine Politik des Verstandes versucht laut Arons Definition, „bestimmte Güter wie Frieden oder Freiheit zu sichern oder ein einziges Ziel, die nationale Größe, zu erreichen, in immer neuen Situationen, die aufeinander folgen, ohne sich zu organisieren. Sie verhält sich wie der Lotse, der navigiert, ohne den Hafen zu kennen." Eine Politik der Vernunft hingegen beruhe auf einer tatsächlichen oder eingebildeten Einsicht in den Lauf der Dinge, „und das einzige Problem besteht darin, die Taktik an die Strategie anzupassen, das Arrangement mit dem gegenwärtigen Regime an die Vorbereitung des zukünftigen Regimes" (Raymond Aron, *Introduction à la philosophie de l'histoire. Essai sur les limites de l'objectivité historique*, Paris: Gallimard 1981, S. 414). Wie Aron in seinem 1956 erschienenen Text „Abenteuer und Missgeschicke der Dialektik" betont, sind viele der zentralen Begriffe aus *Die Abenteuer der Dialektik* in seiner *Introduction* und in seinen anderen geschichtsphilosophischen Texten vorweggenommen. Selbst wenn man, wie Aron es mit großem Selbstbewusstsein tut, dem Buch einen Mangel an Originalität unterstellt, so kann das höchstens für die einzelnen „politischen Ideen" gelten (vgl. Raymond Aron, *Die heiligen Familien des Marxismus*, übers. v. Hans Naumann, Hamburg: Christian Wegner 1970, S. 42), keineswegs aber für das, was Merleau-Ponty auszeichnet: für den Versuch, eine kohärente Politik zu entwickeln, die sich der Hybris einer Politik der Vernunft ebenso verweigert wie der Resignation einer Politik des Verstandes, die sich auch in Arons eigenem Eklektizismus abzeichnet.

führt), während eine Politik der Vernunft auf den Sinn der Geschichte spekuliert, aber dem Zufall keinen Raum lässt (und dadurch zur Polizei wird), will seine Politik der Wahrnehmung an beidem festhalten: an der Selbstbestimmung und an der Kontingenz, an der Revolution und am Zufall. Ziel der folgenden Seiten ist es, ein Porträt dieser Politik zu zeichnen, ihres Stils, der sich durch die wechselreiche Entwicklung seiner Veröffentlichungen zu erkennen gibt, ihrer Haltung zur Welt, die sich durch alle Texte durchhält und der man womöglich auch heute, in einer fundamental veränderten Situation, vor einem ganz neuen Problemhorizont, etwas abgewinnen kann.

1. STILE: DIE ABENTEUER DER VERFLECHTUNG

> Der Anfang des Linienzuges legt eine bestimmte Ebene oder einen Modus des Linearen fest, eine bestimmte Seins- und Entstehungsweise der Linie, „als Linie zu laufen“. Mit Rücksicht auf sie hat jede folgende Krümmung einen diakritischen Wert und wird eine Beziehung der Linie zu sich selbst herstellen; sie bildet ein Abenteuer, eine Geschichte, einen Sinn der Linie, je nachdem sie mehr oder weniger, schneller oder langsamer, merklicher oder weniger merklich abweichen wird.
>
> Maurice Merleau-Ponty, *Das Auge und der Geist*

Die vorangegangenen Seiten haben womöglich etwas übermütig Texte des frühen und des späten Merleau-Ponty ineinander verwoben. Dieses Vorgehen läuft Gefahr, die markanten Brüche oder Wenden in seinem Leben und Werk zu verdecken. Um genau zu sein, sind es vor allem zwei augenscheinliche und miteinander eng verbundene, in der Literatur und von Merleau-Ponty selbst oft hervorgehobene Entwicklungen, die dieses Vorgehen zweifelhaft erscheinen lassen und die daher einer Erläuterung bedürfen: Einerseits der Bruch mit Sartre und die damit einhergehende scheinbare Abkehr vom politischen Engagement und andererseits die vermeintliche Kehre, also der Übergang von einer Bewusstseinsphilosophie, die die menschliche Existenz und die Wahrnehmungswelt zum Ausgangspunkt nimmt, hin zu einer Ontologie, die von einem wilden Sein ausgeht. Ein genauerer Blick auf Merleau-Pontys

Leben und Denken, auf die Entstehungsgeschichte und Sinngenesis seines Werks wird zeigen, dass diese Entwicklungen nur dann als radikale Brüche erscheinen, wenn man ausschließlich die instituierte Philosophie in Betracht zieht. Richtet man die Aufmerksamkeit hingegen auf die instituierende Philosophie, erscheinen die Brüche als Konsequenzen einer Politik der Wahrnehmung, die Merleau-Ponty seit der Zeit der deutschen Besatzung verfolgte und bis zu seinem Tod nicht aufgegeben hat. Sie erscheinen als Abenteuer der Verflechtung.

Wie viele der zentralen Begriffe von Merleau-Pontys Denken sind das Abenteuer und die Verflechtung von einer fundamentalen Ambiguität gekennzeichnet.[1] Einerseits gibt es für Merleau-Ponty so etwas wie „Abenteuer der Geschichte" (AG 109), welche die Entscheidungen, die Institutionen und Zufälle ineinander verstricken. Die Abenteuer der Geschichte verleihen den Entscheidungen und Institutionen einen Sinn, den sie für sich genommen nicht hatten. Sie verleihen der gegenwärtigen Situation Kontur, sie bestimmen das Relief der umgebenden Landschaft, in der sich die instituierende Philosophie orientieren muss. Nur wenn sie den Sinn und die Konturen der geschichtlichen Bewegung versteht, wenn sie also die Abenteuer der Geschichte erkennt, kann sie vermeiden, dass ihre eigene Politik zu einem bloßen Abenteurertum wird. Ein Abenteurer im schlechten Sinne des Wortes ist für Merleau-Ponty derjenige, der „das Geschehen nur zu seinen Gunsten in Beschlag [nimmt], um ihm einen Sinn zu geben, den es eigentlich *nicht hatte*" (PhW 509), derjenige also, der „sich als den Mittelpunkt der Welt sieht".[2] Er wähnt sich auf dem

[1] Dasselbe gilt im Übrigen auch für den Begriff der Ambiguität selbst, der im fünften Kapitel dieses Buches Thema wird.

[2] Maurice Merleau-Ponty, *Humanismus und Terror I*, übers. v. Eva Moldenhauer, Frankfurt a.M.: Suhrkamp 1966, S. 64. (= HT). In dem erstmals 1947 erschienenen Buch ist der theoretische Antagonist des „Abenteurers" der „Marxist", der sich dadurch auszeichnet, dass er „nicht außerhalb der zwischenmenschlichen Wahrheit leben möchte" (HT 64). Man ahnt schon, dass hier ein recht eigenwilliger Begriff von Marxismus am Werk ist: Er ist „nicht irgendeine Hypothese", sondern „*die* Geschichtsphilosophie, und auf sie zu verzichten heißt, die geschichtliche Vernunft zu Grabe zu tragen. Was bleibt, sind Träumereien und Abenteuer" (Maurice Merleau-Ponty, *Humanismus und*

höchsten Gipfel der Landschaft, und seine „Feldherren-Wahrnehmungsweise“[3] verhindert gerade, dass er ihr Relief erkennen kann. Denn um den Sinn der Geschichte zu erkennen, in der „alles mit allem in Beziehung steht“,[4] müsste er die verschiedenen Regionen der umgebenden Landschaft erkunden: „Religion, Recht und Wirtschaft bilden eine einzige Geschichte, weil jede Tatsache aus einer der drei Ordnungen den beiden anderen in gewissem Sinn Relief verleiht. Und das gilt sogar dafür, dass sie alle in den einmaligen Faden menschlicher Wahlen verwoben sind“ (AD 25). Eine Erkenntnis der Geschichte ist für Merleau-Ponty nur als Engagement in der gegenwärtigen Situation möglich, durch ein freies Anknüpfen an den „einmaligen Faden menschlicher Wahlen“. Weil die Erkenntnis des Sinns der Geschichte selbst Wahl *und* Erkundung ist,[5] ist sie konstitutiv vom Zufall, vom Nicht-Sinn bedroht. Daraus folgt für Merleau-Ponty allerdings nicht, dass man auf den Versuch, diesen Sinn zu erkennen, verzichten und sich einfach blindlings ins Abenteuer stürzen könnte: Die Verflechtung, im Sinne des aktiven Anknüpfens an den roten Faden, an die Bewegung und die Abenteuer der Geschichte, würde so zu einer bloßen Verstrickung werden, in dem Sinne, wie man sagt, dass man in ein Verbrechen verstrickt ist.

Nur wenn man die eigene Verflechtung in die Geschichte erkennt, kann man vermeiden, dass das eigene Denken und Handeln lediglich in die Geschichte verstrickt und ihr so ausgeliefert ist, dass es einen ganz anderen als den intendierten Sinn erhält. Lediglich verstrickt in die Geschichte war Maurice Merleau-Ponty seinem eigenen Bekunden nach bis zu jenem

Terror II, übers. v. Eva Moldenhauer, Frankfurt a.M.: Suhrkamp 1966, S. 60 [= HTII]). Einige Jahre später hingegen, in einem Vortrag von 1953, diagnostiziert Merleau-Ponty eine Krise der Revolution, die durch den Übergang „von der revolutionären Aktion zur terroristischen Aktion, vom Berufsrevolutionär zum Abenteurer“ gekennzeichnet ist (Maurice Merleau-Ponty, „[Anhang zu:] Sartre, Merleau-Ponty: Les lettres d'une rupture“, in PII 129–169, hier: 160).

3 Daniel Loick, *Der Missbrauch des Eigentums*, Berlin: August 2021, S. 105.

4 Maurice Merleau-Ponty, „Im Umkreis des Marxismus“, in: SNS 133–169, hier 136.

5 „Unserer Philosophie bleibt nur noch übrig, die wirkliche Welt zu erkunden“ (Maurice Merleau-Ponty, „Das Auge und der Geist“, in: AG 275–317, hier 300).

Schicksalsjahr 1939, dessen Bedeutung für die Herausbildung des eigenen Denkens er und seine Zeitgenoss_innen Simone de Beauvoir, Paul Nizan und Jean-Paul Sartre immer wieder betont haben. Es markiert in ihren Erzählungen auf jeweils unterschiedliche Weise das Ende einer verlängerten Kindheit, eines Zustands der Naivität und in einem gewissen Sinn auch der Unschuld. Verstrickt in die Geschichte, aber ohne sie zu verstehen, zeigte ihnen das Jahr 1939, dass und inwiefern sie selbst „in der Geschichte verwurzelt" waren.[6] Der Ausbruch des Krieges lehrte sie genauer gesagt, „dass ‚Appeasement' zum Krieg führt, aber ebenso, dass ‚Stärke' nur dann ernstzunehmen ist, wenn sie schon Zustimmung zum Krieg, vielleicht sogar Wille zum Krieg ist" (HTII 81). Die deutsche Invasion zeigte den jungen Philosoph_innen, dass sich ein neutraler, ein standpunktloser Standpunkt der Gewaltfreiheit in der Geschichte nicht einnehmen lässt. Die vermeintlich immer und überall gültigen Maximen mussten konkreten, der spezifischen Situation entspringenden politischen Strategien weichen.

Auch die brutale Realität des deutschen Antisemitismus stellte ihnen eine fundamentale Wahrheit vor Augen: „Wir dachten, es gäbe keine Juden, keine Deutschen, sondern allein Menschen oder gar nur Bewusstseine. Es hatte für uns den Anschein, als könne jeder von uns jeden Augenblick in einer immer neuen Freiheit wählen, zu sein und zu tun, was er wolle" (SNS 194). Die von ihren philosophischen Lehrern übernommene Vorstellung eines reinen, von der Geschichte und der politischen Situation unkontaminierten Bewusstseins musste der Vorstellung einer wesentlich geschichtlichen Existenz weichen: Es gab also Deutsche und Juden, obschon freilich nicht so, wie die deutschen Antisemiten es behaupteten, sondern so, „wie der Schauspieler in eine Rolle schlüpft, die ihn überschreitet, die den Sinn jeder seiner Gebärden verändert und um ihn

[6] Simone de Beauvoir, *Der Lauf der Dinge*, übers. v. Paul Baudisch, Reinbek bei Hamburg: Rowohlt 1970, S. 16; vgl. auch: Althusser, „Vorwort: Heute", S. 18.

herum dieses großartige Phantom spazieren führt, dessen Animateur, aber auch Gefangener er ist" (SNS 194).

Das war, zumindest für Merleau-Ponty, die wichtigste Erkenntnis aus der Katastrophe von 1939: Eine Freiheit, die nicht in der Lage ist, die eigene Verflechtung und den Sinn der Geschichte zu lesen, die nicht in der Lage ist, sich in ihrer eigenen Situation zu verorten und zu orientieren, die kurz gesagt nicht zeitgenössisch wird, ist gefangen, wehrlos und blind – sie bleibt in die Geschichte lediglich verstrickt. In dem bereits erwähnten Text „Der Krieg hat stattgefunden" von 1945 fasst Merleau-Ponty diese Einsicht folgendermaßen zusammen: „Es war nicht unrecht, dass wir 1939 die Freiheit, die Wahrheit, das Glück und durchsichtige Beziehungen unter den Menschen wollten, und auch nicht auf den Humanismus verzichteten. Der Krieg und die Besatzung haben uns nur gelehrt, dass die Werte pure Namen bleiben und selbst wertlos sind ohne eine ökonomische und politische Infrastruktur, die sie ins Dasein treten lässt" (SNS 205).

Ab diesem Jahr ist die Verflechtung in die Geschichte kein Unglück mehr, das wie von außen über sein Denken hereinbricht: Sie ist das zentrale Thema seines Denkens. Die zahlreichen Bücher, Essays, Vorlesungen, Interviews, Briefe und Interventionen, die er ab 1942, vor allem aber seit der Befreiung im Jahr 1944 produzierte, geben über diese Verflechtung Aufschluss. In der Zeit vor 1939 hingegen lässt sich die Verstrickung seines Denkens in die Geschichte nur in Ansätzen nachvollziehen. Seine frühen phänomenologischen Texte lassen in dieser Hinsicht nur wenige Rückschlüsse zu, und die im engeren Sinne biografischen Materialen sind äußerst spärlich, oder zumindest nur spärlich erschlossen. Das Wissen über Merleau-Pontys Leben lässt sich ohnehin, obwohl er in vieler Hinsicht eine Person des öffentlichen Lebens war, auf wenigen Seiten zusammenfassen.[7] Und selbst diese wenigen Seiten stützen

[7] Derartige biografische Skizzen finden sich in deutscher Sprache beispielsweise in: Wolfgang Faust, *Abenteuer der Phänomenologie, Philosophie und Politik bei Merleau-Ponty*, Würzburg: Königshau-

sich zu einem großen Teil auf die Erinnerungen von Simone de Beauvoir und Jean-Paul Sartre, die das Bild von Merleau-Ponty in hohem Maß geprägt haben. Das gilt insbesondere auch für Merleau-Pontys Verhältnis zu seiner Mutter, das zweifellos sehr intim und wichtig war, aus dem Sartre aber vielleicht allzu schnell eine Sehnsucht nach der verlorenen Kindheit ableitet.[8] Ob es diese Sehnsucht nun gab oder nicht, sie sollte jedenfalls nicht vorschnell als Erklärung für Merleau-Pontys theoretische Verteidigung der Kindheit als relativ autonomer und eigengesetzlicher Sphäre in seinen entwicklungspsychologischen Vorlesungen (1949–1952) herangezogen werden. Denn eine Rückkehr in diese Sphäre hielt Merleau-Ponty nach den Erfahrungen der Jahre 1939 bis 1944 weder für möglich noch für erstrebenswert.

Merleau-Pontys Reaktion auf den Ausbruch des Krieges, auf die Niederlage und Besatzung Frankreichs bestand zunächst in dem Versuch, Widerstand zu organisieren. Die erste Gruppe, die er gemeinsam mit einigen seiner Studierenden an der École normale supérieure gründete, wo er zwischen 1935 und 1939 als *agrégé-répétiteur* arbeitete,[9] nannte sich *Sous la botte*. Ab 1941 organisierte er sich dann gemeinsam mit Sartre und

sen & Neumann 2007, S. 11–33; oder in: Stephan Günzel: *Maurice Merleau-Ponty: Werk und Wirkung. Eine Einführung*, Wien/Berlin: Turia + Kant 2007, S. 9–20. Die ausführlichere und überaus hilfreiche Chronologie, die Emmanuelle Garcia unter dem Titel „Vie et Œuvre" veröffentlichte, erschließt kaum neue Quellen, hat aber gegenüber den erwähnten deutschsprachigen Skizzen den großen Vorteil, dass sie sich auf eine Reihe von noch unübersetzten Publikationen von und zu Merleau-Ponty stützen kann – insbesondere auf die *Entretiens avec Georges Charbonnier*, die auch für das Folgende eine wichtige Rolle spielen (vgl. Emmanuelle Garcia, „Vie et Œuvre", in: Maurice Merleau-Ponty, *Œuvres*, hg. v. Claude Lefort, Paris: Gallimard 2010, S. 27–99).

[8] Vgl. Jean-Paul Sartre, „Über Merleau-Ponty (1961). Freundschaft und Widersprüche", übers. v. Hans-Heinz Holz, in: ders., *Sartre über Sartre, Aufsätze und Interviews 1940–1976*, hg. v. Traugott König, Reinbek bei Hamburg: Rowohlt 1977, S. 68–145, hier S. 125. Auch von Sartre behauptet dessen Biografin Annie Cohen-Solal, er sei „in seine Mutter vernarrt und in einem heftigen Ödipuskomplex gefangen" gewesen (*Sartre: Ein Leben*, übers. v. Eva Groepler, Reinbek bei Hamburg: Rowohlt 1988, S. 69).

[9] Die Aufgabe eines *agrégé-répétiteur*, im Jargon der *normaliens* auch als *caïman* bezeichnet, besteht in erster Linie darin, die Studierenden der elitären Kaderschmiede auf die *agrégation* (in diesem Fall in Philosophie) vorzubereiten, eine anspruchsvolle Zulassungsprüfung für höhere Posten im französischen Bildungssystem. Diese Stelle, für die es im deutschen Hochschulsystem keine Entsprechung gibt, hatten nach Merleau-Ponty auch andere wichtige Figuren der französischen Theoriegeschichte inne, etwa Jacques Derrida oder Louis Althusser.

Beauvoir unter dem Label *Socialisme et Liberté*. Auch wenn die politische Praxis dieser Gruppen, die sich in erster Linie auf die Vernetzung sowie das Verfassen und Verbreiten von Flugblättern beschränkte, oft belächelt wurde,[10] war die Erfahrung der Résistance für ihre weitere philosophische und politische Entwicklung entscheidend.[11] Sie zwang alle drei Denker_innen für immer mit dem Ideal des Intellektuellen als *clerc* zu brechen, das in ihren Augen die Generation ihrer Lehrer geprägt hatte.[12] Julien Benda hat dieses Ideal des *clerc* in seinem viel gelesenen und diskutierten Essay *Der Verrat der Intellektuellen* auf eine einfache Formel gebracht. Laut dem erstmals 1927 erschienenen und 1946 in deutlich erweiterter Fassung wiederveröffentlichten Essay besteht das „Amt" der Intellektuellen in der „Verteidigung ewiger und interessenfreier Werte wie der Vernunft und der Gerechtigkeit".[13] Verrat an ihrem Amt begingen die *clercs* immer dann, wenn sie sich in ihrer Rolle als Intellektuelle (in ihrer Rolle als Privatpersonen, als französische Staatsbürger_innen war ihnen das freilich unbenommen) von den ewigen und zeitlosen Fragen der Philosophie ab- und der Veränderung der Welt zuwandten. Auch und gerade mit Blick auf die existenzialistische Trias Sartre, Merleau-Ponty und Beauvoir denunzierte er 1946 ein „politisches und moralisches Engagement" der Intellektuellen, „das freilich nicht, wie etwa bei Aristoteles oder Spinoza, zeitlosen Problemen gilt, sondern ein Engagement in

[10] Vgl. Bernard-Henry Lévy, *Sartre. Der Philosoph des Jahrhunderts*, übers. v. Petra Willim, München/Wien: Hanser 2002, S. 368–373.

[11] Schon 1955 betont Rudolf Meyer in seiner Sammelrezension, dem ersten nennenswerten Dokument einer deutschsprachigen Merleau-Ponty-Rezeption, die Bedeutung dieser Erfahrung für dessen „zutiefst politische Philosophie" (Rudolf W. Meyer: „Maurice Merleau-Ponty und das Schicksal des französischen Existentialismus", in: *Philosophische Rundschau*, Bd. 3, Nr. 3/4, 1955, S. 129–165, hier S. 131). Im folgenden Jahr erscheint dann: Erich Wulff, „Maurice Merléau-Ponty: La Structure du Comportement und Phénoménologie de la Perception", in: *Philosophisches Jahrbuch*, Bd. 64, 1956, S. 406–417.

[12] Sartre charakterisiert diese Lehrer in seinem Nachruf auf Merleau-Ponty als „leichtfertig und seriös", denn sie „ignorierten die Geschichte" (Sartre, „Über Merleau-Ponty", S. 70).

[13] Julien Benda, *Der Verrat der Intellektuellen*, übers. v. Arthur Merin, Mainz: Verlag André Thiele 2013, S. 10.

der Hitze des jeweiligen Gefechts darstellt […] – eine aktive Stellungnahme im Hier-und-Jetzt als solchem also".[14]

Niemand hatte diese aktive Stellungnahme in der Hitze des Gefechts vehementer gefordert als Paul Nizan, Sartres Jugendfreund, der 1932 mit seinem Essay „Die Wachhunde" zu einem Frontalangriff auf die Generation der Lehrer, die Tradition ihrer Philosophie und die Idee des *clercs* überging: Die Lehrer der Philosophie, nicht nur an der elitären École normale Supérieure, wo er gemeinsam mit Merleau-Ponty, Sartre und Raymond Aron studierte, sondern überall, im ganzen Land, wo sie die Kinder im verpflichtenden Philosophieunterricht der höheren Schulen indoktrinierten,[15] all diese Lehrer seien nichts anderes als Wachhunde. Ihre Philosophie „steht nicht im Dienst eines Wahren, das nicht existiert, eines Universalen, das nicht existiert, eines Ewigen, das nicht existiert, sondern im Dienst eines Kampfes gegen eine aufkommende Empörung und Revolte. Sie trägt dazu bei, die Ausgebeuteten von dem für die Ausbeuter gefährlichen Nachdenken über ihre Erniedrigung und Entwürdigung abzulenken."[16] Es gibt für Nizan also eine „Philosophie der Unterdrücker" und eine diametral entgegengesetzte „Philosophie der Unterdrückten", „die beide nichts miteinander gemein haben, obwohl man sie beide ‚Philosophie' nennen kann".[17] Mit Nizan hatte der Klassenkampf in die französische Philosophie Einzug gehalten: Seit der Revolution des Denkens, die er, wie viele französische Philosoph_innen nach

[14] Benda, *Der Verrat der Intellektuellen,* S. 59.

[15] Die enge und recht einmalige Verbindung, die in Frankreich zwischen der akademischen Philosophie und dem Schulunterricht besteht, haben fast alle Philosoph_innen, so auch Sartre und Merleau-Ponty, gewissermaßen am eigenen Leib erfahren. Die Rückkehr ans Lycée ist nicht nur der erste Schritt fast jeder akademischen Karriere, sie hat, wie oft bemerkt wurde, auch das Bild des Philosophen grundsätzlich gewandelt: „Heute ist Sokrates zum Beamten geworden: Der berechnende Wohlfahrtsstaat liefert ihm mit seinem dürftigen Gehalt jährlich eine Legion von Schülern aus für alle Launen seines Geistes" (Henri Birault, „Der Philosophie-Unterricht an den höheren Schulen Frankreichs", übers. v. Hermann Riefstahl, in: *Zeitschrift für philosophische Forschung,* Bd. 12, Nr. 3, 1958, S. 416–422, hier S. 419).

[16] Paul Nizan, *Aden. Die Wachhunde,* hg. u. übers. v. Traugott König, Reinbek bei Hamburg: Rowohlt 1969, S. 173.

[17] Ebd., S. 143.

ihm, in Marx' elfter Feuerbachthese situierte, war für ihn der Faden der Tradition gerissen. In der Philosophie hatte man sich nun zu entscheiden: Unterdrückung oder Revolte, ein Mittelweg oder eine dritte Alternative waren nicht denkbar. Schon 1932 meinte Nizan, der die deutsche Besatzung nicht mehr miterleben sollte, einen eindeutig identifizierbaren Unterdrücker zu erkennen, gegen den man revoltieren musste: „Er rief zu den Waffen, rief zum Hass auf: Klasse gegen Klasse."[18]

Bei Paul Nizan standen, wenn man den Worten Sartres und Merleau-Pontys Glauben schenken darf, die Revolte und das Aufbegehren am Anfang. Für Sartre ist diese „nackte Empörung", das revoltierende Bewusstsein der individuelle, selbst unpolitische Anfang des Politischen: „am Anfang aller Dinge steht zunächst die Weigerung".[19] Merleau-Ponty hingegen sieht diesen Anfang wesentlich kritischer: Bleibt die Revolte bei sich, wird sie nicht auf eine Politik hin überschritten, so bleibt sie ein bloßes Abenteuer. Nizans 1926/27 unternommene Reise nach Aden, die Grundlage für sein 1932 erschienenes Buch *Aden Arabie*, war für Merleau-Ponty „der letzte Versuch, im Abenteuer eine Lösung zu finden". Gleichzeitig zwang sie Nizan jedoch – „zufällig, oder weil er insgeheim gerade jene Lektion suchte" – zu erkennen, dass die individuelle Revolte und das Abenteuer gegen den „äußeren Feind", dem er dort begegnete, nichts ausrichten konnten.[20] Er erkannte, „dass wir nicht die Herren der Welt sind, auch nicht Herr der Lage oder Herr über Andere, die unter unserem Blick wie ein Schauspiel erschienen, dass wir vielmehr mit ihnen verschmolzen sind" (Z 39). Zurück in Frankreich trat Nizan daher in die Kommunistische Partei Frankreichs ein. Seine individuellen Abenteuer waren beendet und er folgte nun der klaren und unverrückbaren Linie

[18] Jean-Paul Sartre, „Vorwort", in: Paul Nizan, *Aden. Die Wachhunde*, hg. u. übers. v. Traugott König, Reinbek bei Hamburg: Rowohlt 1969, S. 7–44, hier S. 9.
[19] Ebd., S. 44.
[20] Maurice Merleau-Ponty, „Vorwort", in: Z 1–51, hier 39.

der Partei. Im Jahr 1939 kam es jedoch erneut zu einem Moment des Aufbegehrens. Die Parteilinie war nun selbst das Empörende geworden. Der Hitler-Stalin-Pakt führte ihm schmerzvoll vor Augen, „dass das Bekenntnis zum Kommunismus nicht von allen Zwangslagen und inneren Zerrissenheiten befreit" (Z 43). Öffentlichkeitswirksam trat Nizan aus der Partei aus und ging an die Front, wo er schließlich im Mai 1940 in der Nähe von Dünkirchen fiel.

Glaubt man Merleau-Pontys Interpretation der Geschichte, dann kehrte Nizan im Schicksalsjahr 1939 „von der kommunistischen Politik zurück zur Revolte", während Sartre sich umgekehrt auf den weiter unten noch ausführlicher zu thematisierenden Weg zu „einer Art Kommunismus von außen" machte. Sie bewegten sich in umgekehrter Richtung, aber zwischen denselben Polen: zwischen der Revolte, die sie zum Spielball des Zufalls machte, zu Abenteurern, die auf nichts als ihre Gesinnung vertrauen können, und der zur Parteilinie erstarrten Revolution, die überall nur Notwendigkeit und Eindeutigkeit erkennen konnte, während sie selbst im schlechten Sinn des Wortes zweideutig geworden war. Merleau-Pontys Urteil über die Politik der beiden Freunde ist hart und eindeutig: „Sie sind zwei Kinder in der Welt der Politik. Einer ernsten Welt, in der man die Risiken nicht abschätzen kann und in der Frieden vielleicht nur denen gegeben ist, die den Krieg nicht fürchten" (Z 45).

Die Politik hingegen, die Merleau-Ponty im Sinn hat, will die Notwendigkeiten der Revolution und den Zufall der Revolte nur als Momente einer umfassenderen Verflechtung mit den anderen Menschen, mit der eigenen Situation und der Geschichte denken und affirmieren. Wie Myriam Revault d'Allones zu Recht betont, ist dieses Engagement ständig einer doppelten Gefahr ausgesetzt: Einerseits laufe es Gefahr, zu einem Überblicks- oder Überflugsdenken (zu einem Denken des „*surplomb*" oder „*survol*") zu werden, sich also auf dem höchsten Gipfel der umgebenden Landschaft, in einem ausgezeichneten Moment der Geschichte zu verorten, von wo sich alle Orte überblicken und alle Rollen zuweisen lassen, von wo sich die ganze Welt philosophisch beherrschen lässt. Andererseits laufe es Gefahr, zu einem bloßen Engagement im Sinne Sartres, zu einem unmittelbaren, der ständigen Empörung und Revolte entspringenden Aktivismus oder besser gesagt Aktionismus zu werden, der sich an jedem Ort und zu jedem Zeitpunkt mit einer fundamentalen, herausfordenden, aber letztlich einfachen Entscheidung für oder gegen die Unterdrückten konfrontiert sieht.[21]

In *Was ist Literatur?* sagt Sartre vom Schriftsteller, dass er sich als „entschlossener Wille" immer und überall, „ganz und gar in seinen Werken engagieren muss".[22] Jeder Moment, jedes Ereignis, egal wie nah oder fern, eine neue, unvermittelte und unmittelbare Herausforderung, ein „Test für die Moralität":[23] So charakterisierte Merleau-Ponty den allzu engen Begriff des Engagements, den er in Sartres Denken und Handeln am Werk sah – und stets abgelehnt hat. Doch das bedeutete keineswegs, dass Merleau-Ponty auf den Begriff des Engagements verzichten wollte. Ganz im Gegenteil blieb er bis zu seinem Tod einem Grundsatz treu, den er 1948 in einem Artikel für *Les Temps Modernes* formulierte und der an die eingangs getroffene Unterscheidung zwischen instituierender und instituierter Philosophie denken lässt: „Das ‚degagierte' Denken, das ist das Dogma oder der Buchstabe, das ‚engagierte' Denken hingegen, das ist der Geist der Untersuchung."[24] Entscheidend ist dabei, dass das Engagement als Geist der Untersuchung (*recherche*) und nicht

[21] Myriam Revault d'Allones, *Merleau-Ponty: La Chair du politique*, Paris: Michalon 2001, S. 16f.

[22] Jean-Paul Sartre, *Was ist Literatur?*, hg. u. übers. v. Traugott König, Reinbek bei Hamburg: Rowohlt 1990, S. 35.

[23] Merleau-Ponty an Sartre vom 8.7.1953, zitiert nach: Maurice Merleau-Ponty u. Jean-Paul Sartre, „Ein Briefwechsel", übers. v. Vincent von Wroblewsky, in: *Literaturmagazin*, H. 34 („Über das Darstellbare"), hg. v. Martin Lüdke u. Delf Schmidt, Reinbek bei Hamburg: Rowohlt 1994, S. 107–135, hier S. 118.

[24] Maurice Merleau-Ponty, „Complicité objective", in: ders., *Parcours. 1935–1951*, hg. v. Jacques Prunair, Paris: Verdier 1997, S. 112–121, hier S. 113 (= P).

etwa der Entschlossenheit, der unvermittelten Wahl oder der ständigen Revolte verstanden wird. Das einzelne Ereignis ist für Merleau-Ponty nicht Aufforderung zu einer unmittelbaren Reaktion, sondern muss „innerhalb der Gesamtheit einer Politik", und insbesondere auch in der „Politik seines Gegners" verortet werden.[25] Dieser Politik kann die Philosophin nur mit einer eigenen Politik begegnen, die sich selbst wiederum in der Geschichte und der eigenen Situation verorten und orientieren und ausgehend von dieser Situierung einer eigenen großen, aber ständigen Korrekturen unterworfenen Linie folgen muss. Das „wahre Engagement", schreibt er in *Die Abenteuer der Dialektik*, gründet gerade nicht in einer Übereinstimmung „im Prinzipiellen", in moralischen oder politischen Prinzipien, „nicht in einzelnen Punkten, sondern in der Linie, die sie verbindet" (AD 216). Es handelt sich um eine Linie, die nicht gerade verläuft, in der sich aber dennoch durch die ständigen Abweichungen, durch das allgegenwärtige Clinamen hindurch ein bestimmter Stil durchhält, eine Politik der Wahrnehmung.

Der „moderne Philosoph" ist nach den bereits zitierten Worten aus Merleau-Pontys Antrittsvorlesung *Lob der Philosophie* „nicht selten ein Beamter, ein Schriftsteller ist er immer" (AG 200). Weil sich die instituierende Philosophie immer auch als instituierte verwirklichen muss, und weil sie das in der europäischen Moderne in erster Linie durch das Schreiben und Veröffentlichen von Texten tut, muss sie sich über den Sinn und Zweck dieser Tätigkeit klar werden. Und genau aus diesem Grund wollte Merleau-Ponty bereits kurze Zeit nach dem Erscheinen von Sartres berühmtem Text über die Rolle des Schriftstellers im Jahr 1947 selbst „eine Art *Was ist Literatur?* schreiben" – ein Vorhaben, das nach mehreren Transformationen und Erweiterungen in dem postum veröffentlichten

[25] Merleau-Ponty an Sartre vom 8.7.1953, zitiert nach Merleau-Ponty u. Sartre, „Ein Briefwechsel", S. 116.

Entwurf zu *Die Prosa der Welt* mündete, an dem er bis zu seinem Tod weiterarbeitete.[26]

Die Rolle des Schriftstellers wird in dem Fragment gebliebenen Text zunächst negativ bestimmt. Keinesfalls dürfe er demnach der Verlockung nachgeben, sich aus der Verflechtung zu lösen: „Es wäre angenehm, endlich die wirre und irritierende Situation eines Wesens verlassen zu können, welches das *ist*, worüber es spricht, und Sprache und Gesellschaft so betrachten zu können, als wäre man in ihr nicht engagiert, etwa vom Standpunkt des Sirius aus oder vom göttlichen Verstande aus, der ohne Standort ist" (PW 39). Einen derartigen, im Grunde genommen völlig degagierten Standpunkt meint Merleau-Ponty bei den kommunistischen Schriftstellern (und Parteien) seiner Zeit zu entdecken: Sie glaubten, den alles bestimmenden Sinn der Geschichte erkannt zu haben, und richteten die Linie ihrer Politik an dieser vermeintlichen Gewissheit aus. Weil ihre Geschichtsphilosophie und ihre Politik in ständigem Widerspruch mit der Wirklichkeit standen, wurde die Politik jedoch zur Täuschung und die dialektische Geschichtsphilosophie zur Propaganda. Sartre hingegen begründete sein politisches Engagement umgekehrt „gerade dadurch, dass er der Geschichte jede Produktivität abspricht, indem er aus ihr, insoweit ihr Erkennbarkeit eignet, das unmittelbare Resultat unserer Willensakte macht" (AD 118). Reine Determination oder reine Entscheidung: Für Merleau-Ponty fallen die (freilich etwas undifferenziert dargestellten) Positionen Sartres und der Kommunist_innen in letzter Konsequenz in eins: „Die Philosophie des reinen Objekts und des reinen Subjekts sind gleichermaßen terroristisch" (AD 118). Die degagierten kommunistischen Schriftsteller machen Propaganda, weil sie an einem vollständig erkennbaren und determinierten Sinn der Geschichte festhalten, der engagierte Sartre macht (ab den

[26] Vgl. dazu die betreffende Stelle aus dem Vorwort von Claude Lefort zu *Die Prosa der Welt* (PW 19).

frühen 1950er-Jahren) Propaganda, weil er die Geschichte für irrelevant hält. Ist es Merleau-Ponty gelungen, diese schlechte Alternative zu überwinden?

Das Engagement der Schriftstellerin ist für Merleau-Ponty keine Frage der Entscheidung: Man ist immer schon engagiert. Auch wenn das *Produkt* des Sprechens und Schreibens in einem gewissen Sinn degagiert ist, ist der *Akt* des Sprechens und Schreibens das Engagement schlechthin, eine aktive Verflechtung in die Sprache und Gesellschaft, in denen man immer schon engagiert ist. Den Akt des Schreibens und Sprechens begreift Merleau-Ponty genauer gesagt als „eine Intervention in das Leben",[27] in das persönliche Leben, aber auch in das Leben der Gesellschaft und der Sprache. Diese Intervention kann allen möglichen Zielen dienen: Sie kann versuchen, die eigene Verflochtenheit aufzulösen, wie es bei Sartre und den Kommunisten der Fall ist, sie kann die eigene (aktive und bewusste) Verflechtung verneinen, wie es bei Julien Benda der Fall ist, oder sie kann versuchen, die eigene Verflechtung explizit zu machen und zu bejahen, wie es sich Merleau-Ponty zum Projekt gemacht hat.

Unabhängig von seinen spezifischen Zielen, ist die Schriftstellerin immer schon in ihre Situation, in die Wahrnehmungswelt engagiert. Durch den Akt des Schreibens und Sprechens verwandelt sie diese Wahrnehmungswelt in eine Ausdruckswelt. Dieser Akt kann entweder die instituierte Sprache und Gesellschaft reproduzieren, oder er kann selbst zu einem instituierenden Akt werden, indem sie die „stummen Wahrheiten, die in ihren Landschaften enthalten sind" zum Sprechen bringt, indem sie „die Hieroglyphen ihrer Landschaft" entziffert.[28] Diese „stummen Wahrheiten" oder „Hieroglyphen" sind deswegen stumm, weil

[27] Maurice Merleau-Ponty, *Recherches sur l'usage littéraire du langage: Cours au Collège de France. Notes, 1953*, hg. v. Benedetta Zaccarello u. Emmanuel de Saint Aubert, Genf: MétisPresses 2013, S. 158 (= ULL).
[28] Maurice Merleau-Ponty, *Notes des Cours au Collège de France: 1958–1959 et 1960–1961*, hg. v. Stéphanie Ménasé, Paris: Gallimard 1996, S. 203 (= NC).

sie in der instituierten Sprache, in der sie enthalten sind, noch nicht ausgedrückt werden können. Die Schriftstellerin kann diesen stummen Wahrheiten nur durch einen instituierenden Akt zum Ausdruck verhelfen: durch eine Erfindung und Schöpfung, die doch keine Schöpfung aus dem nichts sind. Sie bringt einen sich in der Wahrnehmungswelt bereits abzeichnenden Sinn zum Ausdruck, indem sie „die kollektive Institution modifiziert".[29] Sie bringt einen Sinn zum Ausdruck, der ohne ihr Werk nicht da gewesen wäre, der weder in der Wahrnehmungswelt (denn der ausgedrückte Sinn ist nie mit dem sich abzeichnenden Sinn identisch) noch in der instituierten, gesellschaftlichen und sprachlichen Welt hätte erscheinen können. Dazu bedient sich die Schriftsteller_in der bestehenden, instituierten Sprache, der literarischen und philosophischen Tradition. Sie knüpft an die Tradition an, indem sie sie erneuert: „Eine existierende Sprache", sagt Merleau-Ponty 1951, im Rahmen einer Debatte über seinen Text „Der Mensch und die Widersetzlichkeit der Dinge", „ist tatsächlich eine Tradition, aber eine Tradition ist ein Aufruf, den Ausdruck zu erneuern, mit der anfänglichen schöpferischen Arbeit wiederanzufangen."[30] Diese schöpferische Arbeit, diese Erfindung wird ihrerseits nur dann zu einem instituierenden Akt, wenn sie die geteilte Tradition, die instituierte Sprache und Gesellschaft wirklich verändert, wenn sie also von der Sprachgemeinschaft und der Gesellschaft angenommen, anerkannt und verwendet wird. Die instituierte Sprache ist daher nicht einfach die Erfindung eines genialen Geistes oder Individuums, sondern das Produkt eines instituierenden Aktes, einer Intervention in das Leben der Sprache und der Gesellschaft, deren Sinn von der Intention der Autorin weit abweichen oder diesen übersteigen kann.

[29] Maurice Merleau-Ponty, *Le problème de la parole. Cours au Collège de France. Notes, 1953–1954*, hg. v. Lovisa Andén, Franck Robert u. Emmanuel de Saint Aubert, Genf: MétisPresses 2020, S. 202 (= PP).
[30] Maurice Merleau-Ponty, „L'homme et l'adversité", in: ders., *Parcours deux. 1951–1961*, hg. v. Jacques Prunair, Paris: Verdier 1997, S. 321–376, hier S. 345 (= PII).

Das „wahre Engagement“ im Sinne Merleau-Pontys muss jedoch versuchen, den instituierten Sinn seiner Interventionen zu antizipieren. Die Philosophie, die ihm vorschwebt, muss ihre Intervention in das Leben der Sprache und der Gesellschaft als politischen Akt begreifen, der aus einer großen, ständigen Korrekturen unterworfenen politischen Linie hervorgeht: Sie zieht nicht einfach eine Linie zwischen zwei Punkten, sondern legt „eine bestimmte Seins- und Entstehungsweise der Linie“ fest, einen „Modus des Linearen“, in Bezug auf den „jede folgende Krümmung einen diakritischen Wert“ hat (AG 308). Die Krümmungen und Abweichungen folgen dem sich abzeichnenden Relief der umgebenden Landschaft, sie orientieren sich an dem ständigen Abenteuern unterworfenen Sinn der Geschichte und reagieren auf die politische Linie der Gegner. So bildet die eigene Linie selbst „ein Abenteuer, eine Geschichte, einen Sinn der Linie“ (AG 308), der aber vom Abenteurertum der Revolte und vom zwielichtigen Zickzackkurs der Kommunistischen Parteien grundsätzlich verschieden ist.

Auf diese Weise unterscheidet sich in Merleau-Pontys Augen die Philosophie von der Literatur und von der Politik, deren Zugangsweisen zur Wirklichkeit sie zu vereinen versucht (was ihr nie vollständig und abschließend gelingen kann): Während die literarische, unmittelbare Zugangsweise darin besteht, „alles in Worte zu fassen“, ist die politische Zugangsweise dazu bereit, „die Dunkelheiten des Geschehens auf sich zu nehmen und darin mit viel Wagemut ein wenig Wahrheit zu erzeugen“ (AD 215). Sartres Engagement bestand für Merleau-Ponty gerade darin, „alles in Worte zu fassen“, jedes Ereignis als einmalige Gelegenheit zu begreifen, das Ungesagte, das Verschwiegene, die Lügen und Täuschungen ans Licht zu bringen. Als Schriftsteller, als revoltierendes Bewusstsein seiner Zeit meinte er, sich in jedem Moment auf die absolute Freiheit berufen zu können, alles zu sagen und so einen Beitrag zu einer relativen Transparenz der menschlichen Verhältnisse zu leisten.[31] Folgt man Merleau-Pontys Interpretation, so konnte oder wollte er nicht sehen, dass sein schriftstellerisches Engagement bedeutete, „in einem Drama gefangen zu sein, in dem man, ohne es zu wissen, eine ganz andere Rolle bekommt" (Z 44).

Es ist wenig verwunderlich, dass er Sartres Literatur letzten Endes wenig abgewinnen konnte. Sartre betonte selbst, dass man im „tiefsten Inneren" seiner Figuren „auf die Unbestimmtheit und das Nichts trifft, und nicht etwa auf Charaktere".[32] Die Figuren seiner Romane und Theaterstücke sind zwar, so wie auch der Schriftsteller selbst, in Situationen verstrickt, die ihre Handlungen bestimmen, doch das Ziel des Schriftstellers ist es, diese Verflechtung zu überwinden, seine Figuren und sich selbst zu befreien, indem er eine absolute, unbestimmte und alles bestimmende Freiheit an den Anfang setzt. Als politische Intervention hatte dieser Ansatz zu einer bestimmten Zeit und an einem bestimmten Ort – insbesondere in den Jahren der Résistance und der unmittelbaren Nachkriegszeit, in denen die beiden eng zusammenarbeiteten – in Merleau-Pontys Augen eine gewisse Berechtigung. Doch gerade diese Zeit- und Ortsgebundenheit war es, die Sartres Denken und Schreiben verneinte. Seine Auffassung des Engagements wurde in den Augen Merleau-Pontys zunehmend anachronistisch. Kein Wunder also, dass sich der spätere Merleau-Ponty zu anderen Autor_innen hingezogen fühlte, zu Marcel Proust etwa, zu Paul Valéry, zu Paul Claudel oder zu Stendhal. Eine ganz besondere Anziehungskraft ging außerdem von Claude Simon aus, an dessen großen Romanen *Das Seil* (1947), *Der Wind* (1957), *Das*

[31] Merleau-Ponty ist sich allerdings bewusst und betont auch immer wieder, dass es insbesondere in Sartres philosophischen Schriften auch eine „andere und genau genommen entgegengesetzte Idee einer Freiheit [gibt], die nur dann Freiheit ist, wenn sie der Welt einverleibt ist und einer über eine tatsächliche Situation abgeschlossenen Arbeit gleicht" (Maurice Merleau-Ponty, „Überall und nirgends", in: Z 181–231, hier 226).

[32] So Sartre in einem Interview mit Dominique Aury: „Was ist Existentialismus? Bilanz einer Offensive", übers. v. Bernd Wilczek, in: Bernd Wilczek (Hg.), *Paris 1944–1962. Dichter und Denker auf der Straße*, Bühl-Moos: Elster 1994, S. 41–56, hier S. 43.

Gras (1959) und *Die Straße in Flandern* (1960) sich Merleau-Pontys letzte Auseinandersetzung mit der Frage nach der Rolle und der Funktion des Schriftstellers entzündete.[33]

Die „profunde Neuartigkeit" von Simons Schreiben besteht Merleau-Ponty zufolge darin, „das, was dem Außen angehört, den Raum, die Zeit, die Menschen nicht länger gemäß ihrer Gestalt, als ‚Gestalten', Konturen und Perspektiven wiederzugeben, [...] sondern wie ein ‚total existierendes Ding' [...], dem jede Erfahrung, die wir haben, entnommen ist, [wobei] die Totalität immer wie ein Umfassendes, wie ein Magma durchscheint" (NC 205). Die Zeit und der Raum und die Menschen gehen aus einem sie umfassenden Magma hervor: Jede im Roman eingenommene Perspektive (das Zusammenspiel von Charakter, Ort und Zeit) ist ein ephemerer Effekt zugrunde liegender magmatischer Ströme und Bewegungen. Die immer unvollständigen und unvereinbaren Perspektiven kommen nicht wie von außen zur Welt hinzu, sie sind keine Perspektiven *auf* die Welt, sondern Perspektiven *der* Welt, die aus ihrem „Magma" oder ihrem „Fleisch" hervorgehen.[34] Mitgerissen und hervorgebracht vom Magma, vom Wasser oder vom Wind,[35] werden

[33] Auch wenn sich seine Auseinandersetzung mit Simon auf knapp zwanzig Seiten Vorlesungsnotizen (NC 203–220) und einige „Notizen zu Claude Simon" (PII 310–316) beschränkt, kann man ihre systematische Bedeutung für Merleau-Pontys Denken kaum hoch genug einschätzen. Vgl. zu Claude Simon und zu den vielfältigen Verbindungen, die sich zwischen seiner Literatur und der Philosophie von Merleau-Ponty und Sartre ziehen lassen: Till R. Kühnle, *Chronos und Thanatos. Zum Existentialismus des „nouveau romancier" Claude Simon*, Tübingen: Max Niemeyer 1995.

[34] Den Ausdruck „Fleisch der Welt", dem postum noch eine große Karriere beschieden war, hat Merleau-Ponty Claude Simons *Der Wind* entnommen: Der Protagonist Antoine Montès sagt darin über eine Schlüsselszene des Romans, ihm war, „als vernähme man in alledem so etwas wie eine Atmung, gleich der des Fleisches der Frau neben mir, das nämliche geheime, vielfältige, rätselhafte Pochen, weil das Fleisch der Welt allein durch die Tatsache weiblich ist, dass es zu gebären und zu erschaffen vermag, gewissermaßen ohne es zu merken" (Claude Simon, *Der Wind. Versuch der Wiederherstellung eines barocken Altarbildes,* übers. v. Eva Moldenhauer, Köln: DuMont 2001, S. 109). Simons Rede vom „Magma" hingegen hat Cornelius Castoriadis an prominenter Stelle aufgegriffen: Jede Gesellschaft ist für ihn die einzigartige „Institution eines Magmas gesellschaftlicher Bedeutungen" (*Gesellschaft als imaginäre Institution. Entwurf einer politischen Philosophie,* übers. v. Horst Brühmann, Frankfurt a.M.: Suhrkamp 1984, S. 587). Es wird darauf zurückzukommen sein, dass dieses Magma, im Gegensatz zu Merleau-Pontys wildem Sein, grundsätzlich keine Flussrichtung kennt, dass also für Castoriadis ein Sinn der Geschichte nicht denkbar ist.

[35] Sie werden „hin und her geworfen [...] wie ein auf dem Wasser treibender Korken, ohne Richtung, ohne Ziel", mitgerissen von „jenem Sturm, jenem gleichsam ständigen, ziellos und vernunftlos tobenden Orkan" (Simon, *Der Wind,* S. 8, 15).

die Figuren von einem Schicksal bestimmt, das sich nicht mehr an der supralunaren Sphäre, am Lauf der Sterne, am „Sonnenumlauf" orientiert.[36] Es sind die Strömungen und Wirbel der sublunaren Sphäre, die alle Perspektiven hervorbringen, durchdringen, verwirbeln und auch wieder verwehen. Aus dieser allgemeinen Verflechtung, die Claude Simon sichtbar und sagbar macht, geht eine ganz andere, fragile, eine „wilde Freiheit" (AD 230) hervor: die Freiheit seiner Figuren und auch seines Schreibens, die der vermeintlich absoluten Freiheit Sartres immer und überall zugrunde liegt. Das Nichts, das man im Inneren von Sartres Figuren antrifft, kann für Merleau-Ponty nur als Windstille verständlich werden, als artifizielle und situierte Suspension jenes allgegenwärtigen Sturms, den Simon in *Der Wind* sichtbar gemacht hat.

Claude Simon denkt, so das abschließende Urteil von Merleau-Ponty, „so wie Cézanne ‚in der Malerei dachte', er spricht mit seiner Stimme und zeigt die Welt, lässt sie durch eine bestimmte Geste sehen – aber diese Enthüllung der Welt, ohne abgetrenntes Denken, ist genau die moderne Ontologie" (NC 206). Seine Literatur „entstammt dieser und adressiert diese Region unterhalb der Ideen" und hat als solche eine „unersetzbare Funktion", „unersetzbar selbst durch die Philosophie" (NC 204). Merleau-Ponty erkennt in Simons Literatur so etwas wie ein reines Sichtbarmachen der Verflochtenheit, der Verstricktheit in die Ereignisse und die Geschichte, ein Aufzeigen, von dem die Philosophie ausgehen muss, um eine Politik der Wahrnehmung zu entwerfen, eine Linie, die sich an einem sich abzeichnenden Sinn der Geschichte orientiert und zugleich mit dem allgegenwärtigen, „ziellos und vernunftlos tobenden Orkan" rechnet.[37] So lässt sich, zumindest vorläufig, das Projekt von Merleau-Pontys philosophischem Engagement auf einen allgemeinen Begriff bringen.

[36] Vgl. Aristoteles, *Poetik*, 1449b.
[37] Simon, *Der Wind*, S. 15.

Der Stil von Merleau-Pontys Engagement lässt sich jedoch nicht aus allgemeinen Formeln ableiten, denn es ist für seine Politik wesentlich, dass sie „den Zufällen unserer Lage verflochten, nur in der Tat existiert, in der stets unvollkommenen Bewegung, die uns mit den Anderen verbindet, mit den Dingen dieser Welt, mit unseren Aufgaben" (HT 18). Um ihren Stil sichtbar zu machen, gilt es daher, den biografischen Faden wieder aufzunehmen und ins Jahr 1946 zurückzukehren, in das Jahr des Erscheinens der Neuausgabe von Julien Bendas Essay über den *Verrat der Intellektuellen*. In diesem Jahr kam es zu einem bemerkenswerten Aufeinandertreffen zwischen Merleau-Ponty und Benda: Gemeinsam mit einer Reihe von anderen prominenten Intellektuellen wie Karl Jaspers oder Georg Lukács diskutierten beide im Rahmen der Rencontres Internationales de Genève über den „europäischen Geist", der als Thema und gleichzeitig als Losung der Konferenz ausgerufen worden war.[38] Merleau-Ponty ließ keinen Zweifel daran, was er von Bendas Ideal des *clerc* hielt: „Herr Benda will eine Form der Rationalität restaurieren, die durch das halbe, ja das ganze Jahrhundert, das hinter uns liegt, kompromittiert wurde. Ist nicht jede Restauration dieser Art immer eine künstliche Angelegenheit?"[39] Die Frage nach der Rationalität, nach einer angemessenen, zeitgenössischen Form von Rationalität lässt sich nicht ort- und zeitlos beantworten. Man muss sie in einem recht verstandenen Europa und in einer recht verstandenen Moderne situieren: „Die europäisch-abendländische Menschheit ist zwei oder drei Jahrhunderte lang einer bestimmten Idee der Wahrheit gefolgt; heute erfährt sie die Fragilität dieser Idee."[40] Und diese Erfahrung der Moderne gelte es ernst zu nehmen, um

[38] Die Vorträge und Redebeiträge wurden ein Jahr später vollständig veröffentlicht in: *L'Esprit européen. Textes in-extenso des conférences et des entretiens organisés par les Rencontres Internationales de Genève 1946*, La Baconnière: Neuchâtel 1947.

[39] Maurice Merleau-Ponty, „Die Krise des europäischen Bewusstseins", übers. v. Nikolai Mähl, in: *Zeitschrift für Kulturphilosophie*, Bd. 10, Nr. 1, Hamburg: Meiner 2016, S. 167–182, hier S. 169.

[40] Ebd., S. 170.

„die Fundamente eines neuen Rationalismus zu legen, der kein Rationalismus des Zeitlosen allein wird sein können, da gerade das Zeitlose seit langer Zeit in der Krise ist".[41]

Diese Krise des Zeitlosen erlebte Merleau-Ponty, wie bereits erwähnt, erstmals im Jahr 1939 – und erlebte sie zugleich nicht. Denn die erste Reaktion auf die Erfahrung des Krieges und der Besatzung, sein Engagement in der Résistance, verstärkte zunächst die alten Illusionen, „indem sie glauben macht, die Politik sei eine Beziehung von Mensch zu Mensch oder von Bewusstsein zu Bewusstsein". Sie verschleierte „die unglaubliche Macht der Geschichte" (SNS 204). Der Ausnahmezustand der deutschen Besatzung stellte die Menschen vor eine einfache Alternative: Kollaboration oder Widerstand. In dieser existenziellen wie gefahrvollen Situation waren Bündnisse möglich, eine Einheit über die politischen Grenzen hinweg, deren Eindeutigkeit die für das Politische entscheidende Ambiguität verdeckte. Der Ausnahmezustand ermöglichte zwar ein unmittelbares, heroisches Handeln, erschwerte aber eine Einsicht in die fundamentale Mittelbarkeit, Verflochtenheit, Undurchsichtigkeit und Konfusion des Politischen. Schon 1945 schien Merleau-Ponty diesen Schein von Transparenz zumindest theoretisch überwunden zu haben. In der *Phänomenologie der Wahrnehmung* schreibt er: „In unentwirrbarer Konfusion sind wir der Welt und den Anderen beigemischt. Die Idee der Situation schließt eine absolute Freiheit im Ursprung unserer Engagements aus" (PhW 516). Keine eindeutige, unhintergehbare Entscheidung, keine absolute Freiheit: Der Ursprung des Engagements muss in der verflochtenen und verworrenen Situation gesucht werden.

In der unmittelbaren Nachkriegszeit, in jener kurzen Zeit des Wiederaufbaus und des Tripartismus (1944–1947) übersetzte sich der aus dem Ausnahmezustand geborene heroische Geist und die überparteiliche Einheit der Résistance

[41] Ebd., S. 171.

zunächst in politische Strukturen, die das Potenzial hatten, auch für Friedenszeiten eine tragfähige Grundlage zu bieten. Für einen kurzen Moment, zwischen dem Ende der Besatzung und dem Ausbrechen des Kalten Krieges und dem damit einhergehenden Ausschluss der Kommunistischen Partei aus der Regierung im Mai 1947, teilten sich die Kommunisten (PCF), die Sozialisten (SFIO) und die Christdemokraten (MRP) die Macht und die Verantwortung für Frankreichs Zukunft.[42] Nicht zufällig handelte es sich um die Parteien, die sich am stärksten im Widerstand engagiert hatten und am wenigsten mit dem Vichy-Regime verbunden gewesen waren.

Es war eine Zeit des antifaschistischen Konsens, eine Zeit der Hoffnung und des Optimismus: Hitler war besiegt, die unmittelbar anschließenden kolonialen Kämpfe in Indochina schienen vielen Französinnen und Franzosen weit entfernt.[43] Die Situation schien offen und die Möglichkeit gegeben, die alten Grabenkämpfe der Dritten Republik zu überwinden, die Interessen des französischen Volks auszugleichen und einen Mittelweg zwischen amerikanischem Kapitalismus und sowjetischem Kommunismus zu finden. Diesem Programm hatten sich auch Sartre, Beauvoir und Merleau-Ponty mit ihrem gemeinsamen Zeitschriftenprojekt *Les Temps Modernes* verschrieben. Nur wie sollte es verwirklicht werden? Für Sartre bedeutete dieses Engagement, „in der Einmaligkeit unserer Zeit Partei [zu] ergreifen". Der Schriftsteller sollte die gegenwärtige Situation hin zu der absoluten Freiheit überschreiten, hin zu den „ewigen Werten", „die diesen sozialen und politischen Kämpfen zugrunde liegen".[44] Für Merleau-Ponty hingegen war das philosophische

[42] Einen konzisen Überblick über das kurze Bestehen und den etwas verwickelten „Kollaps des Tripartismus" bietet: Maurice Larkin, *France Since the Popular Front. Government and People 1936–1996*, Oxford: Clarendon Press 1997, S. 151–156; ausführlicher in: Jean-Pierre Rioux, *The Fourth Republic, 1944–1958*, übers. v. Godfrey Rogers, Cambridge/New York: Cambridge University Press 1989, S. 43–132.

[43] Das gilt freilich nicht für Merleau-Ponty, der unter anderem 1947 in *Le Figaro* einen Artikel mit dem Titel „Le Philosophe et l'Indochine" veröffentlichte (auf Deutsch als „Über Indochina" in: Z 477–484).

[44] Jean-Paul Sartre, „Vorstellung von Les Temps Modernes", übers. v. Lothar Baier, in: ders.: *Der Mensch und die Dinge. Aufsätze zur Literatur 1938–1946*, hg. v. Lothar Baier, Reinbek bei Hamburg:

Engagement „das Bewusstwerden einer Bewegung, die älter ist als sie [die Philosophie], deren Sinn sie enthüllt und deren Tempo sie beschleunigt".[45] In dem konkreten politischen Ziel vereint, waren die beiden prägenden Figuren von *Les Temps Modernes* philosophisch von Anfang an tief gespalten. Während sich Sartre auf die immer wieder, durch jede Situation aktualisierte Entscheidung für oder gegen die Unterdrückung konzentrierte, war es für Merleau-Ponty entscheidend, dass sich sein Engagement an einer sich abzeichnenden geschichtlichen Bewegung orientierte, die wiederum die gegenwärtige Situation und ihre Grundmöglichkeiten bestimmte.

In den Jahren 1944–1947 hegte Merleau-Ponty die (selbst ambivalente) Hoffnung, dass diese geschichtliche Bewegung, an der sich die eigene Politik orientieren kann, eine proletarische sein würde: „Wenn der Klassenkampf wieder zum Motor der Geschichte wird, wenn sich die Alternative von Sozialismus und Chaos entschieden verdeutlicht, dann ist es an uns, einen proletarischen Sozialismus zu wählen, nicht als Versicherung des Glücks [...], sondern als diese unbekannte *andere Zukunft*, zu der man durchdringen muss, ansonsten droht der Tod" (SNS 168f.).

Schon während dieser kurzen, vage hoffnungsvollen Phase der unmittelbaren Nachkriegszeit sah Merleau-Ponty dunkle Wolken am Horizont aufziehen. In einem Aufsatz mit dem programmatischen Titel „Für die Wahrheit" schrieb er 1946: „Keine Partei in Frankreich denkt über ihr Handeln nach oder sagt offen, was sie ist oder was sie tut."[46] Die für das Politische so fundamentale, während der Besatzung vermeintlich suspendierte Undurchsichtigkeit war im Begriff, sich mit aller Macht zurückzumelden. Die eigene Situation und ihre Grundmöglichkeiten wurden zunehmend opak und zweideutig: „Der Augenblick der Geschichte, in dem wir uns befinden, ist zweideutig, weder

Rowohlt 1978, S. 156–170, hier S. 160.

[45] Maurice Merleau-Ponty, „Der Roman und die Metaphysik", in: SNS 34–54, hier 36.

[46] Maurice Merleau-Ponty, „Für die Wahrheit", in: SNS 207–234, hier 209.

der Kapitalismus noch die Revolution kämpfen mehr mit entblößtem Gesicht, weil der Kapitalismus seiner eigenen Zukunft ungewiss ist und unfähig, sich in einer positiven Theorie zu entwerfen, und weil der Marxismus in dem Land, in dem er triumphiert hat, [...] aufgehört hat, eine proletarische Politik zu beseelen" (SNS 219). Der kurze Augenblick der Offenheit war im Begriff sich zu schließen, die Möglichkeit eines dritten Wegs, den ein im Tripartismus vereintes Frankreich zwischen den beiden schlechten Alternativen des Kapitalismus und des sowjetischen Kommunismus hätte einschlagen können, war unmittelbar bedroht.

Und tatsächlich sollten die Hoffnungen schon kurze Zeit später, mit dem Ausbrechen des Kalten Kriegs und dem von amerikanischen Diplomaten forcierten Ausschluss der Kommunistischen Partei aus der Einheitsregierung zerbrechen. Der dauerhafte und kompromisslose Ausschluss der stärksten Partei, die etwa ein Viertel aller Wähler_innen mobilisierte (und die nicht minder kompromisslose, moskautreue Linie der Kommunist_innen), war vermutlich einer der Geburtsfehler der Vierten Republik, einer der Hauptgründe für ihre Instabilität und ihr endgültiges Scheitern im Jahr 1958, auf dem Höhepunkt des Algerienkriegs. In jedem Fall markierte er ein einschneidendes Ereignis: so sehr, dass sich Merleau-Ponty, als er sein zunächst kapitelweise in *Les Temps Modernes* veröffentlichtes Hauptwerk dieser Zwischenphase, *Humanismus und Terror*, einige Monate später, im Jahr 1947 in Buchform vorlegte, in seinem Vorwort zu schreiben veranlasst sah: „Vielleicht ist dieser Essay bereits anachronistisch, und der Krieg in den Köpfen bereits etabliert" (HT 40).

Der amerikanische Kapitalismus und der sowjetische Kommunismus hatten sich von Grundmöglichkeiten in starre Gegensätze verwandelt, Kompromisse, Vermittlungen, Gespräche und vor allem der erstrebte Mittelweg waren zusehends ausgeschlossen. Die Kontur der umgebenden Landschaft begann zu verschwimmen, ein Sinn der Geschichte ließ sich kaum mehr ausmachen. Noch war der „Fall der UdSSR [...] nicht klar“ (HTII 92), noch war Merleau-Ponty nicht sicher, ob der Zeitpunkt erreicht war, an dem sich die Kommunist_innen im Mutterland der Revolution und in Frankreich so weit von der proletarischen Bewegung entfernt hatten, dass „der Umweg kein Umweg, die Dialektik keine Dialektik mehr ist und [...] man in eine neue Ordnung der Geschichte eintritt, die nichts mehr gemein hat mit der proletarischen Philosophie von Marx“ (HTII 57).

Die zunehmende Erstarrung hatte für Merleau-Ponty nicht nur zur Folge, dass die beiden erkalteten Pole zur systematischen Lüge und Täuschung und zu ständigen abrupten Kursänderungen gezwungen waren, sie unterwarfen zunehmend die ganze umgebende Landschaft dieser Polarität und ihrer Dynamik. Für Merleau-Pontys Augen gab sich keine eindeutige Kontur mehr zu erkennen: Die Bewegung der Geschichte, die aus der wirklichen, auf zahllose Weisen vom opaken Eigensinn der Natur, des Ausdrucks, der Sprache und der Politik bestimmten Situation zu einer relativen Durchsichtigkeit der menschlichen Verhältnisse – und das hieß für den Merleau-Ponty dieser Zeit: zu einem demokratischen und freiheitlichen Sozialismus – führen sollte, war zum Erliegen gekommen.

In dieser Situation der Verdunklung blieb den Intellektuellen nur eine bescheidene, aber dennoch notwendige Aufgabe: „die ideologische Situation zu verdeutlichen, über Paradoxe und Kontingenzen der gegenwärtigen Geschichte hinaus die wahren Begriffe des Problems hervorzuheben [...] und die möglichen Chancen der Geschichte, wieder durchsichtig zu werden, gegen jegliche Propaganda zu verteidigen“ (HTII 90). Zu jener Zeit, an jenem Ort konnte das philosophische Engagement für Merleau-Ponty nur in der Klärung der Grundmöglichkeiten, in der unvoreingenommenen Prüfung des westlichen Humanismus und des sowjetischen Terrors bestehen, in der Entwirrung einiger Knoten, damit sich ein roter Faden der Geschichte wieder zeigen konnte, an den sich anknüpfen ließ. Der westliche Humanismus entpuppte sich für Merleau-Ponty zusehends als Abenteurertum, als Spiel mit dem Zufall, der sowjetische Terror als Umweg ohne Rückkehr, als starre Linie der Partei, die, weil sie den Kontakt zur Bewegung der Geschichte verloren hatte, zu ständigen Kehrtwenden, zu einem „Zickzack" gezwungen war (AD 113).

Nachdem sich alle bestehenden Parteien entlang der neuen Trennlinie zwischen Ost und West verortet hatten, ließ sich Merleau-Ponty 1948, unter dem Einfluss Sartres, eher halbherzig auf das Wagnis einer Parteigründung ein. Das Intermezzo mit dem Rassemblement Démocratique Révolutionnaire (RDR) war von kurzer Dauer. Die Erfolgsaussichten schienen ihm ohnehin von Beginn an gering, denn die Krise des Sozialismus war für ihn, wie er bereits in einem Interview von 1947 betonte, nicht lediglich eine Krise des institutionalisierten Sozialismus, der Parteien und Gewerkschaften. Sie war „vor allem eine Krise der proletarischen Bewegung, die nicht mehr die Kraft und den Grad an Bewusstsein hat, den sie [...] etwa vor fünfzehn Jahren" hatte.[47] Die ohnehin schon schwachen Hoffnungen, die er in die Zukunft der Sowjetunion setzte, verblassten indes mit jedem Jahr weiter. So schrieb er 1948 in einem Brief an den Chefredakteur der *New York Times*: „In dem Maße, in dem wir besser über die relative Wichtigkeit der Zwangsarbeit und der freien Arbeit in der UdSSR informiert sind, über das Ausmaß des Lagersystems, über die Quasi-Autonomie des Polizeisystems, wird es immer schwieriger, die UdSSR als *Übergang zum* Sozialismus [...] zu sehen".[48]

Ab dem Jahr 1949 wurden Merleau-Pontys schriftstellerische Interventionen in das politische Geschehen deutlich seltener, was nicht nur der politischen, sondern auch seiner

[47] Maurice Merleau-Ponty, „La Tribune des *Temps Modernes*", in: E 41–56, hier 52.
[48] Maurice Merleau-Ponty, „Die paranoische Politik", in: Z 363–384, hier 383.

persönlichen Situation geschuldet war: In ebendiesem Jahr wurde er nämlich an die Sorbonne auf einen Lehrstuhl für Entwicklungspsychologie berufen, wo er bis 1952 eine Reihe von weit ausgreifenden Vorlesungen hielt, in denen er zwar immer wieder Fragen der politischen Philosophie berührte, aber zum Hier und Jetzt keine Stellung bezog. Der Ausbruch des Koreakriegs 1950 bewog ihn endgültig, wie er 1953 in einem Brief an Sartre schrieb, „nicht mehr über die Ereignisse in ihrer Unmittelbarkeit zu schreiben". Diese Entscheidung war allerdings, wie er selbst betont, „etwas ganz anderes" als eine Abkehr vom philosophischen Engagement, als ein Rückzug ins Private und auf die ewigen Fragen der Philosophie, als welcher Sartre und auch von anderen nach ihm immer wieder gedeutet wurde. Auch hier ist alles eine Frage der Zeit und des Ortes: „Das Engagement anlässlich eines *jeden* einzelnen Ereignisses verwandelt sich, in einer Zeit der Spannung, zu einem System der ‚mauvaise foi', der Selbsttäuschung". Gerade jetzt, am ersten Höhepunkt des Kalten Krieges, gebe es nur äußerst selten „Ereignisse, die es erlauben, oder besser, die es erfordern, unmittelbar und für sich selbst beurteilt zu werden". In den meisten Fällen könne das Ereignis „nur innerhalb der Gesamtheit einer Politik beurteilt werden, die dessen Sinn ändert, und es wäre künstlich und ein Trick, zu jedem Punkt einer Politik ein Urteil zu provozieren, statt ihn in seinem Zusammenhang und im Verhältnis zur Politik seines Gegners zu betrachten".[49]

Ebenfalls im Jahr 1950 legte er sein Amt als politischer Leiter von *Les Temps Modernes* nieder, bevor er 1952 ganz aus der Redaktion ausschied. Ein Grund für dieses Ausscheiden war Sartres Solidarisierung mit der Kommunistischen Partei (und also mit der Sowjetunion) im Anschluss an die Verhaftung von Jacques Duclos (ein führendes Mitglied der

[49] Merleau-Ponty an Sartre vom 8.7.1953, zitiert nach Merleau-Ponty u. Sartre, „Ein Briefwechsel", S. 116.

Kommunistischen Partei Frankreichs), die insbesondere in seiner polemischen „Antwort an Claude Lefort" und in *Die Kommunisten und der Friede*, dessen erster Teil im Juli 1952 erschien, zum Ausdruck kam. Die Details dieses Bruchs zwischen Sartre und Merleau-Ponty, in den auch Claude Lefort und Simone de Beauvoir verstrickt waren,[50] sind hier weniger wichtig als sein philosophischer Kern. Sartre war der Ansicht, dass die politische Lage (ähnlich wie zur Zeit der deutschen Besatzung) unbedingt eine Positionierung, dass der grassierende Antikommunismus eine zumindest partielle Solidarisierung mit der Kommunistischen Partei erforderte. Merleau-Ponty hingegen war der Ansicht, dass es nicht die neue Situation des eskalierenden Kalten Krieges war, die Sartres Positionierung, seine Kehrtwende in Bezug auf die Kommunistische Partei notwendig machte, sondern vielmehr sein Festhalten an einer unhaltbaren, geschichtsvergessenen Transzendentalphilosophie: „Er zieht heute in einer veränderten Welt neue Schlussfolgerungen aus ein und derselben philosophischen Einsicht" (AD 233). Wie Merleau-Ponty in dem langen, Sartre gewidmeten fünften Kapitel von *Die Abenteuer der Dialektik* zeigt, besteht das Problem an Sartres politischer Kehrtwende gerade nicht darin, dass er „neue Schlussfolgerungen" zieht, sondern darin, dass er an alten Prämissen festhält, an einer vermeintlich zeitlosen Lehre, an einer instituierten Philosophie.

Die „absolute Autorität der Partei" ist für Merleau-Ponty nur die Kehrseite der absoluten Freiheit des Subjekts im Allgemeinen und des Schriftstellers im Besonderen – sie ist „die mit Gewalt der Welt einverleibte Reinheit des transzendentalen Subjekts" (AD 171f.). Sartres Engagement bleibt „stets dieselbe flüchtige Berührung mit der Welt, es nimmt niemals die

[50] Einen ausführlichen Überblick über die Entfremdung der beiden Philosophen gibt beispielsweise Ronald Aronson in: „Vicissitudes of the Dialectic: From Merleau-Ponty's *Adventures of the Dialectic* to Sartre's Second *Critique*", in: Jon Stewart (Hg.), *The Debate between Sartre and Merleau-Ponty*, Evanston (IL): Northwestern University Press 1998, S. 233–269.

Verantwortung für sie auf sich, es äußert sich nur über allerallgemeinste Prinzipien oder Tatsachen und besondere Aspekte der Aktion" (AD 233). Für Sartre ist die Aktion immer ein unmittelbares Verhältnis zum anderen Menschen, es transzendiert oder besser gesagt überspringt die ganze Zwischenwelt, die aus der Verflechtung der Perspektiven hervorgeht – also genau das, worum es Merleau-Ponty geht. Diese Zwischenwelt, der eigentliche Ort der politischen Aktion, hat in den Augen Merleau-Pontys einen unbeherrschbaren, aber trotzdem nicht vollkommen unbegreiflichen Eigensinn, der aus der Verflechtung der menschlichen Perspektiven und aus der Verflochtenheit der menschlichen Verhältnisse in die winzige Flechte der sublunaren Sphäre hervorgeht. Und nur weil Sartre diese Zwischenwelt überspringt, kann er mit den Kommunisten partiell, in einzelnen Punkten übereinstimmen. Er sieht Merleau-Ponty zufolge nicht, dass diese Punkte Teil einer Parteilinie sind, die ihnen einen ganz anderen Sinn verleiht, einen Sinn, der zu allem Überfluss auch noch abstrakt und ahistorisch ist, der sich nicht am Sinn der Geschichte orientiert. Derselbe Begriff des Engagements erlaubte Sartre gestern eine vollkommen unabhängige Position zu beziehen und heute punktuell mit der Parteilinie übereinzustimmen: „Heute sowenig wie gestern nimmt die Freiheit Gestalt an und wird sie historische Aktion" (AD 233). Die Kritik an seinen philosophischen Grundüberzeugungen, an seiner Lehre von der Freiheit und vom Engagement, und an seinem dogmatischen Festhalten an dieser Lehre, hat Sartre schwer getroffen. Zweifellos hat er sie ernst genommen, und sein zweites erst 1960 erschienenes philosophisches Hauptwerk *Die Kritik der dialektischen Vernunft* muss als späte Antwort auf die Kritik gelesen werden, die Merleau-Ponty in *Die Abenteuer der Dialektik* entwickelte.

In dem schönen und philosophisch reichen Nachruf „Merleau-Ponty vivant" resümiert Sartre den Bruch auf eine bezeichnende Weise: „In Wirklichkeit lag es an der Geschichte, dass der Faden abriss: sie verschleißt die Menschen, derer sie sich bedient, und reitet sie tot wie Pferde."[51] Merleau-Ponty hätte vermutlich eingewandt, dass die hier durchscheinende Vorstellung eines blind waltenden Schicksals, das den rechten Handlungen einen falschen Sinn aufzwingt, das notwendige Gegenstück zu der Vorstellung einer absoluten Freiheit ist – und dass diese beiden Begriffe ein Denken der Zwischenwelt verunmöglichen. Er hätte vermutlich ebenfalls eingewandt, dass der Faden, der die beiden Denker und vor allem ihre Philosophien miteinander verband, nie vollständig gerissen ist, dass die Abenteuer der Verflechtung also keineswegs an ein Ende gekommen waren. Denn bereits 1955, im Erscheinungsjahr von *Die Abenteuer der Dialektik*, war das Buch vielleicht schon wieder anachronistisch geworden.

In einer Radiosendung vom Juni desselben Jahres fasst Merleau-Ponty die Entstehungszeit des Buches rückblickend noch einmal zusammen: „Das politische Denken und die politische Aktion sind seit Jahren blockiert, eingefroren durch die Rivalität von Kommunismus und Antikommunismus."[52] Der Kommunismus und der Antikommunismus fallen insofern zusammen, als sie beide nicht in der Lage sind, „offen zu denken, was sie sind, dass sie dadurch beide darauf reduziert werden, sich durch die Widerlegung des anderen zu verteidigen, und auf ihren Gegner angewiesen bleiben, um sich zu rechtfertigen" (E 106). Die doppelte Krise der Politik der Vernunft und der Politik des Verstandes, die beide den Kontakt zur lebendigen Geschichte verloren haben, schien „die beiden Systeme zur Unbewusstheit und zum Krieg zu verdammen" (E 106). Solange der Faden zwischen Ost und West gerissen war, solange es kein Gespräch gab, erstarrten die beiden Systeme in Opposition. Die Bewegung der Geschichte war eingefroren: Weder im Osten noch im Westen ließ sich an sie anknüpfen. Zwischen diesen

[51] Sartre, „Über Merleau-Ponty (1961)", S. 110.
[52] Maurice Merleau-Ponty, „Le ‚Forum' de *L'Express*", in: E 77–109, hier 104.

Alternativen versuchte Merleau-Ponty eine Politik der Wahrnehmung, eine genuin philosophische Politik aufrechtzuhalten: „Selbst wenn sie nicht zwischen dem Kommunismus und dem Antikommunismus wählt, ist die Philosophie eine Haltung in der Welt, keine Enthaltung".[53]

Seit dem Tod Stalins im März 1953 war es nun jedoch zu einer spürbaren Veränderung der Atmosphäre gekommen, und Merleau-Pontys philosophisches Engagement beschränkte sich nicht länger darauf, die begrifflichen Knoten zu entwirren, die tatsächlichen Verflechtungen des kommunistischen und des kapitalistischen Systems, die wirklichen menschlichen Verhältnisse und ihre Verflechtung in die Natur sichtbar zu machen.[54] Seinen Einfluss und sein Prestige (1953 war er an das *Collège de France* berufen worden, die höchste Auszeichnung, die einem Philosophieprofessor in Frankreich zuteilwerden kann) setzte er nun für die kurzlebige Mendès-France-Regierung ein, von der er sich eine Beendigung des sinnlosen Indochinakriegs, eine Überwindung der politischen Spaltung (insbesondere zwischen Kommunisten und Antikommunisten) im Geiste des *front populaire* und der Résistance sowie eine allgemeine Wiederbelebung der sozialistischen Linken erhoffte.[55] In der Zeitschrift *L'Express*, die eigens zur Unterstützung der mendesistischen Bewegung gegründet wurde, antwortete er ab dem September 1954 regelmäßig auf Fragen der Leserschaft zu

[53] Merleau-Ponty an Sartre 8.7.1953, zitiert nach Merleau-Ponty u. Sartre, „Ein Briefwechsel", S. 120. Etwas irreführend charakterisiert Merleau-Ponty diese Haltung einmal als einen „neuen Liberalismus": Unter dem Eindruck des Kalten Krieges bekennt er sich zur „Institution" des Parlaments – die „einzige bekannte Einrichtung, die ein Minimum an Opposition und Wahrheit garantiert" (AD 273). Seinen „Liberalismus" dürfe man allerdings auf keinen Fall mit „jener optimistischen und oberflächlichen Philosophie" verwechseln, „für die die Geschichte einer Gesellschaft nichts weiter als spekulative Meinungsverschiedenheit ist, der politische Kampf nichts weiter als der Meinungsaustausch über ein klar gestelltes Problem". Dieser alte Liberalismus werde „nirgendwo mehr praktiziert. Es gibt einen Klassenkampf und es muss ihn geben, weil und solange es Klassen gibt" (AD 272).

[54] So könnte man Merleau-Pontys philosophisches Engagement der Jahre 1950–1952 zusammenfassen, insbesondere den wichtigen Vortrag, den er unter dem Titel „Der Mensch und die Widersetzlichkeit der Dinge" (Z 333–360) anlässlich der Rencontres Internationales de Genève gehalten hat, sowie die anschließende Diskussion (PII 320–376).

[55] Siehe dazu auch das Vorwort von Jerôme Melançon zu *Entretiens avec Georges Charbonnier et autres dialogues, 1946–1959* (E 7–17).

drängenden politischen Problemen und zu Grundproblemen der politischen Philosophie (E 77–109).

Das ab 1953 mit Stalins Tod einsetzende Tauwetter[56] hatte spätestens in der Genfer Gipfelkonferenz vom Juli 1955 konkrete Gestalt angenommen. Merleau-Ponty konnte nun „auf eine Erneuerung der Arbeiterbewegung hoffen, die der Kalte Krieg eingefroren hat" (E 107). Im März 1956, nur etwa einen Monat nach dem wichtigen XX. Parteitag der KPdSU, auf dem die friedliche Koexistenz zur Generallinie der Partei erklärt wurde, trafen Sartre und Merleau-Ponty anlässlich eines einwöchigen Kolloquiums aufeinander, das unter dem Titel „Rencontre Est-Ouest" Intellektuelle aus Ost und West ins Gespräch bringen sollte.[57] Den anderen Gesprächsteilnehmern warf Merleau-Ponty vor, die Probleme und Möglichkeiten, den Sinn des Tauwetters, des *dégel*, nicht ernst genug zu nehmen: Sie nahmen es nur zum Anlass, ihre bereits bestehenden Thesen, Lehren und Überzeugungen endlich ihrem Gegenüber mitzuteilen. Darin kamen die östlichen und westlichen Intellektuellen seiner Ansicht nach überein: Sie dachten nicht, dass die neue Situation den Sinn ihrer vergangenen Thesen verändert. Sie verstanden nicht den Sinn und die philosophische Herausforderung der aktuellen Situation. Sie sahen nicht, dass das Tauwetter „die intellektuelle Formel des Kalten Krieges" wieder infrage stellt, „der gemäß das intellektuelle Leben kein Dialog, sondern ein Kampf ist".[58] Der Wille zu einem echten Dialog, der etwas anderes ist als die Konfrontation bestehender Thesen, würde

[56] Der Begriff des Tauwetters geht auf einen gleichnamigen, 1954 erschienenen Roman von Ilja Ehrenburg zurück und wird gewöhnlich verwendet, um zwei distinkte Phänomene zusammenzufassen: einerseits die von Stalin formulierte und noch in den letzten Jahren seiner Herrschaft angestoßene oder zumindest vorbereitete Politik der friedlichen Koexistenz zwischen kommunistischen und kapitalistischen Staaten und andererseits die tatsächliche Entstalinisierung, insbesondere die Lockerung der Zensur, die Beendigung der antisemitischen Terrorkampagnen sowie das Zurückfahren einiger weiterer repressiver Maßnahmen, Strukturen und Institutionen. Auch Merleau-Ponty verwendet den Begriff des *dégel* in diesem weiten und etwas vagen Sinn.

[57] Die ganze Dokumentation der Diskussionen wurde unter dem Titel „Discordia Concors: Rencontre Est-Ouest à Venise" abgedruckt in: *Comprendre,* Nr. 16, September 1956, S. 201–301.

[58] Maurice Merleau-Ponty, „Rencontre Est-Ouest à Venise", in: PII 174–200, hier 177.

allerdings einen Universalismus voraussetzen, der sich radikal von demjenigen der „bourgeoisen Philosophie“ unterscheidet, von jener „abstrakten Vernunft, die sich einbildet, man könne, ausgehend von Prinzipien, die wirklich allen Menschen gemein und von der Situation unabhängig sind, Wahrheiten aussprechen und Werte entdecken“ (PII 179). Entscheidend ist für Merleau-Ponty die Überwindung des zeit- und ortlosen Universalismus, den er in Form einer rationalistischen Subjektphilosophie und in Form einer dogmatischen Geschichtsphilosophie sowohl im Westen als auch im Osten am Werk sieht. In einem radikal zeitgenössischen Universalismus erkennt er eine der impliziten Grundvoraussetzungen für einen echten Dialog, die gerade hier und jetzt, in dieser Situation expliziert werden muss, damit das Tauwetter tatsächlich den Krieg in den Köpfen überwinden kann.[59]

Der Sinn der Geschichte und der gegenwärtigen Situation ist für Merleau-Ponty kein Gegenstand einer distanzierten Betrachtung, er lässt sich nicht feststellen. Ebenso wenig ist er das Produkt einer allgemeinen, von Prinzipien oder persönlichen Neigungen ausgehenden Richtungsentscheidung. Die sich abzeichnende Bewegung der Entstalinisierung, wie sie auf dem XX. Parteitag durch Chruschtschows „Geheimrede“ instituiert wurde,[60] muss aufgenommen, expliziert und dadurch radikalisiert und transformiert werden. Denn Chruschtschows Abrechnung mit dem Stalinismus zielte für Merleau-Ponty lediglich auf den sich verselbstständigenden Überbau ab, auf die Bürokratie: Für Chruschtschow handelte es sich um einen Verrat an der Revolution und der Diktatur des Proletariats. Dieser Verrat ließ sich feststellen und verurteilen, er ließ sich auf

[59] Ebenfalls im Jahr 1956 schreibt Merleau-Ponty in dem kurzen Vorwort zu *Les philosophes célèbres*: „Die Subjektivität hat nicht auf die Philosophen gewartet, so wie das unbekannte Amerika in den Nebeln des Ozeans auf seine Entdecker wartete. Sie haben sie vielmehr konstruiert, geschaffen, und dies auf mehr als nur eine Weise. Und was sie geschaffen haben, ist vielleicht wieder abzuschaffen“ (Z 223).

[60] Nikita Sergejewitsch Chruschtschow, *Über den Personenkult und seine Folgen*, Berlin: Dietz 1990.

politische Richtungsentscheidungen und auf psychologische Neigungen, er ließ sich auf Stalin zurückführen. In Chruschtschows Geheimrede sehe man sich „einem Regime gegenüber, das sich bemüht, seinen schwindenden Sinn wiederzufinden".[61]

Der implizite Sinn dieser expliziten Selbstkritik weist Merleau-Ponty zufolge jedoch weit über die Intention Chruschtschows hinaus. Er verweise auf eine schonungslose Kritik nicht nur der Person Stalins und seiner Fehlentscheidungen durch Chruschtschow, nicht nur der Person Chruschtschows und seines Befehls zur Niederschlagung des Ungarischen Arbeiteraufstandes durch die französischen Intellektuellen, sondern der wirklichen Gestalt der sowjetischen Gesellschaft als solcher. Er verweist für Merleau-Ponty auf den theoretischen und praktischen Versuch, die menschlichen Verhältnisse und ihre Verflechtung in die Natur in Ost und West zu einer relativen Durchsichtigkeit zu bringen. Diesen Versuch konnte Chruschtschow nicht in Angriff nehmen, denn dann „flöge die Diktatur in Stücke" (Z 440). Das sich für einen kurzen Moment abzeichnende echte Tauwetter, der echte Dialog, der auf beiden Seiten alle Prämissen, die der freien Marktwirtschaft ebenso wie die der Planung, hätte infrage stellen können, blieb aus. Die Entstalinisierung blieb, wie Merleau-Ponty bald feststellen musste, auf halbem Weg stecken: „Die Entstalinisierer sind immer noch Stalinisten" (Z 449). Gerade weil sie der Person Stalins die Macht zuschreiben, die Gesellschaft zu verderben, können sie dem Geist Stalins treu bleiben. Und die kommunistischen Intellektuellen in Frankreich wiederholen diese Geste, indem sie wiederum nur Chruschtschows Fehlentscheidung denunzieren (vgl. Z 433).

Auch und gerade nach dem Budapester Massaker blieb Merleau-Ponty politisch engagiert: Weiterhin war er ein kritischer und scharfsinniger Beobachter des politischen Gesche-

[61] Maurice Merleau-Ponty, „Über die Entstalinisierung", in: Z 432–455, hier 439.

hens, nicht der „Ereignisse in ihrer Unmittelbarkeit", sondern der Ereignisse, insofern sie die Situation verändern, in der sich die instituierende Philosophie orientieren muss.[62] Die sich verändernde Situation war für ihn kein „Test für die Moralität",[63] sie erforderte nicht immer neue, aber auf ewigen Wahrheiten beruhende Urteile oder aus ewigen Werten gefolgerte Schlüsse und Positionierungen, sondern eine neue Antwort auf die Frage *Was ist Philosophie?*, eine neue Form des philosophischen Engagements, eine Transformation der Politik der Wahrnehmung. Wo dieses Engagement in seinen Augen ein Eingreifen erforderte, wie etwa im Fall der versuchten, antigaullistischen Neugruppierung der Linken zu Beginn der V. Republik, unterstützte er sie aktiv.[64]

Insgesamt kann man also nicht von einem Bruch mit oder einer Abkehr von der Politik sprechen, gar von einer „Resignation, die die geschichtlich bedingte Tragik Merleau-Pontys ausmacht".[65] Merleau-Ponty hielt an seiner Politik fest, besser gesagt an einem bestimmten Politikstil, der allerdings immer neue Strategien und Praktiken erforderte. Diese Politik setzt eine Orientierung in der Geschichte und der eigenen Situation voraus, deren Sinn sich mal besser, mal schlechter erkennen lässt. Wo die Sicht getrübt ist, wo sich der Weg kaum abzeichnet, bleibt die Orientierung tastend. Wo sich plötzlich weite Perspektiven öffnen, wo sich eine Linie ziehen lässt, wird die

[62] Siehe dazu beispielsweise seine Analysen zum Ende der IV. Republik und zum Gaullismus, die er 1958 in *Le Monde* (auf Deutsch in: Z 498–503) und in *L'Express* (Z 504–518) veröffentlichte, oder sein ebenfalls in *L'Express* abgedrucktes Interview zur kolonialen Situation in Madagaskar (Z 485–497).

[63] Merleau-Ponty an Sartre vom 8.7.1953, zitiert nach Merleau-Ponty u. Sartre, „Ein Briefwechsel", S. 118.

[64] In einem unter dem Titel „L'avenir du socialisme" in den *Cahiers de la République* abgedruckten Redebeitrag sprach er sich beispielsweise für Pierre Mendès France' Beitritt zur Autonomen Sozialistischen Partei und für das Centre d'action démocratique aus (PII 241–246).

[65] Bruno Schoch, *Marxismus in Frankreich nach 1945*, Frankfurt a.M./New York: Campus 1980, S. 79. Wesentlich klarer sieht in dieser Hinsicht Dick Howard, der Merleau-Ponty in *The Marxian Legacy* ein Kapitel widmet. Anders als der Titel vermuten lässt („From Marxism to Ontology"), beschreibt Howard die Bewegung vom Marxismus hin zu einer Ontologie nicht als eine Abkehr oder gar Resignation, sondern als eine Konsequenz des Marxismus, die Merleau-Ponty in seinem ganzen Werk zieht, von seinen frühen politischen Artikeln bis zu seinen spätesten Vorlesungsnotizen (vgl. Dick Howard, *The Marxian Legacy. The Search for the New Left. Third Edition*, London: Palgrave Macmillan 2019, S. 171–200).

Orientierung überblickend und zugreifend. Auch wenn das Engagement also, wie auf den vorangegangenen Seiten skizziert, unterschiedliche Formen annehmen konnte und musste, lässt sich doch ein bestimmter Stil erkennen.[66] Wie lässt sich dieser Stil begreifen? Und wie verhält sich der hier behauptete Stil seiner Politik der Wahrnehmung zu Merleau-Pontys eigenem Begriff von Stil?

Rüdiger Campe hat gezeigt, dass der Begriff des Stils in der Moderne ein in erster Linie „taxologischer" Begriff ist, in dem allerdings immer der ältere, „praxeologische" Stilbegriff durchscheint und fortwirkt.[67] Wenn der modernen Schriftstellerin verschiedene Stile zur Verfügung stehen, wenn sie frei zwischen den Stilen wählen kann, wenn sie aufgefordert ist, einen eigenen, unverkennbaren Stil zu entwickeln, dann besteht diese Freiheit, wie Campe im Anschluss an Christoph Menkes Baumgarten-Lektüren betont, darin, „dass sie sich ihrer selbst als Disziplin innewird".[68] Einem solchen taxologischen Begriff von Stil, der die vormoderne Dimension der Einübung nicht ausstreicht, ist Merleau-Ponty in Raymond Queneaus erstmals 1947 erschienenen *Stilübungen* begegnet.[69]

In der Literatur, in der Malerei und in der Philosophie gibt es für Merleau-Ponty Stile, die durch Einübung angeeignet und beherrscht werden können. Auch die Phänomenologie ist für ihn *„vollziehbar und ist erkennbar als Manier oder Stil, sie existiert als Bewegung, aber noch ist sie nicht zu abgeschlossenem*

[66] Was hier Stil heißt, könnte man auch als Haltung beschreiben. Allerdings klingt im Begriff der Haltung noch zu stark die Vorstellung des Sichhaltens, des Haltfindens in sich selbst, oder kurz gesagt, der reinen Selbstbestimmung durch. Der Stil von Merleau-Pontys Politik geht aber gerade aus einem komplexen Wechselspiel von Selbst- und Fremdbestimmung hervor. Der eigene Stil ist nicht zuletzt ein Produkt der Einübung fremder Stile. Ganz verschieden ist er von einer moralischen Haltung, verstanden als eine Prinzipientreue, als das Haltfinden in scheinbar unbedingt gültigen moralischen Gesetzen.

[67] Rüdiger Campe, „Stil als Übung. Eine Skizze zu Stilus, Stil und Schreibszene", in: Eva Geulen u. Melanie Möller (Hg.): *Stil und Rhetorik. Ein prekäres Paar und seine Geschichten* (= Interjekte 14), Berlin: Leibniz-Zentrum für Literatur- und Kulturforschung 2022, S. 17–31.

[68] Ebd., S. 18. Siehe auch: Christoph Menke, *Kraft. Ein Grundbegriff ästhetischer Anthropologie*, Frankfurt a.M.: Suhrkamp 2008.

[69] Raymond Queneau, *Stilübungen*, übers. v. Frank Heibert u. Hinrich Schmidt-Henkel, Berlin: Suhrkamp 2016.

philosophischem Bewusstsein gelangt" (PhW 4). Das abgeschlossene philosophische Bewusstsein kommt also zum Schluss und nicht zu Beginn. Der Stil wird nicht durch die Anwendung von Begriffen und Prinzipien, sondern durch Übung erlangt.

Der Stil einer Epoche, einer Schule, einer Autorin oder eines Autors ist eine bestimmte Ausdrucksweise, die, wie man mit Merleau-Ponty sagen könnte, gerade dadurch ihre Bestimmtheit erlangt, dass sie als instituierender Akt die instituierte Sprache, Malerei, Philosophie aufbricht und überwindet. Begreift man etwa, wie Saussure es tut, die Institution der französischen Sprache als Struktur, als ein System von Differenzen, dann geschieht die Transformation dieser Struktur laut Merleau-Ponty durch ein individuelles, kreatives und schöpferisches Vordringen der Schriftstellerin in die differenziellen Abstände, in die Zwischenräume der Zeichen, die den differenzierten Strukturelementen Bedeutung verleihen.[70] Der individuelle Stil geht aus einer individuellen Erfahrung, aus einer Wahrnehmung hervor, die sich noch nicht in der instituierten Sprache, in der gegebenen Struktur ausdrücken lässt. Um diese Erfahrungen zum Ausdruck zu bringen, muss die Schriftstellerin in die Leerstellen der Struktur vordringen und neue Ausdrucksmöglichkeiten erschaffen – werden diese anerkannt und integriert, wird die Institution transformiert (vgl. PW 145ff., Z 71ff.).

Diesem an der literarischen Produktion orientierten Begriff von Stil als einem Ausdruck, der die instituierte Sprache ausgehend von einer individuellen Situation und Wahrnehmung transformiert, steht in Merleau-Pontys Werk noch ein anderer Stilbegriff gegenüber. Insbesondere in *Das Sichtbare und*

[70] Die differenziellen, bedeutungsverleihenden Abstände zwischen den Zeichen lassen sich als Freiräume zwischen den Signifikanten verstehen, zwischen den Lexemen, den Phonemen und Graphemen, zwischen möglichen grammatischen und semantischen Artikulationen, aber auch zwischen den Signifikaten, also zwischen den Konzepten, zwischen den Sachen selbst. Die poetischen oder literarischen Verfahren operieren also gleichzeitig auf der Ebene der Begriffe und auf der Ebene des Sprachmaterials. Literatur im Sinne Merleau-Pontys ist demnach keine Repräsentation oder Versprachlichung einer vor- oder außersprachlichen Erfahrung.

das Unsichtbare wird der Stil, wie Petra Gehring zeigt, zu einer „ontologischen Metapher“: Stil bedeute hier „ein in letzter Instanz anonymes Arrangement unter den Dingen, das sich mit dem Wahrnehmen, dem Sagen, dem Tun ergibt. Die Anklänge an ein aus irgendeiner Innerlichkeit heraus ‚Ausgedrücktes‘ fallen weg.“[71] Handelt es sich dabei um eine Entwicklung, um die Überwindung bewusstseinsphilosophischer Überreste, die mit der späten, ontologischen Position nicht mehr vereinbar sind? Wahrscheinlicher scheint, dass die beiden vermeintlich gegensätzlichen Begriffe zwei Seiten ein und desselben Stils darstellen. So schreibt Merleau-Ponty in *Das Sichtbare und das Unsichtbare*: „Ebenso wie das Geäder das Blatt von innen her und aus der Tiefe seines Fleisches trägt, bilden die Ideen die Textur der Erfahrung, ihren Stil, der zunächst stumm ist, dann ausgesprochen“ (SU 159).

Diesen komplexen Stilbegriff, der sich weder auf die Seite des schöpferischen Individuums noch auf die Seite des anonymen Seins schlagen lässt, gewann Merleau-Ponty in einer anhaltenden Auseinandersetzung mit Proust. Der Stil, heißt es an einer für Merleau-Ponty besonders wichtigen Stelle der *Recherche*, „ist für den Schriftsteller wie die Farbe für den Maler nicht eine Frage der Technik, sondern seine Art zu sehen. Er bedeutet die durch direkte und bewusste Mittel unmöglich zu erlangende Offenbarung der Weise, wie uns die Welt erscheint, einer Verschiedenheit, die, wenn es die Kunst nicht gäbe, das ewige Geheimnis jedes einzelnen bliebe.“[72] Stil ist die bestimmte Ausdrucksweise einer Epoche, einer Schule, einer Schriftstellerin, aber er ist zugleich eine bestimmte Weise zu sehen, eine bestimmte Perspektive, gebunden an eine bestimmte Situation, eine bestimmte Weise, wie sich die

[71] Petra Gehring, „Die beiden Enden der Kette halten. Merleau-Ponty, die Geschichte, die Geschichtswissenschaft“, in: Regula Giuliani (Hg.), *Merleau-Ponty und die Kulturwissenschaften*, München: Fink 2000, S. 29–63, hier S. 49.

[72] Marcel Proust, *Die wiedergefundene Zeit*, übers. v. Eva Rechel-Mertens, Frankfurt a.M.: Suhrkamp 2004, S. 297.

Erfahrung, die Wahrnehmungswelt organisiert. Er ist weder die genialische Schöpfung eines Individuums noch eine anonyme Weise, wie Sein geschieht. Denn auch wenn er sich in der Wahrnehmungswelt abzeichnet, „ist der Stil nicht transparent und reflektiert nicht die Welt" (PP 181, vgl. IP 350f.). Sein Ausdruck ist kein neutrales, transparentes Geschehen, das den sich abzeichnenden Sinn der stummen Wahrnehmungswelt lediglich ausspricht. Er transformiert diesen Sinn, indem er die Institution der Sprache transformiert – und bleibt doch an ihn gebunden, wird nie eine bloße persönliche Eigenart der Autorin (vgl. PP 182).

Auch der Stil von Merleau-Pontys Engagement lässt sich weder auf tatsächliche oder eingebildete persönliche Eigenarten noch auf die Verallgemeinerung individueller Erlebnisse reduzieren. Ebenso wenig geht er aus einer Anwendung von Prinzipien hervor, beispielsweise aus einer simplen Aktualisierung der politischen Philosophie von Marx oder Machiavelli. Wie Queneau übt Merleau-Ponty verschiedene Stile ein, keine Schreibstile, sondern Stile der Politik. Weite Teile seiner im engeren Sinn politischen Schriften bestehen aus Stilübungen: Ihr indirekter und umwegiger Charakter, die ständige Verwirrung über die eingenommenen Positionen und Perspektiven, sind ein Produkt der Einübung des Politikstils von Lenin, von Trotzki, von Max Weber, von Georg Lukács oder von Sartre. Es geht Merleau-Ponty darum, ihren Geist zu erfassen – und das bedeutete zuweilen, dem Buchstaben, der ganzen Lehre und manchmal sogar ihren ausgesprochenen Prinzipien untreu zu werden. Indem er sie mit neuen Problemen konfrontiert, übt er den Stil ihrer Politik ein: Diese Einübung muss die Lehre modifizieren, manchmal sogar revolutionieren, sie muss bestimmte Positionen aufgeben und neue einnehmen. Die Modifikationen der Lehre und die Positionswechsel folgen dabei einem bestimmten Stil, der sich gerade in der eigenständigen Anwendung klärt und dadurch beherrschbar wird.

Für Merleau-Pontys eigenen Stil ist es entscheidend, diese anderen Politikstile anhand der Grundmöglichkeiten der Gegenwart bis in ihre letzten Konsequenzen zu durchdenken. Diese Grundmöglichkeiten wiederum sind für Merleau-Ponty keine abstrakten Prinzipien, etwa die Demokratie oder der Kommunismus, sondern konkrete Gestalten oder Institutionen, die auf vielfältige Weise in die Situation und in die Geschichte (und somit in die Natur) verflochten sind. Die Revolution ist für ihn beispielsweise, wie sich im weiteren Verlauf noch deutlicher zeigen wird, kein Prinzip, dem die sowjetische Wirklichkeit untreu geworden ist. Sie ist genau ihre historische Gestalt. Wenn es so etwas wie einen sich abzeichnenden Sinn der Geschichte gibt, der es erlaubt, die Linie einer philosophischen Politik zu ziehen, so darf dieser Sinn nie aus Prinzipien abgeleitet werden, sondern muss aus den sich darbietenden Gestalten, den tatsächlich offenstehenden Grundmöglichkeiten der Geschichte gewonnen werden.

Der Stil seiner Politik ist zwar in der Geschichte, in ihren Möglichkeiten vorgezeichnet, ihm zum Ausdruck zu verhelfen ist jedoch kein neutrales Geschehen: Merleau-Pontys Philosophie versteht sich nie als transparentes Medium, sondern als Institution, die ständig transformiert werden muss, die in die Transformation der Gesellschaft eingreift, dabei aber eine eigenständige philosophische Politik verfolgt. Sie versucht eine relative Transparenz der menschlichen Verhältnisse und ihrer Verflechtung in die Natur zu erlangen, indem sie bestimmte Knoten löst. Die Stilübungen, die allen Leser_innen seiner politischen Texte bekannt sein dürften, sind dabei mehr als intellektuelle Gymnastik. Denn Verflechtung lässt sich für Merleau-Ponty nur denken, klären und affirmieren, indem verschiedene Perspektiven eingenommen werden, indem man nicht nur irgendwelche Thesen und Lehren kritisiert, sondern die Politik der anderen anhand der konkreten Situation bis in ihre letzten Konsequenzen durchdenkt.[73]

[73] Das permanente Einüben verschiedener Perspektiven oder Stile ist der Grund für die von Vincent Descombes und vielen anderen Kommentator_innen bemerkte „stilistische Eigentümlichkeit Merleau-Pontys, die oft an Bergsons Schreibweise erinnert: gleich um welchen Gegenstand es geht, es wird eine Antithese aufgestellt, die sodann verworfen wird (weder ... noch...)." Wie Descombes richtig bemerkt, mündet die Auflösung der Antithese bei Merleau-Ponty „weder in einer beide Gesichtspunkte versöhnenden Synthese noch in einer Verwerfung der Voraussetzung, auf der die Antithese fußt" (Vincent Descombes, *Das Selbe und das Andere. Fünfundvierzig Jahre Philosophie in Frankreich 1933–1978*, übers. v. Ulrich Raulff, Frankfurt a.M.: Suhrkamp 1981, S. 69).

2. SINNE: VOM ROT ALS *QUALE* ZUM ROT DER REVOLUTION

> Das Sehen ist sich seiner „unbewusst“; seine „Intentionen“ enthalten in ihrer Tiefe immer einen roten Faden des Unbewussten, weil es Sehen ist, weil es nur etwas sehen kann, indem es darauf verzichtet, alles zu sehen, indem es die Beziehung zwischen mir und dem anderen aus ihrer Ambiguität hinaustreten lässt.
>
> Maurice Merleau-Ponty, *L'institution, la passivité*

Es gibt einen roten Faden, der sich durch Merleau-Pontys Werk zieht, der es in die Geschichte verflicht und an den sich möglicherweise auch heute noch anknüpfen lässt. Der rote Faden – dieses strapazierte Motiv wurde bekanntlich von Goethes *Wahlverwandtschaften* popularisiert. Dort erläutert und rechtfertigt der Erzähler die Auswahl der im zweiten Teil des Romans eingestreuten Auszüge aus Ottiliens Tagebuch durch ein „Gleichnis“, das sich „beim Betrachten ihrer liebenswürdigen Blätter aufdringt“:

> Wir hören von einer besondern Einrichtung bei der englischen Marine. Sämtliche Tauwerke der königlichen Flotte, vom stärksten bis zum schwächsten, sind dergestalt gesponnen, dass ein roter Faden durch das Ganze durchgeht, den man nicht herauswinden kann, ohne alles aufzulösen, und woran auch die kleinsten Stücke kenntlich sind, dass sie der Krone gehören.[1]

[1] Johann Wolfgang von Goethe, *Die Wahlverwandtschaften*, in: ders., *Sämtliche Werke nach Epochen seines Schaffens*, Bd. 9: *Epoche der Wahlverwandtschaften. 1807–1814*, München 1987, S. 283–529, hier S. 410.

Wie durch Ottiliens Tagebuch zieht sich auch durch Merleau-Pontys Werk ein roter Faden, „der alles verbindet und das Ganze bezeichnet".[2] Beinahe als hätte er das Gleichnis allzu wörtlich genommen, ist dieser rote Faden, nicht wie im Falle Ottiliens das überall durchscheinende Begehren für ihren Geliebten Eduard, sondern tatsächlich die Farbe Rot, die jedoch im Unterschied zu den Tauwerken der königlichen Flotte nicht das Eigentum der Krone markiert, sondern die Sache seines Denkens anzeigt: die Verflechtung selbst. Folgt man der immer wieder auftauchenden und durchscheinenden Farbe Rot, so erscheint auch der zweite große Bruch in seiner Entwicklung, der Übergang von einer Bewusstseinsphilosophie zu einer Ontologie als ein Abenteuer der Verflechtung. Ganz grob gesagt verschiebt sich der anfängliche Fokus auf das Sein-zur-Welt (*être-au-monde*) zunächst auf die Institutionen und die Strukturen und schließlich zunehmend auf das, was Merleau-Ponty das wilde Sein nennen wird.[3] Bei näherem Hinsehen zeigt sich, dass es sich bei diesen Übergängen nicht um Revisionen des jeweils früheren Standpunkts handelt, sondern vielmehr um eine Verflechtung verschiedener Perspektiven. Um sich in der Wahrnehmungswelt orientieren zu können, muss Merleau-Pontys instituierende Philosophie von der eigenen Situation, vom Zur-Welt-sein der Philosophin ausgehen. Sie kann jedoch den Sinn dieser Situation nicht begreifen, ohne

[2] Ebd.

[3] Es handelt sich dabei um drei verschiedene Perspektiven auf ein und dieselbe Welt: Unter der Wahrnehmungswelt versteht Merleau-Ponty keine subjektive und daher beschränkte Lebenswelt, keine Vorstellung, der man dann eine wissenschaftliche Erkenntnis der Geschichte oder eine Ontologie entgegensetzen könnte. Die Wahrnehmungswelt ist nichts anderes als die winzige Flechte, die sich allerdings immer nur an einem bestimmten Ort und zu einer bestimmten Zeit zeigen kann – ohne die leibliche Wahrnehmung ist für Merleau-Ponty keine Welt denkbar. Die unsichtbaren Strukturen und Institutionen zeigen sich nicht dem alltäglichen, sondern einem reflektierenden, überfliegenden Bewusstsein. Das wilde Sein wiederum bezeichnet dieselbe Verflechtung von Sichtbarem und Unsichtbarem, dieselbe Wahrnehmungswelt, aber von einem wieder absteigenden, wieder situierten und orientierten Bewusstsein aus gesehen: Es meint eine Geschichte, die sich nicht mehr überblicken und beherrschen lässt, die mit dem Eigensinn der Natur, der Sprache und der Politik verflochten ist – und in der vor allem der eigene, situierte Horizont einer europäisch-abendländischen Moderne nicht universalisiert und mit dem Horizont der Menschheitsgeschichte gleichgesetzt wird.

zugleich die Institutionen und Strukturen zu erkunden, die diese Welt bestimmen. Um sich philosophisch orientieren zu können, muss sie schließlich von einem wilden Sein ausgehen, von einer umfassenden Flechte, in die alle Institutionen und Strukturen verflochten sind und die deswegen den weitesten Horizont der Wahrnehmungswelt darstellt.

Auf den ersten Blick erinnert Merleau-Pontys *ontological turn* an die viel beredete und mystifizierte Kehre im Denken Heideggers. Eine Kehre bezeichnet für gewöhnlich die scharfe Kurve eines Weges, der einen Berg hinaufführt. Der für die Selbstpräsentation von Heideggers Philosophie so wichtige Begriff insinuiert also den Aufstieg auf einen Gipfel, von dem aus sich die umgebende Landschaft und vor allem das gleichgültige Tal der politischen Wirklichkeit überblicken lässt. Nichts könnte Merleau-Ponty jedoch ferner liegen, als sich auf einer Berghütte abseits der politischen Wirklichkeit einzurichten. Auch wenn das philosophische Engagement bisweilen, zu bestimmten Zeiten und an bestimmten Orten, den Aufstieg, den schriftstellerischen oder revolutionären Überblick, den *surplomb* erfordert, darf es dort nie verharren. Es muss immer wieder, wenn die Situation es erfordert, auf unverfrorene Weise, mit *aplomb*, in das hitzige Gefecht des Hier und Jetzt, in das „Vorläufige, Reversible, Vermittelnde und bloß Wahrscheinliche" zurückkehren,[4] ohne dabei die Orientierung und die Haltung, den *aplomb*, zu verlieren. Aufstieg und Abstieg sind für Merleau-Ponty nur zwei Aspekte einer Bewegung, einer aktiven Verflechtung, die an den roten Faden der Geschichte anknüpft.

Bei dem vermeintlichen *ontological turn* handelt es sich daher nicht um eine Abkehr vom Seienden, von der eigenen Existenz, von der eigenen Situation und ihrer Wahrnehmungswelt, sondern um eine Veränderung in der Betonung, um einen Wechsel der Intonation. Während Merleau-Ponty anfangs das

[4] Michel Dormal, „Zur Welt kommen. Politische Theorie mit Maurice Merleau-Ponty", in: *Zeitschrift für politische Theorie*, Bd. 10, Nr. 2, 2019, S. 151–168, hier S. 153.

unmittelbare Sehen hervorhebt, die Wahrnehmung, die allerdings erst unter zahllosen Sedimenten, Fehlinterpretationen und Vorurteilen freigelegt werden muss, rückt er später den wissenschaftlichen Blick ins Zentrum, der die nicht unmittelbar sichtbaren Institutionen und Strukturen erkennt und seinerseits einer beständigen, philosophischen Kritik bedarf. Zuletzt akzentuiert er das genuin philosophische Sehen, das nicht in den Dingen oder Strukturen, sondern im Ganzen (in der Geschichte oder im wilden Sein) einen Sinn erkennt. Es ist jedoch für Merleau-Ponty entscheidend, dass auch diese philosophische Sichtweise eine ständige Kritik erfordert. Wird ihre überfliegende Perspektive nicht durch das unmittelbare, in die Situation verflochtene, und das mittelbare, wissenschaftliche Sehen kritisiert, so löst sie sich vom Hier und Jetzt und verhindert die Situierung und Orientierung. Tatsächlich verwebt Merleau-Ponty diese drei Sichtweisen in einem ständigen Auf und Ab. Wenn auf den folgenden Seiten die eine Richtung der Bewegung, der Aufstieg von der Wahrnehmungswelt zum wilden Sein, vom unmittelbaren zum philosophischen Sehen betont wird, sollte diese Darstellung nicht verdecken, dass der Aufstieg immer zugleich den Abstieg erfordert, der Überflug immer zugleich die Vertiefung.

In einem der wie durch einen roten Faden miteinander verbundenen Tagebucheinträge Ottiliens heißt es: „Man mag sich stellen wie man will, und man denkt sich immer sehend.“[5] Auch für Merleau-Ponty ist das Sehen bekanntlich nichts Äußerliches, das man tun oder lassen kann. Man muss es also ernst nehmen, mit allen Konsequenzen, die das nach sich zieht. Und es sind „abenteuerliche Konsequenzen“, zu denen man laut Merleau-Ponty gelangt, „wenn man das Sehen ernst nimmt und es befragt“ (SU 184). „Gewiss“, schreibt er weiter, man könne das auch sein lassen und „zu etwas anderem übergehen“ (SU 184). Man kann das Sehen auch nicht ernst nehmen und

[5] Goethe, *Wahlverwandtschaften*, S. 417.

beispielsweise direkt zur Aktion übergehen, doch das würde statt zu abenteuerlichen Konsequenzen zu einem Abenteurertum führen. Man würde sich der Möglichkeit berauben, die Wahrnehmungswelt zu verstehen.

Über Wahrnehmung lässt sich für Merleau-Ponty nur anhand eines konkreten Beispiels schreiben. Von den bewusstseinsphilosophischen Hauptwerken *Die Struktur des Verhaltens* (1942) und *Phänomenologie der Wahrnehmung* (1945) bis zum ontologischen Hauptwerk *Das Sichtbare und das Unsichtbare* ist dieses Beispiel die Farbe Rot. Das Rot ist nicht einfach nur ein gutes Beispiel, das der beflissene Phänomenologe für pädagogisch wertvoll erachtet. Das Rot drängt sich vielmehr auf – so sehr, dass es als ein beinahe notwendiges Beispiel die Möglichkeit der Phänomenologie selbst infrage stellt, besser gesagt die Möglichkeit einer bestimmten Phänomenologie, die ihr eigenes Sehen nicht situiert. Doch bevor Merleau-Ponty in seinem unvollendeten Hauptwerk ausgehend von einem Wort von Paul Claudel zum roten Fleisch der Dinge vordringen konnte, musste zuerst „verständlich werden, dass dieses Rot vor meinen Augen nicht, wie es immerzu heißt, ein *quale* ist" (SU 174). Ein *quale*, das ist für Merleau-Ponty kein zeit- und ortloser philosophischer Begriff. Die Vorstellung eines phänomenalen Bewusstseinsinhalts, der einer Empfindung und mithin einem Reiz entspricht, ist für ihn vielmehr das Produkt der ganzen Geschichte der Philosophie, in die er verflochten ist und die ihrerseits in die Menschheits- und Naturgeschichte verflochten ist. In einer bestimmten, kritischen Situation wird das *quale* zu einer Entscheidung: zu der Entscheidung, das Sehen nicht ernst zu nehmen. Dieses *quale* ist, so die vorläufige, dunkle Definition, „eine Haut des Seins ohne Dichte, eine unentzifferbare und evidente Botschaft, die man empfangen oder nicht empfangen hat, von der man aber – hat man sie einmal empfangen – alles weiß, was es von ihr zu wissen gibt, und über die es letzten Endes nichts zu sagen gibt" (SU 174).

Genau diese Einsicht, die Merleau-Ponty jenen rot getränkten Seiten in *Das Sichtbare und das Unsichtbare* vorwegschickt, hat er tatsächlich seit seinen frühen, phänomenologischen Arbeiten immer weiter entwickelt. Schon in seiner ersten größeren Veröffentlichung, in der 1942 erschienenen Qualifikationsschrift *Die Struktur des Verhaltens*, identifiziert er eine ganze „kritizistisch inspirierte" Tradition der Philosophie, die das Sehen nicht ernst nimmt, indem sie das „Rot als Empfindung und das Rot als ‚quale'" unterscheidet.[6] Diese Tradition, die sich bis zum Ursprung des modernen Rationalismus bei Descartes zurückverfolgen lässt,[7] sieht sich zu einer Reihe von Hilfsannahmen gezwungen, die dem Phänomen des Sehens in Merleau-Pontys Augen Gewalt antun. Sie behauptet genauer gesagt eine Rotempfindung, einen Sinneseindruck, der wiederum die selbst nicht phänomenale Ursache des phänomenalen Rotseins ist, des *quale*.

Wenn man das Sehen ernst nimmt, zeigt sich Merleau-Ponty zufolge, dass es weder atomare Reize noch loslösbare und reproduzierbare Wahrnehmungsgehalte gibt, dass der Begriff der Empfindung und der korrespondierende Begriff des *quale* nachträgliche Konstruktionen sind, die nicht dem

6 Maurice Merleau-Ponty, *Die Struktur des Verhaltens*, übers. v. Bernhard Waldenfels, Berlin: De Gruyter 1976, S. 229 (= SV). Tatsächlich hat das Wort *quale* eine sehr viel kürzere Geschichte: Erst 1929 wurde es von Clarence Irving Lewis in den philosophischen Sprachgebrauch eingeführt. In seinem Werk *Mind and the World-Order* bestimmte er die *qualia* als unmittelbar erlebte, subjektiv erfahrene Qualitäten, die nicht mit den Eigenschaften der Dinge verwechselt werden dürfen. Der Inhalt einer subjektiven Erfahrung ist „entweder ein spezifisches *quale* (wie die Unmittelbarkeit des Rotseins oder Lautseins) oder etwas, dass sich in einen Komplex solcher *qualia* zerlegen lässt" (Clarence Irving Lewis, *Mind and the World-Order. Outline of a Theory of Knowledge*, New York: Dover Publications 1929, S. 60). Als unmittelbar gegebene sind *qualia* absolut evident: Man kann kein falsches Rot sehen, während man hingegen einem roten Gegenstand irrtümlich eine falsche Farbe zuschreiben kann. Als unmittelbar gegebene lassen sie sich auch wiedererkennen oder wiederholen: Man kann dasselbe Rot wiedersehen, auch wenn man nicht die exakt selbe Erfahrung macht, die sich als in Raum und Zeit situiertes Geschehen nie exakt wiederholen lässt. Als unmittelbar gegebene lassen sich die *qualia* allerdings im strengen Sinn nicht kommunizieren. Nichts könnte garantieren, dass der Inhalt meiner Roterfahrung mit der Roterfahrung eines anderen vollkommen identisch ist. Lewis zufolge kann man ein *quale* also nur dadurch bezeichnen, dass man es „in der Erfahrung verortet, also die Bedingungen für sein Wiederauftreten oder andere seiner Beziehungen benennt" (ebd., S. 124).

7 Merleau-Ponty war allerdings weit davon entfernt, die Philosophie von Descartes auf diesen Rationalismus zu reduzieren. Vielmehr versuchte er zeit seines Lebens, vor allem in Descartes' weniger bekannten Werken, Spuren und Anregungen für ein anderes Denken zu finden.

Wahrnehmungsbewusstsein, sondern einem zeit- und ortlosen philosophischen Bewusstsein entspringen. Die Empfindung und das *quale* sind also kein Teil der Wahrnehmung selbst: Niemand hat jemals eine Empfindung empfunden.[8] Und ebenso wenig gibt es ein loslösbares Rotsein, eine reine Qualität, die unabhängig ist vom Akt des Sehens – einem Verhalten, das an einem bestimmten Ort und zu einer bestimmten Zeit, das in einer bestimmten, geschichtlichen und politischen Situation stattfindet, das einen aktiven Zugriff auf die Dinge und keine neutrale, transparente, sozusagen unbefleckte Empfängnis darstellt. „Eine Analyse", fährt Merleau-Ponty fort, „die den Wahrnehmungsgehalt isoliert betrachten wollte, fände nichts vor; denn für jedes Bewusstsein von etwas gilt: Sobald dieses Etwas aufhört, eine unbestimmte Existenz zu sein, sobald es sich identifizieren und wiedererkennen lässt *als* ‚eine Farbe' oder gar als ‚dieses einzigartige Rot', setzt es voraus, dass wir durch den erlebten Eindruck hindurch einen Sinn erfassen, der nicht in ihm *enthalten* und kein realer Teil von ihm ist" (SV 232). Nimmt man das Sehen ernst, zeigt sich laut Merleau-Ponty, dass man nie ein *quale*, eine reine Qualität, ein Rotsein sieht, sondern immer dieses bestimmte, einzigartige Rot, das Rot eines bestimmten Dings zu einer bestimmten Zeit und an einem bestimmten Ort.

Der Tradition des modernen Rationalismus sind diese Probleme freilich nicht verborgen geblieben. Insbesondere Husserl hat in seiner zweiten, idealistischen Phase eine radikale Lösung für diese Probleme vorgeschlagen. Diese Lösung zeigt für Merleau-Ponty eine Vollendung und zugleich eine fundamentale Krise des modernen Rationalismus an. Bis zu diesem Punkt sah sich die rationalistische Tradition immer gezwungen zwischen einer Innen- und einer Außenwelt zu unterscheiden:

[8] Ein viel zitierter Satz aus der *Phänomenologie der Wahrnehmung* bringt diese Einsicht auf den Punkt: „Die Empfindung selbst ist nicht empfunden, das Bewusstsein ist stets Bewusstsein eines Gegenstandes" (PhW 59).

Das gesehene Ding war eine Vorstellung, die der Verstand wie ein Mosaik aus elementaren Empfindungen zusammengesetzt hat. Gerade weil sich diese elementaren Empfindungen isolieren und wiederholen ließen und weil sie immer und überall die gleichen Effekte, beispielsweise die reine Qualität des Rot, produzierten, erlaubten die Empfindungen zuverlässige Rückschlüsse auf das wirkliche Ding, das die Vorstellung verursacht hat. Husserls „extremer Idealismus" (V 98) scheint mit Blick auf diese Tradition eine echte Revolution des Denkens einzuläuten. Husserl verzichtet vollständig auf die Vorstellung einer Empfindung und einer diese Empfindung verursachenden Außenwelt.

In seiner ersten größeren Arbeit *Struktur des Verhaltens* bringt Merleau-Ponty den extremen Idealismus Husserls auf folgende Formel: „Das Ding selbst ist es, was ich in der Wahrnehmung erreiche, da jedes Ding, das man sich denken kann, eine ‚Dingbedeutung' ist und da man genau den Akt Wahrnehmung nennt, in dem diese Bedeutung sich mir enthüllt" (SV 231). Doch tatsächlich ist diese Revolution des Denkens in Merleau-Pontys Augen keine Überwindung, sondern die Vollendung einer kritizistischen Tradition, die von Beginn an versuchte, den naiven Glauben an die Außenwelt zu überwinden. Husserl versetzt zwar das Ding in die Wahrnehmung, aber nicht die Wahrnehmung unter die Dinge: Sie erreicht nun die Welt, aber nur um den Preis, dass diese ganze Welt zu einer Innenwelt wird. Er verwandelt das Wahrnehmungsbewusstsein in ein zeit- und ortloses philosophisches Bewusstsein. Dadurch verwandelt er die Wahrnehmungswelt „in ein ganz anderes Universum", in der das Wahrnehmungsbewusstsein „vom philosophischen Bewusstsein umhüllt zu sein" scheint.[9]

Weil er das Sehen nicht ernst nimmt, hält Husserl (wenn auch auf eine verinnerlichte Weise) am Begriff der Empfindung fest, von dem Merleau-Ponty schreibt, er sei „der dunkelste,

[9] Maurice Merleau-Ponty, *Die Natur. Aufzeichnungen von Vorlesungen am Collège de France 1956–1960*, hg. v. Dominique Séglard, übers. v. Mita Köller, München: Fink 2000, S. 108 (= N).

weil von den konstitutiven Quellen entfernteste aller Begriffe" (PhW 29). In seiner Vorlesung *Ding und Raum* von 1907, in der er erstmals den Standpunkt seiner zweiten Phase zusammenhängend entwickelte, unterscheidet Husserl genauer gesagt zwischen einer empfundenen und einer wahrgenommenen Farbe. Das alltägliche Wahrnehmungsbewusstsein sieht dabei lediglich die wahrgenommene Farbe, das Rot eines konkreten Dings, das philosophische Bewusstsein hingegen sieht auch das „empfundene Rot", die reine Qualität des Rot.[10]

Und gerade hier liegt für Merleau-Ponty das Problem beschlossen: Dieses philosophische Bewusstsein umhüllt oder überfliegt die Welt, es situiert und orientiert sich nicht in ihr. In diesem Sinn ist der idealistische Husserl noch „Kopernikaner" geblieben. Für Merleau-Ponty ist die Operation, durch die Husserls Philosophie vom „wahrgenommenen Rot" zum „empfundenen Rot" gelangt, selbst keine unbefleckte Empfängnis: Auch ihr eigenes Sehen, die Reduktion und Variation, ist ein aktiver Zugriff, der an einem bestimmten Ort und zu einer bestimmten Zeit geschieht. Auch die Philosophie verlässt die Wahrnehmungswelt nicht, ist notwendig in sie verflochten und engagiert.

Die derart vollendete Tradition des modernen Rationalismus schließt sich für Merleau-Ponty jedoch nicht zu einer Totalität ab: Sie ist kein naiver Irrtum, keine bloße Illusion, die sich durch eine Revolution im Denken durchschauen und überwinden ließe. Der Anfang bei Descartes und die Vollendung bei Husserl sind zutiefst ambivalent:[11] Gerade in seinen konsequentesten Formulierungen stellt der Rationalismus seine inneren Widersprüche aus, impliziert und provoziert dadurch ein Denken der Verflechtung. So ist es auch kein Wunder, dass

[10] Edmund Husserl, *Ding und Raum. Vorlesungen 1907* (= *Husserliana*, Bd. XVI), hg. v. Ulrich Claesges, Den Haag: Martinus Nijhoff 1973, S. 42.

[11] Deswegen findet er in Descartes' Denken zugleich die zentrale Abgrenzungsfigur und einen zentralen Anknüpfungspunkt für seine eigene Philosophie. Noch im Augenblick seines Todes lag Descartes' *Dioptrique* aufgeschlagen auf seinem Schreibtisch (vgl. Claude Lefort, „Préface", in: NC 7–30, hier 7).

Merleau-Ponty die entscheidenden Impulse für die Frage der Rotwahrnehmung von der Berliner Schule der Gestaltpsychologie erhält, die, wie er selbst betont, „Husserls Vorlesungen besucht und unter seinem Einfluss gestanden hatten".[12]

Die Vertreter_innen dieser Schule haben mit dem Sehen ernst gemacht: Sie kennen keine Empfindung und keine reine Qualität mehr, kein *quale*, das als Zeichen bestimmte Rückschlüsse auf ein Objekt zulässt. Ebenso wenig ist das Objekt, ist die „Permanenz der Farben und der Gegenstände [...] durch die Intelligenz konstruiert, sondern durch den Blick erfasst".[13] Der Blick ist keine transparente Rezeption von für sich sinnlosen Empfindungen, die durch eine Operation der Intelligenz wie ein Mosaik zusammengesetzt und daher durch die Reflexion auch wieder auf elementare *quale* reduziert werden können. Vielmehr erfasst der Blick das Rot, geht eine Beziehung mit ihm ein. Und Merleau-Ponty wird bald hinzufügen, dass umgekehrt auch das Rot den Blick erfasst, dass das Verhalten des Sehens selbst erst aus diesem Verhältnis zum Sichtbaren hervorgeht.

„Wenn wir sagen", schreibt Merleau-Ponty zu Beginn der *Phänomenologie der Wahrnehmung,* „Rot vergrößere die Weite unserer Reaktionen, so ist das nicht so zu verstehen, als handle es sich dabei um zwei voneinander verschiedene Tatsachen: eine Rotempfindung und motorische Reaktionen, sondern es gilt zu verstehen, dass das Rot selbst schon, auf Grund der ihm eigenen und von unserem Blick verfolgten und übernommenen Textur, eine Erweiterung unseres motorischen Seins *ist*" (PhW 249). Das Rot existiert als Teil der Wahrnehmungswelt, in und mit der wir existieren: Es ist weder das Produkt einer äußeren Einwirkung noch das Produkt einer inneren Konstitutionsleistung. Durch das Sehen sind »wir« (ein wichtiger Plural, der etwas weiter unten Thema wird) mit diesem Rot wie mit der

[12] Maurice Merleau-Ponty, „Die Humanwissenschaften und die Phänomenologie", in: *Vorlesungen I*, hg. u. übers. v. Alexandre Métraux, Berlin: De Gruyter 1972, S. 129–226, hier S. 167 (= V).
[13] Maurice Merleau-Ponty, „Das Kino und die neue Psychologie", in: SNS 65–82, hier 69.

ganzen Wahrnehmungswelt verflochten. Das Rot ist ebensowenig unabhängig von uns wie wir von ihm. Es vergrößert die »Weite unserer Reaktionen« nicht, indem es eine bloß mechanische Reaktion auslöst, sondern weil das eigene Sein durch das Rot verändert wird, weil es sich durch das Sehen aktiv verändert und erweitert, weil es sich in die Wahrnehmungswelt verflicht.

Dieses verflochtene und verflechtende Sein lässt sich in letzter Konsequenz nicht mehr als Subjekt begreifen. So wirft Merleau-Ponty gegen Ende der *Phänomenologie der Wahrnehmung* die Frage auf: „Wer ist es, der dieses Rot wahrnimmt? Niemand, den man nennen und unter andere Wahrnehmungssubjekte einreihen konnte. Denn eine direkte Gegenüberstellung dieser Roterfahrung, die ich habe, mit derjenigen, von der Andere mir sprechen, ist niemals möglich" (PhW 511). Die Roterfahrung ist weder ein Urteil noch eine Empfindung, sie lässt sich im strengen Sinn weder mitteilen noch wiederholen. Wenn ich Rot erfahre, dann „gehe ich auf in diesem Rot, das vor mir ist, es scheint ganz, als brächte mich diese Erfahrung in Berührung mit einem vormenschlichen Subjekt" (PhW 511). Das Rot und das Subjekt der Roterfahrung sind auf einer Ebene, beide sind in die Wahrnehmungswelt verflochten, beide gehen aus einer Verflechtung hervor, denn „die Dichtigkeit dieses Rot, [...] sein Vermögen, mich auszufüllen und zu betreffen, rühren daher, dass es eine bestimmte Schwingungsart meines Blickes verlangt und erlangt" (PhW 512). Der Blick ist kein rezeptives Behältnis, das sich mit allen möglichen Qualitäten, mit Rot oder Blau befüllen lässt, sondern „das Rot und das Blau sind nichts anderes als meine verschiedenen Weisen, mit dem Blick zu durchlaufen, was sich darbietet, und auf dessen Drängen zu antworten".[14] Das Sehen muss das Rot ebenso erfassen, wie es von ihm erfasst wird.

[14] Maurice Merleau-Ponty, „Das Metaphysische im Menschen", in: SNS 111–132, hier 126.

Das, was man die affektive Wirkung des Rot zu nennen geneigt ist, entpuppt sich als integraler Bestandteil der Roterfahrung: Das Rot „drückt sich nur in affektiven Bestimmungen aus" (KV 219). Die Vorstellung eines *quale*, das empfunden wird, um schließlich motorische und affektive Veränderungen zu bewirken, taucht, wie Merleau-Ponty in seinen entwicklungspsychologischen Vorlesungen betont, erst bei Erwachsenen auf (vgl. KV 219). Sie ist ein Produkt der individuellen Geschichte und der Geistesgeschichte im Ganzen. In diesem Sinn will Merleau-Ponty über Goethes Farbenlehre hinausgehen: Goethes Standpunkt – den Merleau-Ponty auf folgende, vereinfachte Formel bringt: „Es gibt keine Farbe, die nicht eine bestimmte Einstellung hervorruft" (KV 219) – setzt er entgegen, dass es unabhängig von der bestimmten, situierten Einstellung überhaupt keine Farbe geben kann, die dann wiederum eine bestimmte Einstellung hervorrufen könnte. Vielmehr sind die veränderlichen „Einstellungen selbst für die Struktur der Farbe charakteristisch, denn sie bewirken eine Synchronisierung unseres Blickes mit der dargebotenen Farbe, und dies konstituiert eine Dynamik" (KV 219).

Die Roterfahrung ist ein dynamisches Geschehen, in dem die Sehende mit dem Rot Kontakt aufnimmt, sich mit dem Rot wie mit einem vormenschlichen Subjekt verflicht. Insofern diese Erfahrung die „Vertrautheit mit einer Farbwelt" (PhW 512) voraussetzt, mit einer geteilten, instituierten Farbwelt, die an keinem Ort und zu keiner Zeit genau gleich strukturiert ist, stellt die Farberfahrung auch eine Kontaktaufnahme, eine Verflechtung mit anderen menschlichen Subjekten, mit einem Wir dar. Denn das „konkrete Rot", das zu einer bestimmten Zeit und an einem bestimmten Ort gesehene Rot, das einzige Rot, das unserer Erfahrung zugänglich ist, hebt sich von einer geschichtlich gewordenen und kulturspezifischen Struktur ab – „und daher erfasse ich mich in der Wahrnehmung, auch ohne zum Gesichtspunkt des Anderen überzugehen, als *ein* Subjekt, das wahrnimmt, und nicht als ein Bewusstsein ohnegleichen" (PhW 512). Gerade das Rot, das einer ganzen rationalistischen Traditionslinie als Paradebeispiel galt, ist kein *quale*, keine Qualität, die sich loslösen, wiederholen oder mitteilen ließe. Der Sinn der Roterfahrung ist eingebettet in die eigene Gesamterfahrung, in das Sichtfeld und die damit verflochtene Erfahrung der anderen Sinne, in die geteilte, verallgemeinerte und kommunizierbare, aber historisch und kulturell spezifische Erfahrung der Farbwelt.

Der Sinn der Roterfahrung lässt sich, wie Merleau-Ponty in der *Phänomenologie der Wahrnehmung* andeutet und in *Das Sichtbare und das Unsichtbare* ausführt, nur als Teil der eigenen Verflechtung in die Geschichte einer geteilten Kultur verstehen. Mehr noch, sie verweist auf einen Horizont der Menschheitsgeschichte, die selbst wiederum auf zahllose Weisen in die winzige Flechte verflochten ist: „Ich fühle meine Rotwahrnehmung umgeben von den sämtlichen Bereichen meines Seins" (PhW 512). Nimmt man diese Rotwahrnehmung ernst, so eröffnet sie nicht nur die Dimensionen des eigenen Seins, die verflochtenen Dimensionen der Sinne und den Sinn der eigenen, in die Geschichte verflochtenen Existenz, sondern die Dimensionen des wilden Seins im Ganzen. Diese Dimensionen mussten der kritizistischen Tradition des modernen Rationalismus verborgen bleiben: Hätten Descartes und seine Nachfolger die Rotwahrnehmung ernst genommen, hätten sie „jene andere und tiefere Offenheit zu den Dingen untersucht, die uns die sekundären Qualitäten, namentlich die Farbe, ermöglichen", so hätten sie, wie Merleau-Ponty in *Das Auge und der Geist*, seinem letzten zu Lebzeiten veröffentlichten Text, schreibt, „vor dem Problem einer Universalität und einer Offenheit zu den Dingen gestanden, ohne Begriffe dafür zu besitzen" (AG 292). Descartes und seine Nachfolger erkannten in der Farbe nur „Schmuck und Kolorit", eine sekundäre Qualität, die schadlos auf jede Form übertragen werden kann. Die Ausdruckskraft der

Malerei beruhte für sie ausschließlich in der Zeichnung, „und die der Zeichnung in dem geregelten Verhältnis zwischen ihr und dem Raum an sich, wie es die perspektivische Projektion lehrt“ (AG 292). Hätten sie das wirkliche Sehen und nicht die konstruierte Zentralperspektive ernst genommen, so hätten sie „herausfinden müssen, wie das unbestimmte Raunen der Farben uns Dinge, Wälder, Stürme, schließlich die Welt vergegenwärtigen kann“ (AG 292).

Eine Öffnung auf die Dimensionen des wilden Seins kann die kritizistische Philosophie nicht einfach selbst bewerkstelligen: Es gibt keine dialektische Bewegung, die über ihre eigenen Grenzen hinausweist. Die Transformation der Institution der modernen Philosophie ist für Merleau-Ponty kein Akt der reinen Selbstbestimmung, sondern setzt ein reines Sehen der Verflechtung voraus. Wie Claude Simon in der Literatur erfüllt Paul Cézanne diese Funktion des Aufzeigens in der Malerei. Mehr als allen anderen kommt ihm in Merleau-Pontys Augen das Verdienst zu, das Sehen der Farbe selbst sichtbar zu machen. Und dieser „Rückkehr zur Farbe“ wiederum „kommt das Verdienst zu, ein wenig näher an das ‚Herz der Dinge‘ heranzuführen“ (AG 304).

In den Entwürfen für sein Fragment gebliebenes Hauptwerk *Das Sichtbare und das Unsichtbare*, genauer gesagt in dem viel rezipierten Kapitel „Die Verflechtung – der Chiasmus“, versucht Merleau-Ponty ein Denken zu entwickeln, das das Sehen, so wie Cézanne es aufgezeigt hat, ernst nimmt. Auf diesen dichten und schwierigen Seiten versucht er die Verflechtung der Farbwahrnehmung bis in ihre letzten Konsequenzen zu durchdenken: Nirgends geht er weiter mit seinem Versuch, „jene magische Kraft der Farbe, jenes einzigartige Vermögen des Sichtbaren“ ernst zu nehmen, „das bewirkt, dass es, in Sichtweite gehalten, doch mehr ist als bloßes Korrelat meines Sehens, dass es mir mein Sehen aufdrängt als Wirkung seiner souveränen Existenz“ (SU 173). Hier zieht Merleau-Ponty die

Konsequenzen seines Ansatzes, der sich bereits in *Die Struktur des Verhaltens* abzeichnete: Wir sehen kein *quale*, das uns durch eine Empfindung gegeben ist, sondern treten in ein Verhältnis, in einen stummen Dialog, verflechten uns mit dem Rot, indem wir unser Sehen und unser ganzes Sein dem Rot angleichen.

Wie Merleau-Ponty bereits in der *Phänomenologie der Wahrnehmung* andeutete, setzt die konkrete Rotwahrnehmung eine verallgemeinerte, geteilte und instituierte Farbwelt voraus: Das Rot, führt er nun in *Das Sichtbare und das Unsichtbare* aus,

> gewinnt seine Eigenart nur dadurch, dass es von seinem Platze aus mit anderen Rottönen der Umgebung in eine Verbindung tritt und mit diesen eine gewisse Konstellation bildet oder auch mit anderen Farben, die es dominiert oder von denen es dominiert wird, die es anzieht oder von denen es angezogen wird, die es abstößt oder von denen es abgestoßen wird. Kurz, es bildet einen gewissen Knoten im Gefädel des Simultanen und des Sukzessiven. Es ist eine Konkretisierung der Sichtbarkeit und kein Atom. (SU 174)

Das Rot als Atom wäre ein *quale*, die reine, aus einer einfachen und isolierten Empfindung hervorgegangene Qualität, aus der sich unser gesamtes Sichtfeld wie ein Mosaik zusammensetzt. Doch es gibt kein Atom, es gibt nur die Konkretisierung der Sichtbarkeit im Ganzen. Die Rotwahrnehmung ist eine Verknotung in einem Gefädel, eine Verflechtung in einer umfassenden Flechte, das Rot lässt sich nie loslösen von der Konstellation, der kulturell und geschichtlich bedingten Farbwelt. Es lässt sich weder aus der konkreten Situation herauslösen, in der es erscheint, noch von dem Ding ablösen, an dem es sich zeigt. Als Verflechtung bringt das Sehen des Rot das Gesehene ebenso wie die Sehende hervor.

Weil das Rot kein Atom ist, sondern ein Knoten der allgemeinen Verflechtung des sichtbaren Gesehenen und des unsichtbaren Sehens, „gehört das rote Kleid mit all seinen Fasern dem Webstoff des Sichtbaren und dadurch auch einem Webstoff des unsichtbaren Seins an". Die Sehende nimmt nicht nur Kontakt auf, sie verflicht sich mit dem sichtbaren Rot, das keine innere Empfindung und kein sich zeigendes *quale* ist, sondern aus demselben Fleisch wie der eigene Leib. Ebenso ist die Sehende, die zu einer bestimmten Zeit und an einem bestimmten Ort Kontakt mit dem sichtbaren Rot aufnimmt, bereits auf unzählbare unsichtbare Weisen mit ihm verflochten: durch die persönliche Geschichte, die persönlichen Roterfahrungen, durch die geteilte Kultur- und Farbwelt und durch die sedimentierten Erfahrungen der ganzen Menschheitsgeschichte. In diesem Sinn (aber nicht als Anzeichen für ein äußeres Ding) ist das rote Kleid eine „Zeichensetzung im Feld der roten Dinge, das die Dachziegel, die Fahne der Grenzwärter und der Revolution, gewisse Böden bei Aix oder auf Madagaskar umfasst". Und gerade weil dieses Feld der roten Dinge die Geschichte selbst ist, „bleibt sich die Röte des Kleides nicht gleich, sondern verändert sie sich je nachdem, ob sie in dieser oder in einer anderen Konstellation auftritt, ob das reine Wesen der Revolution von 1917 darin seinen Niederschlag findet oder das Wesen des ewig Weiblichen" – das für Merleau-Ponty freilich selbst eine geschichtlich gewordene Vorstellung ist: Die Oktoberrevolution hat nicht nur die politischen Verhältnisse aller Gesellschaften verändert, sie hat auch – von einigen isoliert lebenden Gesellschaften einmal abgesehen – alle Farbwelten und somit jede individuelle Farbwahrnehmung transformiert.

„Ein bestimmtes Rot" – das einzige Rot, für das sich Merleau-Ponty interessiert – ist aus diesem Grund „auch ein Fossil, hervorgeholt aus dem Untergrund imaginärer Welten". In jedem bestimmten Rot haben sich seit 1917 nicht nur die Erstürmung des Winterpalais, sondern auch die Projektionen, die Hoffnungen und Enttäuschungen, die Stilisierungen und Verklärungen des imaginierten revolutionären Moments abgelagert. Nicht nur das prosaische historische Ereignis,[15] sondern auch die ganze imaginäre Welt, die es überlagert, auch die heroischen Szenen aus Sergei Eisensteins Schwarz-Weiß-Film *Oktober* beispielsweise, haben sich in der Rotwahrnehmung sedimentiert.

Die Rotwahrnehmung lässt sich nicht von der konkreten Situation lösen, in die sie verflochten ist. Und doch sperrt sie uns gerade nicht ein. Weil sich die ganze Geschichte und die imaginären Welten aller Zeiten in ihr abgelagert haben, ist sie vielmehr eine Öffnung auf das wilde Sein. Das Rot ist die Farbe des Blutes, das an die Verflochtenheit in die eigensinnige Natur erinnert, an das unbeherrschbare Spiel der Kräfte der sublunaren Sphäre, an den Zufall, dem wir ausgeliefert sind. Es ist aber zugleich die Farbe der Revolution, die uns eine absolute Selbstbestimmung imaginieren und einen Sinn der Geschichte erahnen lässt. Selbst die Roterfahrung ist also eine soziale Wahrnehmung. Wie Merleau-Ponty in seiner Schrift für die Kandidatur am Collège de France bereits 1952 feststellte, ist die „Idee einer einzigen Geschichte oder einer Logik der Geschichte [...] in der unscheinbarsten sozialen Wahrnehmung schon impliziert".[16]

Das Ernstnehmen des Sehens, nicht des Sehens im Allgemeinen, sondern dieser bestimmten Rotwahrnehmung, führte also tatsächlich zu abenteuerlichen Konsequenzen. Es führt über die Grenzen der instituierten Philosophie, in eine Landschaft, in der sich die Philosophie orientieren muss, indem sie sich nach ihrem eigenen Sinn und Zweck befragt, indem sie ihren eigenen Sinn vor dem weitesten Horizont, dem Sinn der Geschichte bestimmt. Wo es die Grenzen der instituierten Philosophie überschreitet, handelt es sich um ein überstürztes Denken: Es lässt bisweilen die letzte begriffliche Präzision vermissen, taumelt zwischen ontologischen Metaphern und

[15] Tatsächlich war der Winterpalast kaum bewacht und die Bolschewiken trafen auf wenig Widerstand seitens der Regierung, zumindest für diesen kurzen Moment galt also Lenins Wort, dass die Macht auf der Straße lag und nur aufgehoben zu werden brauchte.

[16] Maurice Merleau-Ponty, „Schrift für die Kandidatur am ‚Collège de France'", in: AG 99–110, hier 108.

gewagten Formulierungen. Es gleicht ein wenig der Geschichte, in der es sich verorten muss und von der Merleau-Ponty sagt, sie sei kein „fortlaufener Diskurs, dessen Vollendung mit Sicherheit zu erwarten wäre und in dem jeder Satz seinen notwendigen Platz hätte, sondern würde wie die Reden eines Trunkenen eine Idee anzeigen" (SNS 165). Und dennoch zeichnet sich in diesem Taumel ein artikulierbarer Sinn ab, der sich nicht nur begreifen lässt, sondern auch für das Verständnis der (begrifflich ohnehin sehr präzisen) instituierten Philosophie Merleau-Pontys unerlässlich ist.

Wie das Beispiel der Farbe Rot gezeigt hat, führte das Ernstnehmen des Sehens über den Begriff des *quale*, über die ganze instituierte Philosophie, in die er eingebettet ist, hinaus. Cornelius Castoriadis deutet den Endpunkt dieser Bewegung, den Merleau-Ponty auf den roten Seiten von *Das Sichtbare und das Unsichtbare* erreicht, auf folgende Weise: „Ist unsere Wahrnehmung kulturell-historisch, so bedeutet dies, dass sie zu einem Teil und nach genau zu erforschenden Modalitäten in der Institution ihren Ursprung nimmt."[17] Für Castoriadis weist die Bewegung von der Wahrnehmungswelt zum wilden Sein über Merleau-Pontys eigenes Denken hinaus: Sie zerstöre letzten Endes nicht nur das überall vorausgesetzte Primat der Wahrnehmung, sondern auch die Möglichkeit eines umfassenden, wilden Seins, das alle Institutionen umschließt. Wenn die Wahrnehmung kulturell und historisch bedingt sei, dann sei der sinnliche Zugang zur Welt nur einer von vielen möglichen. Wenn die Wahrnehmung selbst so etwas wie eine Institution sei, dann gebe es keinen Grund dafür, in der Wahrnehmungswelt die Grundlage aller anderen Institutionen, etwa der Sprache oder der Kunst, zu sehen. Weil die Sinne keinen privilegierten Zugang zum Sein bieten, könne man auch nicht

[17] Cornelius Castoriadis, „Merleau-Ponty und die Last des ontologischen Erbes", übers. v. Bernhard Waldenfels, in: Alexandre Métraux u. Bernhard Waldenfels (Hg.), *Leibhaftige Vernunft. Spuren von Merleau-Pontys Denken*, München: Fink 1986, S. 111–143, hier S. 131).

länger von einem umfassenden wilden Sein sprechen, zumindest nicht von einem Sein, dessen Sinn wir erkennen können. Um entscheiden zu können, ob diese fundamentale Kritik Merleau-Pontys Denken wirklich trifft, gilt es, das Verhältnis der Sinne, insbesondere des Sehens und Berührens, zum Sinn der Geschichte noch weiter zu entfalten.

Wie Merleau-Ponty immer wieder betont, geht die Wahrnehmung nicht von atomaren Empfindungen aus, die durch eine intellektuelle Operation zusammengesetzt werden, sondern von einem allgemeinen Zusammenhang, der die verschiedenen Sinne untereinander und mit der Welt verflicht. Wahrnehmung ist kein psychisches oder intellektuelles Geschehen, sondern ein leibliches und deswegen situiertes Verhalten in der und zu der Welt:

> Wahrnehmung gibt es nur, weil ich durch meinen Körper der Welt zugehöre, und ich gebe der Geschichte nur deshalb einen Sinn, weil ich darin einen bestimmten Aufenthaltsort innehabe, weil andere mögliche Aufenthaltsorte schon durch die historische Landschaft bestimmt sind, und weil alle diese Perspektiven bereits auf einer Wahrheit beruhen, in der sie miteinander bestehen müssen. (AD 241f.)

Die Wahrnehmung und das Sehen sind situiert und nehmen aus diesem Grund eine Perspektive ein: „Immer sehen wir nur von irgendwoher, ohne dass aber das Sehen in seine Perspektive sich einschlösse" (PhW 91). Doch die Perspektive ist kein Standpunkt im strengen Sinn des Wortes – denn der Ort ist gerade kein Punkt in einem euklidischen Raum, sondern ein dynamisches und wandelbares Verhältnis zu allen anderen Orten, die selbst wiederum keine Punkte sind. Die Leiblichkeit verortet die Wahrnehmung nicht als Punkt in Raum und Zeit, sondern in einer geschichtlich gewordenen Situation.[18] Die Perspektivität lässt sich daher auch nicht als bloße Beschränkung eines umfassenden oder überfliegenden Bewusstseins verstehen, sie vermittelt der Wahrnehmung vielmehr „die Gewissheit, mit einer Welt zu verkehren, die reicher ist als das, was wir von ihr erkennen, d. h. mit einer realen Welt zu verkehren“ (SV 216).

Die Perspektivität, die Beschränktheit des eigenen Sicht- und Wahrnehmungsfelds eröffnet eine reiche latente Welt, die zwar unerkannt ist, an deren Existenz aber kein Zweifel besteht: „Sehen heißt, prinzipiell mehr zu sehen als man sieht, heißt Zugang zu einem latenten Sein zu haben“ (Z 28, vgl. PII 21). Mehr sehen, als man sieht – das ist nur möglich aufgrund einer vorgängigen Vertrautheit mit der Welt, eines *être-au-monde*, einer Offenheit, die in den Worten des späten Merleau-Ponty „weder eine Illusion noch ein *Apriori*“ ist, sondern eine „Verwickeltheit ins Sein“ (SU 117). Dieses „wechselseitige Eingelassensein und Verflochtensein“ (SU 182), das im Sehen modifiziert wird, ist keine transzendentale Struktur, kein Apriori. Der Sehende ist vielmehr „durch seinen Leib in der Welt engagiert“,[19] an einem bestimmten Ort und zu einer bestimmten Zeit, in einer bestimmten Situation, die vor dem immerzu von Nicht-Sinn bedrohten Horizont eines Sinns der Geschichte erscheint: „Der Leib“, schreibt Merleau-Ponty in den Notizen zu seiner Vorlesung über den Begriff der Passivität, ist „das, was Antwort gibt auf die Frage ‚Wie viel Uhr ist es?‘ und ‚Wo bin ich?‘“.[20]

Die ursprüngliche Offenheit versteht Merleau-Ponty als eine tatsächliche Öffnung, als ein Aufklaffen im Fleisch der Dinge, als eine „Höhlung“ oder einen „Hohlraum“ (SU 191f.), in dem sich der Unterschied zwischen Sehendem und Sichtbarem

[18] Das ist eine der zentralen Lehren, die Merleau-Ponty aus dem Werk Cézannes zieht: Die Zentralperspektive, die für die Herausbildung der modernen Malerei und des modernen Rationalismus so wichtig war, ist nicht die Perspektive der Wahrnehmung, vgl. C 21–24.

[19] Maurice Merleau-Ponty, „Titres et travaux – Projet d'enseignement“, in: PII 9–35, hier 21.

[20] Maurice Merleau-Ponty, „Le problème de la passivité: Le sommeil, l'inconscient, la mémoire“, in: ders., *L'institution, la passivité. Notes de cours au Collège de France (1954–1955)*, hg. v. Dominique Darmaillacq, Claude Lefort u. Stéphanie Ménasé, Paris: Belin 2015, S. 199–391, hier S. 338 (= IP).

überhaupt erst einnisten kann. Dieser Hohlraum ist keine zeit- und ortlose Leerstelle, in der sich eine Subjektivität einrichten kann, sondern der situierte, menschliche Leib. Der menschliche Leib hat also am Fleisch der Dinge teil: Er ist die selbst sichtbare Öffnung, in der sich das Unsichtbare, also das Sehen, in der sichtbaren Welt einrichtet. Diese Öffnung darf man sich daher nicht wie das Aufklaffen eines Abgrundes zwischen dem Sehenden und dem Sichtbaren vorstellen, zwischen einem Subjekt und einem Objekt. Die aufbrechende Unterscheidung ist keine Trennung, sondern eine Verflechtung, die Merleau-Ponty auch als Chiasmus oder als Ineinander bezeichnet.[21]

Der Leib eröffnet nicht nur die Möglichkeit des Sehens, sondern ebenso des Hörens, Berührens oder Schmeckens. Und weil alle diese Wahrnehmungsfelder in derselben ursprünglichen Öffnung gründen, müssen sie auch nicht nachträglich wie ein Mosaik wieder zusammengefügt werden: „Meine Wahrnehmung ist also keine Summe von visuellen, taktilen, auditiven Gegebenheiten; ich nehme vielmehr auf eine ungeteilte Weise mit meinem ganzen Sein wahr" (SNS 67, vgl. PhW 274). In dieser ungeteilten Wahrnehmung setzt der Verstand nicht das mannigfaltige Empfindungsmaterial zu einer kohärenten Erfahrung zusammen. In der Wahrnehmung „denke ich nicht die Welt, sie organisiert sich vor mir" (SNS 70).

Diese Wahrnehmungswelt hat also einen Sinn, der ihr nicht erst durch eine intellektuelle Operation verliehen werden muss. Doch ebensowenig wie sie den Sinn von irgendeinem Vermögen empfängt, gibt oder präsentiert sie ihn einfach. Das Ineinander von Sehendem und Welt ist keine Gegenüberstellung, keine Vorstellung oder Präsentation der Welt. Der Sinn

[21] Den Begriff des Chiasmus hat Merleau-Ponty in den Arbeitsnotizen zu *Das Sichtbare und das Unsichtbare* auf eine griffige Formel gebracht: „die Idee des *Chiasmus*, das heißt: jede Beziehung zum Sein ist gleichzeitig Ergreifen und Ergriffenwerden, der Zugriff ist ergriffen, er ist *eingeschrieben*, und eingeschrieben in dasselbe Sein, das er aufgreift" (SU 333f.). Wie so viele der zentralen Begriffe seines Denkens bezeichnet der Chiasmus weniger ein Ding oder eine Beziehung zwischen den Dingen, sondern eine Art zu denken: „Der Gedanke des Chiasmus und des **Ineinander* ist dagegen der Gedanke, dass jede Analyse, die *entmischt*, die Sache uneinsichtig macht" (SU 336).

der Welt ist mehr als nur eine Bedeutung, die durch eine intellektuelle Operation gegeben oder extrahiert wird: Er ist eher ein Faden, an den die Sehende nur deswegen anknüpfen kann, weil die Unterscheidung von sichtbar und unsichtbar keine Trennung ist. Das Sichtbare und das Unsichtbare haben beide teil am wilden Sein, sind beide aus demselben „Fleisch", aus demselben „Element des Seins". Das so verstandene Fleisch bestimmt Merleau-Ponty näher als die „Inauguration des *Wo* und *Wann*" (SU 184). Es eröffnet der Sehenden die Möglichkeit, sich im Sichtbaren zu situieren und zu orientieren: eine Bewegung, die in der Wahrnehmung vorgezeichnet ist, in der Sprache und allgemeiner im Ausdruck Gestalt annimmt, um so immer weitere Landschaften zu erschließen, und schließlich in die instituierende Philosophie mündet, die sich vor dem weitesten Horizont, dem Sinn der Geschichte zu verorten sucht.

Diese auf immer weitere Kontexte aus-, schließlich die ganze Menschheit umgreifende Beziehung ist für Merleau-Ponty insofern bereits in der Wahrnehmung vorgezeichnet, als die Verflechtung des Sehenden in die Welt des Sichtbaren zugleich eine Verflechtung mit anderen ist. Weil der eigene Leib sichtbar und dadurch in die Welt des Sichtbaren verflochten ist, weil er am Fleisch der Welt teilhat, gibt es Merleau-Ponty zufolge kein Problem der Intersubjektivität.

Die andere wird laut Merleau-Ponty nicht ausgehend von der Wahrnehmung erkannt, sondern ist mit ihr gegeben: Sie ist mir nicht gegeben, weil ich ein Bild sehe, das einen Rückschluss auf ihre Existenz und ihre Innenwelt zulässt, sondern weil wir beide am Fleisch der Welt teilhaben. Für den modernen Rationalismus hingegen gebe es sehr wohl ein Problem der Intersubjektivität, und zwar ein unlösbares Problem. Ausgehend von der cartesischen Grundposition, die von der kritizistischen Tradition niemals aufgegeben würde, gebe es keine Lösung des Problems: Die andere bleibe ein „Für-sich, das in den Dingen erscheint, durch einen Körper hindurch, also in einem An-sich.

Um diesen Übergang zu erfassen, müsste man einen gemischten Begriff ausarbeiten, der allerdings für Descartes undenkbar ist" (KV 58). Das verflochtene Aufklaffen zwischen der Sehenden und dem Sichtbaren wird daher konsequent als ein im Sichtbaren unverortbarer „Psychismus" missverstanden, als das, „was einem allein gegeben ist" (KV 310). Die andere bleibt in der Perspektive dieser Tradition „lediglich eine Projektion dessen, was man von sich selbst weiß: nach dem Prinzip dieser Philosophie begegnet man dem Anderen nicht" (KV 23). Man begegne lediglich einem Bild, einer „Gliederpuppe" (AG 290), über deren Innenleben man Vermutungen anstellen kann. Gibt es einen Ausweg aus diesem modernen Solipsismus, der im extremen Idealismus des transzendentalphänomenologischen Husserl zu einer radikalen wie problematischen Vollendung gelangt ist?

Einmal mehr gibt die Gestaltpsychologie den entscheidenden Impuls: Denn der andere Mensch ist für Merleau-Ponty zunächst eine Gestalt. Die Wahrnehmung des eigenen wie des fremden Leibes setzt, wie alle Wahrnehmung, kein Mosaikbild aus atomaren Empfindungen zusammen. Vielmehr geht, gemäß dem populären Leitmotiv der Gestalttheorie,[22] auch hier das Ganze den Teilen voraus: Der Leib „ist mir nicht als Summe von Empfindungen gegeben, sondern als ein Ganzes. Zwischen beiden Momenten besteht das Band der Gestalt, die den visuellen und taktilen Wahrnehmungen gemeinsam ist" (KV 436). Innerhalb des umfassenden Sichtfeldes, das aus einer ursprünglichen Verflechtung mit der Welt hervorgeht und dadurch mit den anderen Wahrnehmungsfeldern synästhetisch verbunden ist, zeichnet sich der Leib des anderen als Gestalt ab. Diese Wahrnehmung aktualisiert eine Möglichkeit,

[22] „‚Das Ganze ist etwas anderes als die Summe seiner Teile' – dieser Satz, eine stark verkürzte Passage aus Aristoteles' *Metaphysik*, wird wie wohl kaum ein zweiter mit der Gestaltpsychologie assoziiert" (Eva Geulen, Claude Haas, Diba Shokri u. Hannes Bajohr, „Gestalt", in: Eva Geulen u. Claude Haas (Hg.), *Formen des Ganzen* (= Literatur- und Kulturforschung. Schriftenreihe des ZfL, Bd. 1), Göttingen: Wallstein 2022, S. 103–137, hier S. 118).

die durch die Öffnung der Welt, durch das Einnehmen einer Perspektive immer schon impliziert ist: Weil ich die Welt von einem Ort aus sehe und weil dieser Ort sich als Leib wirklich in der Welt befindet, erwarte ich immer schon eine andere Perspektive. Die andere Perspektive, die kein Psychismus ist, sondern ein anderer Ort, ein anderer Leib, ein anderes Aufklaffen von Sehendem und Sichtbarem ist im Sehen der Dinge als ihre unsichtbare „Kehrseite" (N 290) antizipiert und kann daher auch eingenommen werden. Doch die Antizipation des anderen beschränkt sich keineswegs auf diese allgemeine Erwartung. In einem noch viel höheren Maß, als es bei der Farbe Rot der Fall war, ist die Wahrnehmung des anderen Leibes kulturell und historisch geprägt.

Der Leib des anderen ist, ebenso wie der eigene Leib, als Gestalt gegeben, jedoch nicht als rein visuelle Form, nicht so wie ein Kreis oder eine Linie gegeben ist, sondern als Verhalten. Der eigene Leib ist für Merleau-Ponty niemals ein Bild, das ich betrachte. Den Zugang zum eigenen Leib gewinnt das Kind durch die Imitation des Verhaltens anderer: „Was ich als den Leib des Anderen zu betrachten beginne, ist eine Möglichkeit von Bewegungen für mich" (KV 437). In der Gebärde zeichnet sich ein Sinn ab, der allerdings nicht durch einen rationalen Erkenntnisvorgang, sondern durch die Imitation, durch schöpferische Aufnahme und Transformation zum Ausdruck gebracht wird.

Der Sinn der Gebärden entspringt keinem verborgenen Psychismus und er wird auch nicht durch Rückschlüsse auf eine unerreichbare Innenwelt enthüllt. Ich sehe also keine Anzeichen für die andere, sondern stehe durch die Wahrnehmung in direktem Kontakt mit ihr (vgl. KV 423). „Die Psyche", so die radikale Konsequenz dieses Ansatzes, „reduziert sich auf die Struktur des Verhaltens" (SV 256). Das Produkt der Imitation des Verhaltens anderer in der frühkindlichen Entwicklung ist ein „Schema des Eigenleibes", ein „Verzeichnis der allgemeinen

Leiblichkeit", durch das ich an allen Leibern, die ich sehe, teilhaben kann (V 127). Bevor ich mich also explizit, durch die Sprache und die anderen Ausdrucksweisen zu der anderen verhalte, teile ich mit ihr eine Wahrnehmungswelt, in welcher sie immer impliziert ist. Hier und da zeichnen sich in bestimmten Gebärden Gestalten ab, die dem Schema des Eigenleibes entsprechen und deren Sinn sich in der schöpferischen Imitation und Transformation enthüllt.

In einer Notiz vom Januar 1960 formuliert Merleau-Ponty eine knappe Zusammenfassung seiner Lösung des Problems der Intersubjektivität: „Der Andere entsteht im Leib (des Anderen), durch einen Überhang dieses Leibes, durch sein Enthaltensein in einem **Verhalten,* durch seine innere Umwandlung, deren Zeuge ich bin" (SU 295). Das Verhalten der anderen ist also eine Spielart meines eigenen Weltbezugs (vgl. PW 153). Ihre Gebärden verwandeln sich in ein Schauspiel, das allerdings nicht auf einer vom Publikum getrennten Bühne aufgeführt wird, sondern an dem ich durch die schöpferische Aufnahme teilnehme.

Von allen Verhaltensweisen gegenüber der anderen ist die Wahrnehmung für Merleau-Ponty deswegen primär, weil sie für die Einübung des eigenen Leibes, für die Entwicklung, oder besser „Gestaltung" (KV 226) des eigenen „Körperschemas" (KV 185) und somit für alle anderen Verhaltensweisen unabdingbar ist. Doch handelt es sich bei dieser ursprünglichen Verflechtung mit der anderen keineswegs um eine friedliche oder gar reibungslose Koexistenz: Nicht nur reproduziert sie unweigerlich die jeder Gesellschaft und jeder Kultur inhärente Gewalt, sie räumt den anderen auch „die maßlose Macht ein, *uns zu sehen*" (SNS 49). Die fundamentale Undurchsichtigkeit des Politischen beruht merkwürdigerweise ausgerechnet auf der wechselseitigen Sichtbarkeit der Perspektiven: Weil sich das Verhalten der anderen immer nur der eigenen Perspektive, nur meinem aktiven Zugriff enthüllt, läuft diese Begegnung immer Gefahr, die anderen auf den sich darbietenden Aspekt zu reduzieren.

Die (zu einem gewissen Grad unvermeidbare) Gewalt, die der Wahrnehmung der anderen innewohnt, erfordert eine ständige Selbstkritik, eine Infragestellung des Bildes, das ich mir von den anderen gemacht habe. Bleibt diese Selbstkritik aus, tritt das Bild an die Stelle der anderen, so wird die unvermeidliche Reduktion zu einer vollständigen Verneinung ihrer Freiheit. Die Gewaltsamkeit der Wahrnehmung ist, nach einer treffenden Formulierung von Martin Schnell, „unvermeidlich, da jede Wahrnehmung mehr behauptet, als sie wirklich erfasst".[23] Die Wahrnehmung behauptet genauer gesagt, die anderen zu sehen, und nicht nur den Aspekt, den sie erfasst. Und weil diese gewaltsame Wahrnehmung nur dadurch möglich ist, dass die Sehende selbst sichtbar ist,[24] dass sie sich dadurch der maßlosen Macht der anderen aussetzt, ist die Gewalt wechselseitig und allgegenwärtig.

Über die Welt der Politik schreibt Merleau-Ponty, dass sie aufgrund der perspektivischen Konstellation verschiedener Bewusstseine eine „Zauberwelt" darstelle.[25] Die spezifische Undurchsichtigkeit des Politischen setzt zwar die Ausdruckswelt (auf die im folgenden Kapitel ausführlicher eingegangen wird) voraus, zeichnet sich allerdings in der Wahrnehmungswelt bereits ab: Schon in der reinen Wahrnehmungswelt, in der das Kleinkind zu Hause ist, ist der Mensch gemäß einer Formulierung von Alain ein „Zauberer gegenüber seinem Nächsten" (KV 232). Der Übergang in die Erwachsenenwelt, der sich in der europäischen Moderne nicht von der Einnahme einer kopernikanischen Perspektive trennen lässt, ist keineswegs

[23] Martin W. Schnell, „Merleau-Pontys Beitrag zu einer Phänomenologie des Politischen", in: Regula Giuliani (Hg.), *Merleau-Ponty und die Kulturwissenschaften*, München: Fink 2000, S. 65–80, hier S. 68.

[24] Merleau-Ponty bringt diesen Umstand auf folgende eingängige Formel: „Dass der Leib sehend ist, das bedeutet seltsamerweise nichts anderes als: er ist sichtbar" (SU 342).

[25] Maurice Merleau-Ponty, „Anmerkung zu Machiavelli", in: Z 311–331, hier 319.

eine bloße Entzauberung, ein Eintritt in vollkommen transparente menschliche Beziehungen. So wie die sinnliche Wahrnehmung immer nur einen Aspekt der Gestalt sieht (und die anderen Aspekte nur behauptet), so nimmt auch die soziale Wahrnehmung nur einen Aspekt des Ausdrucks der anderen wahr – und läuft stets Gefahr zu vergessen, dass die andere in diesem Aspekt nicht aufgeht, dass ich sie anders sehen und dass sie sich anders zeigen kann (vgl. IP 83f.). Umgekehrt habe auch ich selbst keine vollständige Kontrolle darüber, wie mein eigener Ausdruck von anderen verstanden wird.

Es gibt also auch hier einen roten Faden, der von der Wahrnehmungswelt in die Ausdruckswelt und von dort in die Welt des Politischen führt, ohne dabei jedoch die Wahrnehmungswelt zu verlassen. Er besteht in der irreduziblen, mehrdimensionalen Perspektivität, die einem überfliegenden Denken als Beschränkung und Bedrohung erscheint, für Merleau-Ponty hingegen die Möglichkeit einer ebenfalls mehrdimensionalen Verflechtung mit den anderen bedeutet. Dieser rote Faden zeigt auch die Verflechtung der verschiedenen Dimensionen, der Wahrnehmung, des Ausdrucks, der Politik und der Philosophie an. Diese Verflechtung produziert und erneuert überall die Gefahr, die Welt vollständig zu verzaubern, jeden Sinn und somit jede Orientierung zu verunmöglichen. Der moderne Rationalismus hat – so eine zentrale These von Merleau-Ponty, die noch der Klärung bedarf – auf diese mehrdimensionale und sich potenzierende Undurchsichtigkeit mit einer Philosophie der Entmischung geantwortet. Dieser Philosophie des Überflugs und Überblicks, des *survol* und *surplomb*, die sich als Revolution des Alltagsverstandes und als Umsturz des naiven Wahrnehmungsglaubens versteht, steht in der ambivalenten Moderne jedoch auch eine andere Perspektive entgegen. Denn der wichtigste Unterschied zwischen *anciens* und *modernes* ist, wie Merleau-Ponty in einem Radiobeitrag von 1959 betont, die Einsicht in die geschichtliche Verfasstheit der menschlichen Existenz, die Tatsache, dass „sich die Philosophie für die Menschheitsgeschichte im Allgemeinen zu interessieren beginnt, und dafür, die Geschichte der Philosophie mit der allgemeinen Menschheitsgeschichte in Verbindung zu bringen".[26] Diese Einsicht führt zu einer ständigen Beunruhigung des auf Gewissheit abzielenden, sich selbst für zeit- und ortlos haltenden modernen Rationalismus.[27]

Merleau-Pontys Philosophie knüpft an diese ambivalente Moderne und mit ihr an den roten Faden an, der die Wahrnehmungswelt mit der Welt des Ausdrucks und der Politik verbindet. Doch weist diese Bewegung tatsächlich, wie Castoriadis' Fundamentalkritik insinuierte, über Merleau-Pontys eigene Philosophie hinaus? Müssen wir heute den Ausgangspunkt der Bewegung seines Denkens, das Primat der Wahrnehmung ebenso wie den Endpunkt, das wilde Sein grundsätzlich revidieren? Oder lässt sich auch hier und jetzt noch an dieses Denken und seine Bewegung anknüpfen?

Der Sinn dieser Bewegung ist keine Überwindung der Metaphysik, kein Ausbruch aus einem monolithischen Block des modernen Rationalismus, kein Absprung aus der Moderne. Das Primat der Wahrnehmung ist deswegen auch kein dogmatischer Überrest, den der späte Merleau-Ponty oder sein Schüler Castoriadis revidieren müsste, um die Politik dieses Denkens vor der Erstarrung in der Lehre zu retten. Die Wahrnehmung ist nicht ein Verhalten unter anderen, sondern der „Untergrund, von dem überhaupt erst Akte sich abzuheben vermögen" (PhW 7). Alle anderen Verhaltensweisen, die der

[26] Maurice Merleau-Ponty, „La philosophie de l'existence", in: PII 247–266, hier 257. Diese Einsicht führt Merleau-Ponty auch auf einigen wichtigen kommentierenden Seiten in dem von ihm herausgegebenen Sammelband über die ‚großen Philosophen' (*Les philosophes célèbres*) aus. Diese Seiten wurden leider, im Gegensatz zur viel rezipierten Einleitung, nicht in den Sammelband *Zeichen* aufgenommen und daher bisher auch nicht ins Deutsche übersetzt – auf Französisch wurden sie wieder zugänglich gemacht in: PII 201–210.

[27] Diese ständige Beunruhigung hat Merleau-Ponty immer wieder anhand verschiedener Beispiele thematisiert, nicht zuletzt in seiner großen Vorlesungsreihe *Die Natur* (1956–1960), in der er das moderne Zusammenspiel der beiden widerstreitenden Kräfte anhand von Descartes, Kant, Schelling, Bergson und Husserl analysiert.

Sphäre des Ausdrucks, der Sprache und der Politik angehören, verlassen nie die Wahrnehmungswelt. Das Wahrnehmungsverhalten bezeichnet Merleau-Ponty deswegen auch als den „allen motorischen, affektiven und sensorischen Funktionen gemeinsamen Akt“ (AG 102).

Ein so verstandendes Primat der Wahrnehmung lässt sich mit Lambert Wiesing etwas zugespitzt so formulieren: Wahrnehmung ist für Merleau-Ponty „das unerklärliche, das göttliche Phänomen, welches ermöglicht, dass überhaupt etwas und nicht vielmehr nichts ist“.[28] Göttlich ist das Phänomen insofern, als es irreduzibel ist: „Man mag sich stellen wie man will, und man denkt sich immer sehend.“ Doch die Behauptung eines göttlichen, eines unerklärlichen Phänomens kann für einen Philosophen wie Merleau-Ponty nur Sinn ergeben, wenn es zumindest selbst etwas anderes erklärt, wenn es eine Lehre bereithält. Die These vom göttlichen Phänomen ist, genauer gesagt, selbst eine Lehre, mit der Merleau-Ponty einen bestimmten Zweck verfolgt. Der politische Sinn dieser Lehre lässt sich verstehen als Beitrag zur Transformation der ambivalenten modernen Philosophie und somit der Moderne insgesamt: als Versuch, das scheidende und schneidende,[29] revolutionäre Denken nicht zu überwinden, sondern wieder zu verflechten.

Die Revolution am Ursprung des modernen Rationalismus war ein Versuch, den Faden zu zerreißen, der das philosophische Bewusstsein an das Wahrnehmungsbewusstsein bindet. Mit Merleau-Ponty ließe sich diese Revolution auch als Versuch beschreiben, den naiven »Wahrnehmungsglauben« zu überwinden, um so ein Reich des zeit- und ortlosen Wissens zu betreten. Denn laut Merleau-Ponty gibt es einen nicht zu

[28] Lambert Wiesing, „Merleau-Pontys Entdeckung der Wahrnehmung“, in: PrW 85–124, hier S. 114.

[29] Wahrhaft „revolutionäres Denken“, wie er es etwa bei seinen Lehrmeistern Descartes und Husserl vorfindet (zwei Hauptvertretern jenes modernen Rationalismus, dem Sartre in Merleau-Pontys Augen verpflichtet bleibt), ist für Sartre ein Denken, das „scheidet und schneidet“ (Jean-Paul Sartre, *Tagebücher November 1939 – März 1940*, übers. v. Eva Moldenhauer, Reinbek bei Hamburg: Rowohlt 1984, S. 129).

rechtfertigenden Glauben daran, dass die Wahrnehmung nicht nur unsere eigene Vorstellung, sondern die Dinge selbst erreicht, die auch unabhängig von ebendieser Wahrnehmung bestehen, eine Gewissheit, dass wir alle dieselben Dinge sehen und somit in derselben Welt leben: „Wir sehen die Sachen selbst, die Welt ist das, was wir sehen" (SU 17). Und tatsächlich „waren Wissenschaft und Philosophie", wie Merleau-Ponty in der *Phänomenologie der Wahrnehmung* betont, viele Jahrhunderte lang von diesem „ursprünglichen Glauben der Wahrnehmung getragen" (PhW 77). Dieser Glaube gab die Gewissheit, dass alle eigenen Erfahrungen und die Erfahrungen aller anderen auf dieselben Dinge und dieselbe Welt bezogen waren. Er garantierte weiterhin, dass alles, „was jetzt noch für mich unbestimmt bleibt, in einer vollständigeren Erkenntnis, die gleichsam im Ding selbst zum voraus verwirklicht oder vielmehr sogar das Ding selbst ist, seine Bestimmung wird finden müssen" (PhW 77). Wissenschaft und Philosophie verstanden sich demnach als „Verfolg und Erweiterung der Bewegung der Konstitution der Wahrnehmungsdinge" (PhW 77).

Doch der Wahrnehmungsglaube barg seine ganz eigenen „Verwirrungen" und „Widersprüche": Der spontane Glaube, die Dinge selbst zu sehen, setzt die Sehende als leibliches Subjekt voraus. Er versetzt das Sehen in die Welt, macht es zu einem Geschehen in der Welt und einem aktiven Zugriff auf das Sichtbare. Er gibt die paradoxe Gewissheit, „durch das Medium des Leibes zu den Dingen selbst zu gelangen, der uns also Zugang zur Welt nur verschaffte, indem er uns in die Kette unserer Privatereignisse einschloss" (SU 51). Vor diesem Paradox, dass die Leiblichkeit die geteilte und wirkliche Welt eröffnet und gleichzeitig verschließt, dass unser Leib gleichzeitig unsere Öffnung zur Welt und unser Gefängnis ist, floh die kritizistische Philosophie in die Reflexion. Die vermeintliche Revolution der Reflexion, die „reflexive Wende, die vor dem reinen Subjekt nur noch Ideate, *Cogitata* oder Noemata bestehen lässt" (SU 50f.), zerriss den Faden jedoch nur in ihrer Vorstellung. Tatsächlich handelte es sich um eine Transformation, die alle wesentlichen Elemente des Wahrnehmungsglaubens – „die Überzeugung, daß es etwas und daß es die Welt gibt, die Idee der Wahrheit, die gegebene wahre Idee" – bewahrte und lediglich die „barbarische Überzeugung, zu den Dingen selbst zu gelangen", überwand (SU 50). Sie führte diese Überzeugung scheinbar auf das zurück, „was sie besagen oder bedeuten will", nämlich eine „Übereinstimmung des Denkens mit dem Denken" (SU 50). Das ist jedoch keineswegs, was das Wahrnehmungsbewusstsein, sondern genau das, was das philosophische Bewusstsein des Rationalismus besagen will. Die rationalistische Revolution verwandelte also den „barbarischen" und nicht zu rechtfertigenden Glauben in eine Überzeugung, die auf Gründen basiert – auf „Gründen, die uns *denken* lassen, *dass es* eine Welt *gibt*" (SU 75).

Für Merleau-Ponty ist diese Verwandlung und das daraus resultierende, schneidende und scheidende Denken, die Reflexion, genau das: eine Modifikation und Transformation des Wahrnehmungsbewusstseins, die eine neue Welt eröffnet, ohne jedoch die Wahrnehmungswelt zu verlassen. Reflexion im Sinne Merleau-Pontys beruht auf einem konstitutiven Missverständnis: Sie hält sich für eine Revolution des Alltagsverstandes, für einen notwendigen Umschlag des Alltagsbewusstseins oder für ein unvorhersehbares Ereignis. Sie glaubt den Faden, der sie an den barbarischen Wahrnehmungsglauben bindet, ein für alle Mal zerrissen zu haben, seinen Widersprüchen entkommen zu sein und gleichzeitig sein Innerstes, die Gewissheit, auf einer höheren Stufe bewahrt zu haben. Dieses revolutionäre und reflexive Bewusstsein gilt es nun gerade nicht, in einer erneuten Revolution des Denkens, als Illusion zu entlarven, sondern stattdessen wieder an die Wahrnehmungswelt zurückzubinden: Es gilt, ausgehend von der modernen Rationalität „die präreflexive Zone der Öffnung zum Sein wiederzufinden" (SU 77).

3. GESTALTEN: REFLEX UND REVOLUTION

L'âme rouge est concrète, et elle parle.
On peut même dire sans exagération qu'elle *rugit.*

Die rote Seele ist konkret, und sie spricht.
Man kann sogar ohne Übertreibung sagen, dass sie *tost.*

Antonin Artaud, „Deux notes"

Die große Revolution des Denkens, mit der die Tradition des modernen Rationalismus anhebt, beschreibt der späte Merleau-Ponty in seinen Vorlesungen über den Naturbegriff mit folgenden Worten: „Descartes verwandelt die Natur in eine Notwendigkeit, die keine andere sein kann als die, die sie ist" (N 179). Auch wenn sie sich selbst als einen radikalen Neuanfang begreift, beschreibt Merleau-Ponty diese Revolution als eine Verwandlung des Verhältnisses von Natur und Kultur.[1] Diese Verwandlung ist dabei als eine Trennung zu verstehen, denn Descartes teilt „die Natur in *naturans* und *naturata*" (N 24, vgl. V 92) und macht dadurch die *natura naturata* „zum Produkt, zur reinen Äußerlichkeit" (N 24). Als bloßes Produkt geht ihr alle sinnstiftende Kraft ab, die vollständig in die *natura naturans*, in Gott verlegt wird. Die Natur wird also reine Kausalität, blinder und unveränderlicher Ablauf der Dinge. Ob die unerkannte *natura naturans* der *natura naturata* im Ganzen einen Sinn verliehen hat, lässt sich nicht mit letzter Gewissheit erkennen. Es

[1] Mit den Worten von Hanna Hamel ließe sich das Projekt, das Merleau-Ponty in seinen Vorlesungen zur Geschichte des Naturbegriffs verfolgt, als ein Versuch beschreiben, eine „andere als die scheinbar altbekannte, moderne Natur in den historischen Texten zu entdecken", als Versuch, „die historischen Naturkonzepte nicht nur als Folie zur Abgrenzung, sondern auch als mögliche Anknüpfungspunkte zu begreifen" (Hanna Hamel, *Übergängliche Natur. Kant, Herder, Goethe und die Gegenwart des Klimas*, Berlin: August 2021, S. 10).

lässt sich jedoch einsehen, dass dem mechanischen Ablauf der Dinge kein Eigensinn entspringt.

Die zweite große Revolution der Denkungsart hat diesen Rationalismus erneut verwandelt: Kants eigener kopernikanischer Umsturz erscheint vor diesem Hintergrund als „Rückkehr zu einem naturans, das in uns ist“ (N 41). Durch das Vermögen des Verstandes wird der Mensch bei Kant zum Gesetzgeber der Natur, durch das Vermögen der Vernunft widersetzt er sich außerdem der Natur und ihrer Kausalität. Der kantischen Entmischung von Freiheit und Natur konnte Merleau-Ponty letztlich wenig abgewinnen. Dasselbe gilt auch für Kants eigene Versuche, diesen Gegensatz zwischen einem Reich der Notwendigkeit und einem Reich der Freiheit zu relativieren. Die Naturzwecke beispielsweise, die Kant in der *Kritik der Urteilskraft* für die Erkenntnis von Organismen annimmt, bleiben für Merleau-Ponty ein Produkt des Denkens und tragen nichts zu einem Denken der Verflechtung bei: Diese „Zweckmäßigkeit gehört nicht den natürlichen Wesen“, man muss sie lediglich „diese betreffend denken“ (N 44).

Kants erneute Transformation des Verhältnisses von Natur und Kultur eröffnete jedoch erstmals die Möglichkeit, einen Sinn der Geschichte zu denken, und damit auch die Perspektive einer philosophischen Politik, die sich an diesem Sinn orientieren kann. Die eingangs getroffene Unterscheidung zwischen einer *philosophia instituta* und einer *philosophia instituens*, zwischen einer Lehre und einer Politik, interpretiert Kant in der berühmten Einleitung zu seiner *Logik* als Unterschied zwischen einem Schul- und einem Weltbegriff der Philosophie: „Philosophie ist [...] das System der philosophischen Erkenntnisse oder der Vernunfterkenntnisse aus Begriffen. Das ist der *Schulbegriff* von dieser Wissenschaft. Nach dem *Weltbegriffe* ist sie die Wissenschaft von den letzten Zwecken der menschlichen Vernunft.“[2]

[2] Immanuel Kant, „Logik. Ein Handbuch zu Vorlesungen“, in: ders., *Werkausgabe*, hg. v. Wilhelm Weischedel, Bd. VI, Frankfurt a.M.: Suhrkamp 1982, S. 417–582, hier S. 446.

Da der Mensch sich als *natura naturans* dem sinnlosen Ablauf der Naturgeschichte nicht nur widersetzt, sondern ihm darüber hinaus auch selbst Sinn verleihen kann, zeichnet sich für Kant der Sinn einer Menschheitsgeschichte ab, die hinter dem Rücken der Individuen (aber nicht des Philosophen) auf eine „*vollkommene bürgerliche Vereinigung in der Menschengattung*" hinsteuert und an der sich eine Philosophie in weltbürgerlicher Absicht orientieren kann.[3] Die Natur bleibt in diesem Entwurf das Reich des Verstandes, das zwar keinen Eigensinn hat, aber aufgrund der Endlichkeit der Wahrnehmung immer unüberschaubar und dunkel bleibt, ein Reich, das nur einer göttlichen Anschauung durchsichtig wäre.

Merleau-Ponty hingegen versteht unter Natur gerade das, „was einen Sinn hat, ohne dass dieser Sinn vom Denken gesetzt wurde" (N 19). Mit fast identischen Worten bestimmt er an anderer Stelle die Wahrnehmung: „*Wahrnehmungen haben einen Sinn*, obgleich dieser Sinn nicht durch eine freie intellektuelle Aktivität hinzugefügt wird, sondern der Wahrnehmung immanent ist" (KV 265). Und tatsächlich versteht Merleau-Ponty die Natur als eine Wahrnehmungswelt, die unentwirrbar in eine vielschichtige Ausdruckswelt, eine Welt der Kultur verflochten ist.

Der Eigensinn der Natur jedenfalls, für den sich Merleau-Ponty interessiert, besteht nicht in einem *telos*, auf das die Natur im Ganzen gerichtet ist, sondern in einer vom Denken nicht beherrschbaren, aber trotzdem nicht völlig undenkbaren Widersetzlichkeit der Dinge, die dem Denken zunächst als Zufall begegnet. Doch kann sich eine Politik der Wahrnehmung nicht mit dem bloßen Zufall, mit dem *hazard*, dem Fallen des Würfels zufriedengeben. Sie muss ihn immer und überall, wo er begegnet, in der Natur wie in der Kultur, in der Politik und in der Geschichte, auch als *chance* begreifen, als günstigen

[3] Immanuel Kant, „Idee zu einer allgemeinen Geschichte in weltbürgerlicher Absicht", in: ders., *Werkausgabe*, hg. v. Wilhelm Weischedel, Bd. XI, Frankfurt a.M.: Suhrkamp 1982, S. 31–61, hier S. 47.

Moment, der sich nicht vorausberechnen, aber dennoch erwarten lässt. Die vielschichtige *adversité*, jene Widersetzlichkeit, die ich in diesem Buch als Eigensinn bezeichne, ist nie nur Hindernis, schon gar kein *genius malignus*, sondern stets auch das, was Widerstand bietet, der Boden, auf dem, und das Medium selbst, in dem sich eine Politik der Wahrnehmung entwickeln kann.

Die Revolution des modernen Rationalismus kann laut Merleau-Ponty als ein Versuch gelesen werden, sich von diesem „Gewicht des Seins" (N 77) zu befreien. Doch es gibt eine irreduzible „Trägheit", eine anonyme „Widersetzlichkeit" der Dinge.[4] Und die Moderne insgesamt, insbesondere aber Merleau-Pontys eigene Zeit, ist die Zeit, die, „vielleicht mehr als irgendeine andere, die Erfahrung des Zufälligen gemacht hat und noch macht".[5] Anders als für Sartre, für den der Widerstand der Dinge letzten Endes ein „unnennbares und undenkbares *Residuum*" des An-sich bleibt,[6] ist der Zufall für Merleau-Ponty Teil einer wilden Freiheit, die immer schon mit der Widersetzlichkeit rechnet.[7] Für Merleau-Ponty gibt es keine absolute, also zeit- und ortlose Freiheit, die sich dann plötzlich, wenn es an die Verwirklichung ginge, mit der Schwerfälligkeit der Dinge konfrontiert sieht. Die Widersetzlichkeit ist vielmehr das „tote Gewicht", das man immer schon „hinter sich spürt, wenn man denkt" (PII 334).

Dieser Eigensinn der Natur ist also mehr als nur ein Medium, das all die geraden Linien biegt und bricht, die von den guten

[4] Den Begriff der Widersetzlichkeit (*adversité*) hat Merleau-Ponty von Sartre entlehnt (vgl. E 62f.), der in *Das Sein und das Nichts* von einem „Widrigkeitskoeffizient[en] der Dinge" spricht, der die Verwirklichung der eigenen Freiheit ständig behindert (Jean-Paul Sartre, *Das Sein und das Nichts. Versuch einer phänomenologischen Ontologie,* übers. v. Hans Schöneberg u. Traugott König, Reinbek bei Hamburg: Rowohlt 1991, S. 833).

[5] Maurice Merleau-Ponty, „Der Mensch und die Widersetzlichkeit der Dinge", in: Z 333–360, hier: 355.

[6] Sartre, *Das Sein und das Nichts*, S. 834.

[7] Jerôme Melançon hat den Begriff der Widersetzlichkeit zum Zentrum seiner Darstellung von Merleau-Pontys politischem Denken gemacht. Die Zwischenwelt der Politik erscheint hier als eine Welt des Widerstandes und der Widersetzlichkeit: „Die einzige Notwendigkeit und die einzige Starrheit, die es gibt, liegen in der Vergangenheit; für uns gibt es nichts als Widerstand, nichts als Widersetzlichkeit" (*La politique dans l'adversité. Merleau-Ponty aux marges de la philosophie,* Genf: MétisPresses 2018, S. 31).

Intentionen über die angemessenen Mittel zu den vernünftigen Zwecken führen sollen. Es gehe vielmehr darum, „in der Natur eine Trägheit zu finden, einen Horizont, vor dem der Mensch sich abzeichnet" (N 81). Die Trägheit und der Eigensinn der Natur gehen zurück auf „eine Produktivität, die nicht die unsere ist, obwohl wir sie nutzen können, das heißt eine ursprüngliche Produktivität, die sich unter den künstlichen Schöpfungen des Menschen fortsetzt" (N 177). Diese Produktivität ist für Merleau-Ponty keine Einschränkung, sondern die Ermöglichung aller künstlichen Schöpfungen und der menschlichen Freiheit überhaupt.

Das Denken und die Freiheit brechen nicht unvermittelt in die Natur ein, sondern sind in sie eingelassen. So wie alle Produkte des Geistes ist auch der Geist selbst ein sich abzeichnender Sinn, dessen Explikation allerdings kein transparentes Geschehen ist, sondern ebenfalls über einen Eigensinn verfügt: Was die Natur »bewohnt«, ist nicht der Geist, sondern lediglich der »Beginn eines Sinnes, der dabei ist, sich einzurichten, und der noch nicht vollkommen freigesetzt ist" (N 70). Der menschliche Geist, die menschliche Freiheit, und all ihre Produkte, kurz gesagt all das, was man als Kultur bezeichnen kann, sind also für Merleau-Ponty keine bloße Widernatur, keine *antiphysis*, wie Kant sagen würde. In letzter Konsequenz wird sich der Geist vielmehr als die unsichtbare, aber im Sichtbaren situierte und orientierte Kehrseite des Leibes entpuppen.[8]

Der Faden zwischen der Natur und der Kultur ist für Merleau-Ponty nie gerissen: „Es gibt keine scharfe Antithese [...] zwischen Natur und Kultur" (Z 176). Gemäß einer vorerst

[8] Hannah Arendt, die Merleau-Ponty gründlich studiert zu haben scheint, hat gegen seinen Ansatz, den Geist als Rückseite des Leibes zu begreifen, eine Unterscheidung zwischen Seele und Geist in Stellung gebracht: Was die Seele betrifft, kann sie Merleau-Pontys Denken der Leiblichkeit viel abgewinnen, mit Blick auf den Geist beharrt sie hingegen auf der Grundlosigkeit und der Abgründigkeit des Denkens. Merleau-Ponty hätte vielleicht entgegnet, dass es ihm gerade darum geht, die Trennung und den Abgrund als eine Verflechtung, ein Ineinander von Kontinuität und Diskontinuität zu denken (vgl. Hannah Arendt, *Vom Leben des Geistes. Bd. 1: Das Denken*, München/Zürich: Piper 1979, S. 42f.).

noch dunklen Formulierung gilt vielmehr: „Natur umwickelt Kultur" und „Kultur umwickelt Natur".[9] In dieser Formulierung spricht sich allerdings keine erneute, dritte Revolution des Denkens aus, weder ein Ereignis noch ein notwendiger dialektischer Umschlag, sondern eine Bewegung, deren Sinn sich bereits in der ambivalenten Tradition des modernen Rationalismus selbst abgezeichnet hatte. Nicht der revolutionäre Philosoph Maurice Merleau-Ponty, sondern das ganze „Jahrhundert hat die Trennungslinie zwischen dem ‚Körper' und dem ‚Geist' ausradiert" (Z 337).

Die Wahrnehmungswelt und die Ausdruckswelt sind ineinander verflochten: Wenn es in der Wahrnehmung oder in der Natur einen Sinn gibt, den das Denken nicht hinzugefügt hat, so nicht zuletzt deswegen, weil die Wahrnehmung selbst, vor aller Setzung des Denkens, von der Ordnung der Kultur und des Geistes umwickelt ist. Aus diesem Grund kann „das ‚Naturding' als solches nur für eine Kultur erscheinen" (IP 230). Schon in der bloßen Wahrnehmung erscheint das Naturding als latent sinnvoll. Und überall, wo sich ein Sinn zu erkennen gibt, handelt es sich um eine Explikation, um den Ausdruck eines zuvor latenten Sinnes. Das Aufkommen der Ausdruckswelt ist Explikation und zugleich Verwandlung der Wahrnehmungswelt: „Erkenntnis und Verständigung" setzen, in Merleau-Pontys eigenen Worten, „jenes Wahrnehmungsleben fort – sie bewahren es durch Verwandlung; sie sublimieren unsere Verleiblichung, ohne sie zu beseitigen" (AG 104). Und dennoch eröffnen sie eine neue „Ordnung der Kultur oder des Sinnes", eine „ursprüngliche Ordnung des Aufkommens (*avènement*) [...], die weder von der Ordnung bloßer Vorkommnisse (*événements*) – wenn es eine solche überhaupt gibt – abgeleitet werden

[9] Maurice Merleau-Ponty, *Le monde sensible et le monde de l'expression. Cours au Collège de France, Notes 1953*, hg. v. Emmanuel de Saint-Aubert, Genf: MétisPresses 2011, S. 63 (= MS).

darf, noch als einfache Wirkung außerordentlicher Begegnungen behandelt werden kann".[10]

Um die ursprüngliche Verflechtung von Natur und Kultur zu begreifen, wendet sich Merleau-Ponty immer wieder denjenigen Verhaltensweisen zu, an denen sich die Hervorbringung von Sinn seiner Ansicht nach besonders deutlich erkennen lässt: den menschlichen Gebärden. Diese „stumme oder fungierende Sprache der Wahrnehmung setzt einen Erkenntnisprozess in Gang, den sie selbst nicht vollenden kann" (PW 142), der sich nur im Ausdruck, in der Sprache, in den Ideen und zuletzt in der Philosophie vollenden kann. Der Ausdruck bringt den Sinn hervor, indem er ihn aus der Wahrnehmung hervorholt: Seine Geburt ist Wiedergeburt.

Die Gebärde markiert für Merleau-Ponty den Scheidepunkt, an dem der in der Wahrnehmungswelt sich abzeichnende Sinn zum Ausdruck gelangt: Sie markiert die Geburt einer neuen Welt. So gibt es etwa auch eine „tierische Wahrnehmung", die für bestimmte Gestalten (und somit für einen latenten Sinn) empfänglich ist und auf diese Gestalten reagiert, doch überschreitet dieses Verhalten nie die natürliche Ordnung der Instinkte und Reflexe: „Im tierischen Verhalten bleiben die Zeichen stets bloße Signale und werden nie zu Symbolen" (SV 135). Für das Tier bleibt die Gestalt ein Bild, das einem bestimmten Schema entspricht, ein Reizkomplex, der eine bestimmte Reaktion erfordert. Wozu das Tier laut Merleau-Ponty nicht in der Lage ist, „das ist eben das symbolische Verhalten, welches es nötig hätte, um im äußeren Objekt unter der Verschiedenheit seiner Aspekte eine Invariante zu finden ähnlich jener, die beim eigenen Leib unmittelbar gegeben ist, und um umgekehrt seinen eigenen Leib als ein Objekt unter Objekten zu behandeln" (SV 133).

[10] Maurice Merleau-Ponty, „Das indirekte Sprechen und die Stimme des Schweigens", in: Z 53–116, hier 93.

Was die Ausdruckswelt eröffnet, ist also gerade nicht ein ort- und zeitloser Geist, sondern die Perspektivität, also die Situiertheit und Orientiertheit in Raum und Zeit: jenes implizite Wissen, dass die sich darbietende Gestalt nur derjenige Aspekt ist, der sich aufgrund des Ortes darbietet, den ich mit meinem eigenen Leib einnehme. Nur unter dieser Voraussetzung kann die Gestalt einen Sinn haben, nur so kann sie Aspekt eines Dings oder eines Verhaltens sein, nur so kann es überhaupt so etwas wie ein Zeichen geben, das etwas ausdrückt oder bezeichnet. Die menschliche Wahrnehmung sieht überall nur symbolische Gestalten, deren Sinn von der Ausdruckswelt oder der Kultur bestimmt wird, welche ihren Sinn wiederum nur aus der Wahrnehmungswelt schöpfen können.

Die erste und ursprüngliche symbolische Gestalt ist für Merleau-Ponty das Verhalten anderer Menschen, das sich in der schöpferischen Imitation zunehmend als sinnhaft zu erkennen gibt. Auch ein Tier kann die Gestalt eines Verhaltens wahrnehmen, kann sie sogar nachahmen. Was den Menschen hingegen auszeichnet, ist die Fähigkeit, diese Gestalt als symbolische wahrzunehmen, als Äußerung eines anderen Geistes (der aber gerade kein Psychismus, sondern die Gesamtgestalt des Verhaltens selbst ist), oder kurz gesagt als Gebärde.

In der frühkindlichen Entwicklung zeige sich besonders deutlich, dass die Wahrnehmung einer Gebärde immer zugleich „Gestaltung" (KV 226) des Verhaltens ist: die Einübung des Verhaltens der Wahrnehmung ebenso wie die Imitation des wahrgenommenen Verhaltens. Wenn später das Wort als erstes gänzlich künstliches Zeichen, als wirklicher Ausdruck auftritt, eröffnet es zwar eine neue Welt, denn das „künstliche Zeichen lässt sich aus keinem natürlichen herleiten", doch das nur, weil es „beim Menschen natürliche Zeichen gar nicht gibt" (PhW 223). „Das erste Wort hat sich", wie Merleau-Ponty in den Fragmenten von *Die Prosa der Welt* betont, „nicht in einem kommunikationsfreien Raum niedergelassen, denn es ging hervor aus Verhaltensweisen, die schon gemeinsam waren, und es schlug Wurzeln in einer sinnlichen Welt, die schon keine Privatwelt mehr war" (PW 64).

Als aufmerksamer Leser Saussures hat für Merleau-Ponty die Sprache immer „den Charakter eines Systems, das [...] auf der Gegenüberstellung seiner Einheiten beruht".[11] Als differenzielles System und als „soziale Einrichtung" (frz.: *institution*) kann sie Saussures Lehren zufolge nicht bruchlos und ohne Weiteres aus natürlichen Zeichen hervorgehen.[12] Durch seine intensive Beschäftigung mit der zeitgenössischen strukturalistischen Theorie hat Merleau-Ponty auch Saussures Primat der gesprochenen gegenüber der geschriebenen Sprache hinter sich gelassen. Er ging davon aus, dass es keinerlei lautliche Substanz gibt, die dem System oder der Form der Sprache vorausgeht, „dass die Substanz in dem Grad von der Form abhängt, dass sie ausschließlich dank ihrer lebt, und dass man in keinem Sinne sagen kann, dass sie selbständige Existenz habe".[13] Und dennoch ist Merleau-Ponty der Ansicht, dass dieses ganz selbstständige System, die soziale Institution der Sprache und all die anderen Ausdruckswelten in der präreflexiven Wahrnehmungswelt vorbereitet wurden. Die Form lässt sich nicht aus einer vorgängigen Substanz ableiten, sondern geht auf einen instituierenden Akt zurück. Doch dieser Akt ist selbst schon Teil einer stummen Sprache.

Unmöglich lässt sich der exakte Moment angeben, ab dem eine Gebärde ein symbolisches Verhalten wird, sich als differenzielles Zeichen in ein System oder eine Struktur einschreibt. Zweifellos setzt die Ausdruckswelt jedoch bereits „mit dem *Zeigen* auf einen räumlichen Punkt ein – denn die Geste der Bezeichnung (die Tiere gerade nicht verstehen) versetzt uns in

[11] Ferdinand de Saussure, *Grundfragen der allgemeinen Sprachwissenschaft*, hg. v. Charles Bally u. Albert Sechehaye, übers. v. Herman Lommel, Berlin/New York: De Gruyter 2001, S. 127.

[12] Ebd., S. 19.

[13] Louis Hjelmslev, *Prolegomena zu einer Sprachtheorie*, übers. v. Rudi Keller, Ursula Scharf u. Georg Stötzel, München: Max Hueber 1974, S. 54.

einen immer schon eingerichteten virtuellen Raum" (AG 105). Mit dem Zeigen vollzieht sich eine Öffnung in der Wahrnehmungswelt, eine gleichzeitige Trennung und Verflechtung von Natur und Kultur. Der sozusagen „mimische Gebrauch unseres Leibes" ist bereits Kultur, ohne jedoch die Natur zu verlassen, er „trennt uns nicht von der leiblichen Situation", ist aber gleichzeitig „ohne Sinn", wenn er nicht selbst bereits einen differenziellen, „diakritischen Sinn" (AG 105) besitzt – und ermöglicht so eine Loslösung von der unmittelbaren leiblichen Situation. Ab dem Moment, „in dem wir mit dem Finger auf einen Punkt im Raum *zeigen*", nehmen wir, Merleau-Ponty zufolge, „unsere faktische Situation als einen partikularen Fall in einem System anderer möglicher Situationen", denn die Geste der Bezeichnung versetzt uns bereits, am Ende der Linie, die unseren Finger verlängert, „in einen [...] kulturellen Raum".[14]

Schon in der Verflechtung von Sichtbarem und Sehendem begegnet uns also ein stummer Sinn, gerade so „als gäbe es zwischen unserem Leib und dem Sinnlichen eine Übereinkunft, die uns, die aller Institution vorausgeht, als würde es eine Sprache mit uns sprechen, die wir nicht lernen mussten" (MS 58). Dieser latente Sinn der Wahrnehmungswelt weist über sich hinaus, drängt zu einem Ausdruck, der es der Sehenden erlaubt, sich von der konkreten Situation zu lösen und unabhängig, aber nicht losgelöst von der unmittelbaren Wahrnehmung, durch die Sprache und die Ideen immer weitere Regionen der umgebenden Landschaft zu erkunden. Die durch das Zeigen gewonnene Ausdruckskraft erlaubt ihr schließlich, sich im Dialog mit anderen Perspektiven zu verflechten und schließlich in der Reflexion die Welt zu überfliegen.

Die Gebärde eröffnet also eine Welt des Ausdrucks und somit ganz neue Möglichkeiten der Situierung und Orientierung: In der Sprache und im Denken kann sich der Mensch von seiner

[14] Maurice Merleau-Ponty, „[Un inédit de Maurice Merleau-Ponty]", in: PII 36–48, hier 43.

konkreten, partikularen Situation lösen, ohne sie jedoch zu verlassen. Die einzelnen, partikularen Akte des Ausdrucks verweisen, wie Franck Robert in seinem Nachwort zu Merleau-Pontys Vorlesung *Le problème de la parole* zeigt, „auf einen universellen Sinn: gerade wenn man von den sprachlichen Tatsachen ausgeht, wird man ihre Überschreitung entdecken, gerade in der Existenz der Sprachen wird man den Horizont der Universalität entdecken, den sie eröffnen".[15] Wie der Ausdruck vom Zeigen so löst sich auch die Sprache vom Sprechakt, vom Dialog und von der konkreten Situation, an die er gebunden ist. Im Dialog konstituiert sich, wie Merleau-Ponty bereits in der *Phänomenologie der Wahrnehmung* betont, „ein gemeinsamer Boden, mein Denken und seines bilden ein einziges Geflecht, meine Worte wie die meines Gesprächspartners [...] zeichnen sich in ein gemeinsames Tun ein, dessen Schöpfer keiner von uns beiden ist" (PhW 406). Im Dialog hört der andere auf, „ein bloßes Verhalten in meinem transzendentalen Felde" zu sein und die „Perspektiven gleiten ineinander über, wir koexistieren durch ein und dieselbe Welt hindurch" (PhW 406).

Das Geflecht des Dialogs geht aus der stummen Verflechtung der Wahrnehmung hervor, aus der Perspektivität, die durch das Einnehmen eines Ortes bereits vorgezeichnet ist und durch die Wahrnehmung eines anderen Verhaltens aktualisiert wird. Um das Geschehen des Dialogs zu verstehen, müssen wir laut Merleau-Ponty „ein Gespür entwickeln für diese Fäden des Schweigens, mit denen das Gewebe der lebendigen Rede durchwirkt ist" (PW 67, vgl. N 289). Die Verflechtung des Sprechens soll nicht länger als das Senden einer Botschaft von einem Psychismus zum anderen verstanden werden, als Versuch, einen Bewusstseinsinhalt möglichst schadlos in ein anderes Gefäß zu übertragen. In einer solchen Perspektive, die Merleau-Ponty mit der Tradition des modernen Rationalismus assoziiert, wäre

15 Franck Robert, „Postface", in: PP 244.

Sprache nichts weiter als ein möglichst neutrales und transparentes „Kleid des Bewusstseins", das im Idealfall „jede mögliche Äquivokation" ausschließt (KV 24). Dieses Ideal der Sprache als Algorithmus ist jedoch keineswegs eine bloße Verirrung des modernen Rationalismus. Das Ideal einer universellen, eindeutigen Sprache ist vielmehr mit der gesprochenen Sprache bereits mitgegeben und wird durch den modernen Rationalismus nur radikalisiert und expliziert: „Wir verehren alle heimlich dieses Ideal einer Sprache, die uns in letzter Konsequenz von ihr selbst befreit, indem sie uns den Dingen überlässt" (PW 27).

Die gesprochene, die instituierte Sprache will „ein einheitliches Werkzeug für einen umfassenden Ausdruckswillen" werden (PW 61). Sie will in dem Sinn „verfügbar" sein, dass sie „hinterher vortäuscht, sie sei auch in den verfügbaren Beziehungen enthalten gewesen" (Z 129). Doch Sprache ist für Merleau-Ponty nie nur gesprochene, nie nur die „Menge der Bezüge zwischen etablierten Zeichen und verfügbaren Bedeutungen " (PW 36), sondern immer auch sprechende, instituierende Sprache – und als solche verfügt sie über einen Eigensinn, über eine erfinderische Kraft, die sich aus der Wahrnehmung speist. Noch in der alltäglichsten Kommunikation finden sich Spuren dieser sprechenden Sprache, die versucht, mit den „verfügbaren Bedeutungen eine Intention zu erfüllen [...], die grundsätzlich den Sinn der Worte, in die sie sich übertragt, überschreitet und modifiziert und selbst erst letztlich fixiert" (PhW 443). Am reinsten zeigt sich diese schöpferische Seite der Sprache jedoch in der Literatur, dem Gegenpol zum Algorithmus: Die Schriftstellerin dringt ausgehend von einer „noch stummen Intention" (Z 123) unverfroren, mit *aplomb* in den „Sinnabstand" (Z 53), in die „Zwischenräume zwischen den Zeichen" (V 62) vor, in den Bereich des stummen Sinnes, aus dem die Differenzierung der gesprochenen Sprache hervorgeht.

Jeder Ausdruck im Allgemeinen und die Sprache im Besonderen gehen für Merleau-Ponty aus der Wahrnehmung hervor.

Gleichzeitig setzt schon das Zeigen oder der unartikulierte Schrei einen Niveauwechsel voraus, der den latenten Sinn der Gebärde oder des Lauts in ein System von Zeichen und Beziehungen einschreibt und dadurch expliziert. Jeder Sprechakt setzt ein ganzes instituiertes Sprachsystem voraus. Er bedient sich dieses Systems jedoch nicht wie einer Werkzeugkiste, er entnimmt ihm nicht einzelne Elemente, die er dann zu seinen jeweils individuellen Zwecken gebraucht. Durch das Sprechen wechselt die Sprechende vielmehr selbst das Niveau: Sie „treibt sich" [*traîne*], in Merleau-Pontys Worten, „in der Sprache herum" (Z 58).

Durch das Sprechen betritt die Sprechende also eine andere Welt, ohne dabei jedoch die Wahrnehmungswelt zu verlassen: Der Sprechakt produziert ein Aufklaffen zwischen Wahrnehmungs- und Ausdruckswelt, das zugleich Verflechtung ist. Das, was die Sprechende ausdrückt, ist gerade die Wahrnehmungswelt – und das, was sie wahrnimmt, ist wesentlich durch die Ausdruckswelt bestimmt.[16] Wenn Claudel schreibt, „ein gewisses Blau des Meeres sei so blau, dass nur das Blut noch röter ist" (SU 174),[17] dann treibt er sich in der Sprache herum, um eine Erfahrung auszusprechen, die noch nicht sagbar ist. Das, was „wir *sagen wollen*, haben wir nicht außerhalb des Wortes als reine Bedeutung vor uns" (Z 115). Claudels Wahrnehmung des Rot ist nicht nur von den Differenzen geprägt, die die französische Sprache im Farbspektrum setzt, sondern von einer ganzen Kultur- und Literaturgeschichte, von Sedimentierungen der gesamten Menschheitsgeschichte. Und zugleich gibt es in

[16] Dieser Chiasmus relativiert auch Saussures These von der Arbitrarität der Zeichen: Die einzelnen Zeichen sind arbiträr, die Beziehungen zwischen ihnen, das Sprachsystem im Ganzen ist es hingegen nicht, es ist in der Wahrnehmungswelt (die ihrerseits nicht unabhängig von der Ausdruckswelt ist) vorgezeichnet, vgl. dazu auch: Alloa, *La résistance du sensible*, S. 66.

[17] Das Zitat, das in Claude Leforts Ausgabe von *Das Sichtbare und das Unsichtbare* nicht ausgewiesen wird, lautet im Original: „Et ce n'est pas une fois ni deux que le Fils de Zeus [gemeint ist Dionysos] a traversé et retraversé avec furie d'un bord à l'autre cette mer si bleue qu'il n'y a que le sang qui soit plus rouge!" (Paul Claudel, „Protée (permière version)", in: ders., *Théâtre*, hg. v. Jacques Madaule u. Jacques Petit, Bd. 2, Paris: Gallimard 1989, S. 311–357, hier S. 312).

jedem Sprechen einen „Überschuss dessen, was wir erleben, gegenüber dem, was schon gesagt worden ist" (Z 115).

Betrachtet man den Niveauwechsel, die Situierung in der Sprache, von ihrem Ergebnis her, von der gesprochenen Sprache, so wirkt sie wie eine „Modulation" des gesamten Sprachsystems, die ihre Ausdruckskraft aus dem System selbst schöpft, das sie aktualisiert (vgl. Z 112). Betrachtet man den Sprechakt jedoch von seiner schöpferischen Seite, von seiner instituierenden, „positiven und erobernden Funktion" (V 62) her, so zeigt sich, dass die Sprechende, indem sie sich in der Sprache herumtreibt, das bestehende System ausgehend von dem auszudrückenden, latenten Sinn transformiert und neu erfindet. Die Ausdruckskraft gewinnt der Sprechakt aus einem Überschuss, der aber wiederum kein reines, vorsprachliches Erlebnis ist, den es im Anschluss in möglichst univoke und präzise Wortkleider zu hüllen gälte. Die Wahrnehmung, aus der sich die Ausdruckskraft schöpft, ist nur als Überschuss über das bereits Gesagte möglich, als der nicht ausdrückbare Rest, der in den Sinnabständen, in den Zwischenräumen der Zeichen durchscheint. Um diesen Überschuss sagbar zu machen, muss die Sprechende das ganze Sprachsystem, die instituierte Sprache, nicht nur modulieren, sondern wirklich transformieren und neu erfinden. Im Sprechakt wird jedoch nicht nur die gesprochene Sprache transformiert: Auch das, was ausgedrückt werden soll, der Überschuss über die gesprochene Sprache, wird durch die Einschreibung in das Sprachsystem verwandelt. Denn die Sprache ist kein neutrales, transparentes Medium, auch sie hat einen Eigensinn, der die Rätsel der Welt nicht zum Verschwinden bringt, sondern verdoppelt (vgl. SU 131f.).

Es gibt für Merleau-Ponty kein sich selbst durchsichtiges Denken, keinen Geist, der sich konventioneller Zeichen bedient, um einen sicheren Transport seiner Gedanken zu garantieren. Der Geist treibt sich selbst in der Sprache herum, er befindet sich in der Sprachwelt, zwischen den Wörtern, „auf die sich je die ganze Geschichte einer Sprache zusammenzieht und die, nichts garantierend, inmitten der unglaublichsten sprachlichen ‚Zufälligkeiten' die Kommunikation vollziehen" (PhW 223). Um zum Ausdruck zu gelangen, muss sich der Geist dem Zufall aussetzen, er ist „paradoxerweise ein Geist, der sich nur besitzt, indem er sich in der Sprache verliert" (KV 91).

Zusammenfassend kann man mit Merleau-Ponty also sagen, dass es keinen abtrennbaren oder unabhängigen Geist gibt. Es gibt nur eine Sprechende, die in der Sprache situiert ist, so wie es nur eine Sehende gibt, die, selbst sichtbar, in der Wahrnehmungswelt situiert ist. Der Geist oder das Denken gehen dem Ausdruck und der Sprache nicht voraus und können sie deswegen auch nicht als Werkzeug benutzen. Es verhält sich vielmehr umgekehrt: „Jeder Gedanke kommt aus dem Gesprochenen und kehrt dorthin zurück" (Z 23). Noch radikaler formuliert Merleau-Ponty diesen Gedanken in seiner Hommage an den späten Husserl, die er 1959 unter dem Titel „Der Philosoph und sein Schatten" veröffentlichte: „Die logische Objektivität leitet sich von der leiblichen Intersubjektivität her, vorausgesetzt, dass sie als solche vergessen worden ist, wobei sie selbst dieses Vergessen hervorbringt, indem sie sich zur logischen Objektivität entwickelt."[18] Ausgehend von Husserls späten Reflexionen über den Ursprung der Geometrie, auf die Merleau-Ponty seit seinem Archivbesuch im Jahr 1939 immer wieder zurückkommt,[19] behauptete er schon in der *Phänomenologie der Wahrnehmung*, dass selbst „die Idee des Dreiecks mit seinen Eigenschaften [...] ihren geschichtlichen und geographischen Hof" habe (PhW 444). Sie ist das Produkt des schöpferischen

[18] Maurice Merleau-Ponty, „Der Philosoph und sein Schatten", in: Z 233–264, hier 252.

[19] Vgl. Edmund Husserl, „Beilage III" [besser bekannt als: „Die Frage nach dem Ursprung der Geometrie als intentionalhistorisches Problem"], in: *Die Krisis der europäischen Wissenschaften und die transzendentale Phänomenologie* (= Husserliana, Bd. VI), hg. v. Walter Biemel, Den Haag: Martinus Nijhoff 1962, S. 365–386. Merleau-Ponty widmete diesem Text und dem bereits erwähnten „Umsturz der Kopernikanischen Lehre" im Jahr 1959/60 eine seiner letzten Vorlesungen, von der einige, allerdings recht kryptische Notizen erhalten sind, vgl. Maurice Merleau-Ponty, *Notes de cours sur* L'origine de la géométrie *de Husserl*, hg. v. Renaud Barbaras, Paris: Presses Universitaires de France 1998, S. 11–92.

Ausdrucks nicht eines Geistes, sondern eines sehenden und sprechenden Leibes,[20] eines instituierenden Aktes, der wirklich an einem bestimmten Ort und zu einer bestimmten Zeit vollzogen wurde – „und fiele die Tradition, der wir sie verdanken, fielen die Kulturwerkzeuge, die sie uns übermitteln, der Zerstörung anheim, so bedürfte es neuer Akte schöpferischen Ausdrucks, um sie neuerlich in der Welt zur Erscheinung zu bringen" (PhW 444).

Betrachtet man die ganze, in diesem Kapitel skizzierte Bewegung von der Wahrnehmungswelt über die Ausdruckswelt und die Sprache hin zur Welt der Ideen und der Reflexion, die ein immer weiteres Ausgreifen der Orientierung erlaubt, so zeigt sich, dass die Niveauwechsel, die sie durchläuft, von einem konstitutiven Vergessen geprägt sind. Mit jedem Schritt, mit jedem Niveauwechsel eröffnet sich zwar eine weitere Landschaft, gleichzeitig gerät aber die eigene Situiertheit zunehmend aus dem Blick. Schon die gesprochene Sprache erscheint als Zeichensystem, als zeit- und ortlose Struktur und verbirgt so ihre Gebundenheit an einen immer wieder erneuerten instituierenden Akt. Das Reich der Ideen verdeckt seinen Ursprung und seine Gebundenheit an ein konkretes Hier und Jetzt schließlich in einem so hohen Maße, dass dieses Vergessen für die ganze Tradition des modernen Rationalismus konstitutiv werden konnte. Doch es handelt sich, wie Merleau-Ponty immer wieder betont, bei der Reflexion und der auf ihr aufbauenden Reflexionsphilosophie keineswegs um eine bloße Illusion: Sie „wird stets nicht nur eine Versuchung, sondern auch ein Weg sein, dem es zu folgen gilt, weil sie wahr ist in dem, was sie negiert: sie negiert die äußerliche Beziehung zwischen einer

[20] Wenn Merleau-Ponty vom Ausdruck spricht, meint er damit nie den Ausdruck einer Innenwelt, einer Innerlichkeit, sondern immer den Ausdruck der Wahrnehmungswelt. Genauer gesagt meint er „die Eigenschaft eines Phänomens, durch seine innere Anordnung [*agencement*], ein anderes Phänomen zu erkennen zu geben, das selbst nicht, oder sogar nie gegeben ist" (MS 48).

Welt an sich und mir selbst, aufgefasst als ein Prozess von der Art, wie sie im Inneren der Welt ablaufen“ (SU 53).

Der moderne Rationalismus neigte dazu, den Sinn aus der mechanisch oder kausalistisch verstandenen Natur auszuschließen. In der Folge musste er die Wahrnehmung und alles andere menschliche Verhalten als sinnlos und mechanisch begreifen. Dieser Seite des Rationalismus, die sich bis in die zeitgenössischen psychologistischen und positivistischen Philosophien durchhält, entspricht in Merleau-Pontys Augen der ständige Versuch der Reflexionsphilosophie, den aus der Außenwelt ausgeschlossenen Sinn in eine Innenwelt zu retten, in ein Reich des Bewusstseins oder der Freiheit, das sich in der Natur nicht situieren lässt. Ist diese radikale Trennung einmal eingerichtet, sind alle Vermittlungsversuche, wie sie die für Merleau-Ponty klassischen Vertreter Descartes, Kant, Husserl oder Sartre unternommen haben, zum Scheitern verurteilt.

Und dennoch ist die aus dem modernen Rationalismus hervorgegangene Reflexionsphilosophie ein zentraler Bezugspunkt für Merleau-Pontys eigenes Denken. Denn sie hält eine wichtige Lehre bereit: Die Beziehung des wahrnehmenden Subjekts zum Wahrgenommenen, des *cogito* zum *cogitatum* ist ein ausgezeichnetes Verhältnis. Das Wahrnehmungsverhalten ist kein Geschehen unter anderen, es lässt sich nicht auf den blinden Mechanismus der Natur reduzieren, sondern bringt vielmehr selbst diese Welt hervor. Um zu dieser Wahrheit zu gelangen, musste die Reflexionsphilosophie jedoch vergessen, dass die Wahrnehmende selbst Teil der Wahrnehmungswelt ist, dass das Wahrnehmen ein leibliches und situiertes Geschehen ist.

Auch wenn diese Reflexionsphilosophie daher ein notwendiger Ausgangspunkt bleibt, befindet sie sich für Merleau-Ponty dennoch in einem „Stadium der Naivität“, und zwar „weil sie sich über ihre eigene Antriebskraft im Unklaren bleibt“ (SU 56). Es war notwendig, aus der Wahrnehmung ein *cogito*, aus dem wahrgenommenen Ding ein *cogitatum* zu machen, die Welt auf ihr „intelligibles Schema" und den sehenden und sprechenden Leib auf einen „Geist" zu reduzieren (SU 71). Aber gleichzeitig gilt es, ausgehend von dieser instituierten Philosophie die „Öffnung zur Welt" wiederzufinden, um die Reflexion dahin zurückzuversetzen, wo sie tatsächlich stattfindet: in ein Hier und Jetzt. Der moderne Rationalismus hat vergessen, dass auch die Reflexion in der Welt stattfindet, einen bestimmten Sinn hat und bestimmte Zwecke verfolgt. Sie ist nicht die neutrale und transparente Konstitution der Welt, sondern „Rück-kehr, Rück-gewinnung oder Wieder-aufnahme" (SU 69) – und muss sich als solche fragen, worum es bei dieser Wiederaufnahme der Konstitution geht. Die Reflexionsphilosophie auf die Frage nach ihrem Sinn hin zu überschreiten bedeutet für Merleau-Ponty nicht, sie als bloße Illusion zu entlarven, sondern ihren Überflug und Überblick an seinen Ursprung in der Wahrnehmungswelt zu erinnern und sie so vor dem weitesten Horizont eines wilden Seins zu verorten.

Um zu verhindern, dass die Bewegung, die sich von der Wahrnehmungswelt über die Ausdruckswelt bis in die Ideenwelt verfolgen lässt, in eine „sich selbst genügende Ordnung" mündet, „die allem Fragen ein Ende setzt" (SU 52), um den Überflug und Überblick an seine Wurzeln in der Wahrnehmungswelt und an seinen Sinn in der und für die Geschichte zu binden, knüpft Merleau-Ponty mit seiner Philosophie an eine allgegenwärtige Gegenbewegung an. Denn die für die Reflexionsphilosophie konstitutive Trennung zwischen Innen- und Außenwelt, zwischen Natur und Kultur, zwischen Geist und Körper wurde nicht erst in Husserls späten Schriften, sondern immer und überall unterlaufen. Und diese Gegenbewegung hat sich, wie Merleau-Ponty häufig betont, insbesondere in den vorangegangenen fünfzig bis hundert Jahren intensiviert. Der vorläufige Endpunkt dieser Gegenbewegung, die seit dem Aufkommen des modernen Rationalismus versucht, einen Eigensinn in der

Natur zu entdecken, ist für Merleau-Ponty mit der zeitgenössischen Gestalttheorie erreicht.[21]

Um die Beobachtungen dieser Theorie philosophisch fruchtbar zu machen, hatte Merleau-Ponty den Begriff der Natur, verstanden als ein blinder Mechanismus oder als eine Außenwelt, durch den Begriff der Wahrnehmungswelt ersetzt, die weder innen noch außen ist. In dieser Welt gibt es Sinn, der nicht durch eine Innenwelt gesetzt, der kein Produkt des konstituierenden Bewusstseins oder Verstandes ist. Der Name für diesen Sinn ist Gestalt. Von diesem Begriff sagt Merleau-Ponty, er enthalte „den Schlüssel zum Problem des Geistes" (SU 248). Eine Lösung für das Problem des Geistes bietet der Begriff der Gestalt insofern, als er sich nicht nur auf das Wahrgenommene, sondern auch auf das Wahrnehmungsverhalten und auf jedes andere Verhalten anwenden lässt: „Das Verhalten ist kein Ding, aber auch keine Idee, es ist nicht die Hülle eines reinen Bewusstseins, und als Zeuge eines Verhaltens bin ich kein reines Bewusstsein. Genau das meinten wir, als wir sagten, es sei eine Gestalt" (SV 143). Es gibt keinen zeit- und ortlosen Geist, keinen Psychismus, der dem Wahrgenommenen durch seine transzendentale Konstitutionsleistung und dem eigenen Verhalten ausgehend von seiner absoluten Freiheit Sinn verleiht, es gibt überhaupt keine andere, zweite Welt, sondern das

[21] Merleau-Ponty kommt in zahlreichen Texten ausführlich auf die Beschreibungen und Theorien von Max Wertheimer, Wolfgang Köhler, Kurt Koffka, Kurt Lewin und einiger weniger bekannter Gestalttheoretiker zu sprechen. Dieser komplexen und produktiven Auseinandersetzung, die sich über Hunderte Textseiten erstreckt, kann hier keine Gerechtigkeit widerfahren. Mit Blick auf das Thema dieser Untersuchung lässt sie sich aber auf folgende Formel bringen: Merleau-Ponty entnimmt den Forschungen der Gestalttheoretiker_innen einen Begriff der Gestalt als Selbstorganisation eines bestimmten Feldes, deren Sinn nicht oder nicht ausschließlich in einem gesetzgebenden Verstand seinen Ursprung hat. Diese Selbstorganisation entdeckt er, durchaus im Sinne vieler Gestalttheoretiker_innen, in zahlreichen, recht unterschiedlichen Feldern wieder, insbesondere in allen möglichen Formen des menschlichen Verhaltens. Die weitreichenden philosophischen Konsequenzen, die er aus den Beobachtungen der Gestalttheoretiker_innen zieht, stimmen jedoch, wie er selbst seit seinen frühesten Texten betont, nicht mit der expliziten, von den Gestaltpsycholog_innen entwickelten oder vertretenen Philosophie überein. Entgegen Lester Embrees Behauptung orientiert sich Merleau-Pontys Gestaltbegriff nicht ausschließlich, vielleicht nicht einmal in erster Linie an visuellen Gestalten, an Gestalten des Wahrgenommenen, sondern mindestens ebenso sehr an Gestalten des Verhaltens, beispielsweise des Wahrnehmens (vgl. Lester Embree, „Merleau-Ponty's Examination of Gestalt Psychology", in: *Research in Phenomenology*, Bd. 10, 1980, S. 89–120).

Verhalten gestaltet sich selbst, es gewinnt seinen Sinn aus sich selbst, indem es sich organisiert: Eine Gestalt ist für Merleau-Ponty die „spontane Organisation des sensorischen Feldes, das die angeblichen ‚Elemente' von ‚Ganzheiten' abhängig macht, die selbst wieder in noch größere Ganzheiten eingegliedert sind. Diese Organisation ist nicht wie eine Form, die sich einer heterogenen Materie überstülpt; es gibt keine Materie ohne Form. Es gibt nur mehr oder weniger stabile, mehr oder weniger gegliederte Organisationen."[22]

All das, was von der Reflexionsphilosophie als Geist begriffen wurde, ist nichts anderes als die Gesamtgestalt des Verhaltens, die Merleau-Ponty als Leib bezeichnet. Beobachtet man das Verhalten der anderen, so beobachtet man tatsächlich die anderen selbst – und nicht etwa körperliche Anzeichen, die Rückschlüsse auf einen Geist zulassen, Gewohnheiten, die auf bestimmte Charakterzüge, oder unvorhergesehene Entscheidungen, die auf eine absolute Freiheit hinweisen.[23] Das Wahrnehmungsverhalten gestaltet sich, indem es Gestalten wahrnimmt, insbesondere die Gestalten des Verhaltens anderer. Schon die fundamentalsten, vermeintlich natürlichen Verhaltensformen sind daher ein Produkt der Kultur: Sie unterhalten unsichtbare Verbindungen zu den anderen Menschen.

Wenn es sich als Zeigen, Sprechen oder als Reflexion gestaltet, lässt sich das menschliche Verhalten nur unter der Voraussetzung bestimmter unsichtbarer Strukturen verstehen. Diese Strukturen machen allerdings keine zweite, intelligible Welt aus, sondern sind die unsichtbare Kehrseite der sichtbaren Welt (vgl. N 290). Sie entstehen durch die Verflechtung der

[22] Maurice Merleau-Ponty, „Die Natur der Wahrnehmung", in: PrW 10–25, hier 17; vgl. KV 193, MS 107, E 425.

[23] Freilich sieht man nur einen Aspekt, doch die Behauptung der anderen Aspekte ist für Merleau-Ponty gerade kein Rückschluss oder Verstandesurteil, sondern das Sehen der anderen selbst. Die andere zu sehen bedeutet für Merleau-Ponty einen Aspekt zu sehen (und die anderen Aspekte mitzusehen oder zu behaupten). Jede Vorstellung von einer anderen, die sie irgendwie unabhängig von der eigenen Perspektive, etwa als Objekt oder als Vernunftwesen begreift, ist für Merleau-Ponty schon eine nachträgliche Abstraktion von dem primären, perspektivischen und leiblichen Wahrnehmungsgeschehen.

Perspektiven, der unsichtbaren, aber im Sichtbaren verorteten Kehrseiten des Leibes, die jedem Verhalten ihren Sinn verleihen. Alle Strukturen – und selbst noch das System der geometrischen Erkenntnisse – werden durch ein bestimmtes Verhalten in der Wahrnehmungswelt gestiftet und durch bestimmte, zu konkreten Leibern gestalteten Verhaltensweisen tradiert und am Leben erhalten.[24]

Die Gestalt oder der Sinn jedes einzelnen Verhaltens lässt sich nur als Ausdruck eines situierten Leibes verstehen, als Ausdruck der Gesamtgestalt zahlloser Verhaltensweisen, durch die er in die gesamte Geschichte verflochten ist und sich aktiv in ihr situieren und orientieren kann. Die Tradition des modernen Rationalismus sah sich hingegen gezwungen, das Verhalten analog zur Wahrnehmung auf atomare Reize zu reduzieren: Sie zerlegte es „solange, bis man auf ‚Elementarvorgänge' stößt, bestehend aus einem Reiz und einer Reaktion, die in der Erfahrung stets zusammen auftreten" (SV 12). Auf diese Weise ließ sich das Verhalten als „Wirkung der Umwelt behandeln" (SV 14), als Produkt oder genauer gesagt „Reflex" des blinden und sinnlosen Mechanismus der Natur (vgl. SV 7f.). Je stärker das Verhalten so einem Determinismus unterworfen schien, desto welt-, zeit- und ortloser wurde im Umkehrschluss die menschliche Freiheit und Vernunft, das Reich des Geistes gedacht – je unerbittlicher die Fremdbestimmung, desto absoluter die Selbstbestimmung.

Da „alle Reaktionen, die uns bekannt sind, Reaktionen auf einen Reizkomplex darstellen" (SV 15), handelt es sich bei der Annahme eines Elementarvorgangs jedoch, so der zentrale Einwand von Merleau-Pontys erstem Buch *Die Struktur des Verhaltens,* um eine künstliche und nachträgliche Konstruktion.

[24] Für diese Tradierung ist, wie Merleau-Ponty im Anschluss an den späten Husserl betont, die Sprache unersetzlich: „Wahr ist […] – und dies rechtfertigt auch die Ausnahmestellung, die man der Sprache einzuräumen pflegt –, dass die Sprache der einzige Ausdrucksvollzug ist, der der Sedimentierung und der Konstitution intersubjektiver Erwerbe fähig ist" (PhW 224f.).

Nicht nur das fundamentale Wahrnehmungsverhalten im Besonderen, sondern das menschliche Verhalten im Allgemeinen lässt sich also nicht als „Mosaik von autonomen Prozessen“ begreifen, „die miteinander interferieren und [sich wechselseitig] korrigieren“ (SV 24). Weder auf der Seite der vermeintlich atomaren Empfindungen oder Reize noch auf der Seite der Reaktionen lassen sich irgendwelche Elementarprozesse beobachten. Es gibt nie und nirgends einen Geist, der eine Rotempfindung erfährt, die einen revolutionären Reflex auslöst, sondern einen konkreten und situierten Leib, der eine rote Fahne sieht, die sich nicht nur vor dem Hintergrund eines ganzen Sicht- und allgemeiner noch Wahrnehmungsfelds, sondern von einer ganzen, kulturell geprägten Farbwelt abhebt und sich nur einem aktiven Zugriff, einem Hinsehen eröffnet, das sich dem Rot angleicht. Der Reiz ist selbst schon das Produkt einer ersten Reaktion,[25] als „Reizgestalt“ lässt er sich weder von den anderen Reizelementen dieser Gestalt noch von der konkreten Situation und dem Wahrnehmungsverhalten in dieser Situation trennen, das wiederum durch die individuelle und kulturelle Geschichte bestimmt ist.[26] Als Reizgestalt ist er eingebettet in eine „Gesamtgegenwart der Situation“, die den „einzelnen Reizen erst ihren Sinn“ verleiht (PhW 104). Und dasselbe gilt auch für die Reaktion auf diesen Reiz: Auch sie hat eine bestimmte Gestalt, die sich niemals unabhängig von der

[25] Merleau-Ponty präzisiert: „Die Reizerregung ist nämlich selbst schon eine Reaktion und nicht eine Wirkung, die von außen in den Organismus eindringt, sie ist der erste Akt seiner Eigenbetätigung“ (SV 33).

[26] Die Selbstorganisation der Wahrnehmung ist demnach kein Prozess, der sich nur zwischen verschiedenen Elementen des Wahrgenommenen abspielt, das Wahrnehmen ist vielmehr selbst darin involviert. Das Verhältnis zwischen dem Wahrnehmungsverhalten und dem Wahrgenommenen darf allerdings nicht als Formgebung oder als Konstitutionsleistung verstanden werden. Man könnte es also, wie Benjamin Sheredos in seiner penibLen Lektüre von *Die Struktur des Verhaltens* vorgeschlagen hat, als ein „dialektisches Verhältnis“ bezeichnen, allerdings nur, wenn man zuvor geklärt hätte, was Merleau-Ponty unter Dialektik versteht und vor allem nicht versteht – ein Punkt, auf den ich im fünften Kapitel zurückkommen werde (vgl. Benjamin Sheredos, „Merleau-Ponty's Immanent Critique of Gestalt Theory“, in: *Human Studies*, Bd. 40, 2017, S. 191–215; vgl. dazu die entsprechende Stelle: SV 184).

Gesamtgegenwart der Situation und von der gesamten darin sedimentierten Geschichte begreifen lässt.

Was Merleau-Ponty hier als Gesamtgegenwart der Situation oder auch, etwas konventioneller, als „Körperschema" (PhW 126) bezeichnet, ist nur ein anderes Wort für den Leib. Leibhaft zu existieren bedeutet, einen Ort und dadurch eine Perspektive einzunehmen. Doch der Leib nimmt einen Ort nicht so ein, wie ein physikalischer Körper über ein bestimmtes Volumen verfügt, auch nicht wie ein Punkt in Raum und Zeit, sondern dadurch, dass er sich orientiert und situiert. Der Leib ist für Merleau-Ponty die Antwort auf die Fragen *Wie viel Uhr ist es?* und *Wo bin ich?* Diese Antwort gibt er allerdings nur, insofern er gelernt hat, einen Ort in der Wahrnehmung-, Ausdrucks- und Sprachwelt und in der Geschichte im Ganzen einzunehmen. Der Leib kann nur insofern „eine ‚Gestalt' sein [...], als er auf seine Aufgabe hin polarisiert ist, *auf* diese *hin existiert* und auf sich selbst sich zusammennimmt, um sein Ziel zu erreichen" (PhW 126).

Als Gestalt nimmt der Leib seinen Ort und seine Perspektive nicht durch sein bloßes Vorhandensein ein, sondern durch das Erlernen und Einüben aller Ebenen des menschlichen Verhaltens. Und wie im Fall der berühmten Kippbilder erlaubt der Gestaltbegriff die verschiedenen Niveauwechsel zu denken, ohne sie undifferenziert auf physikalische Elementarvorgänge zu reduzieren oder in ein ort- und zeitloses Reich des Geistes zu verbannen: „Die Entwicklung schreitet von *Gestaltung zu Gestaltung* voran, wie ein Schriftsteller allmählich und in kleinen Schritten seine Sprache ausbildet" (KV 301). Der Übergang ist fließend und sprunghaft zugleich: In einem Moment imitiert das Kind die Zeigegeste, um im nächsten Moment wirklich zu zeigen und den eigenen Leib und den Leib der anderen mit einem Satz in einem ganz neuen Raum zu verorten. Der Moment des Niveauwechsels von der Imitation zum Ausdrucksverhalten lässt sich zwar, wie das Umschlagen eines Kippbildes, nicht exakt situieren, es gibt aber dennoch einen Sprung: Das Zeigen setzt ein ganzes Ortssystem, in dem alle Elemente wechselseitig aufeinander verwiesen sind und das daher nur durch einen abrupten Niveauwechsel erreicht werden kann.

Es handelt sich bei diesem Sprung nicht um das Erwachen eines Geistes, sondern um eine Gestaltung des Verhaltens, die immer auch eine Gestaltung der Welt ist: Die Neugestaltung der Wahrnehmung ist eine Neustrukturierung des Wahrgenommenen, der Reizgestalten und ermöglicht wiederum ganz neue Reaktionen, ganz neue Möglichkeiten, die wahrgenommene Welt umzugestalten, zu bearbeiten. Und diese Gestaltwechsel lassen sich laut Merleau-Ponty nicht nur in der individuellen Entwicklungsgeschichte, sondern auch in einer umfassenderen Kultur- und Menschheitsgeschichte beobachten: „Mit der Gestalt tritt also ein Prinzip der Diskontinuität auf, und damit sind die Bedingungen gegeben für eine Entwicklung in Sprüngen und Krisen, für ein Ereignis, eine Geschichte“ (SV 156).

Einen Ort in dieser Geschichte einzunehmen bedeutet für Merleau-Ponty, durch die Gestaltung des eigenen Leibes, durch die Gestaltung der zahllosen Verhaltensweisen die Gestalten der umgebenden Landschaft zu erkennen und zu verändern. Weil diese Landschaft von Strukturen des Ausdrucks, der Sprache, der Kultur, der Politik und der Weltgeschichte bestimmt sind, setzt diese Orientierung zahlreiche Niveauwechsel voraus – und damit zahlreiche Diskontinuitäten. Um sich schließlich vor dem weitesten Horizont der Geschichte zu verorten und zu orientieren, bedarf es eines überfliegenden Bewusstseins, das die Gestalten der Geschichte erkennt. Genau das ist nun für Merleau-Ponty die Definition des Marxismus, die es im folgenden Kapitel mit Leben zu füllen gilt. „Marxist sein“ heißt für ihn, „die Geschichte als eine *Gestalt* ansehen [...], als einen totalen Prozess, der sich einem Zustand des Gleichgewichts nähert, der klassenlosen Gesellschaft, die zwar ohne die Anstrengung und die Aktion der Menschen nicht erreicht werden kann, sich jedoch in den gegenwärtigen Krisen als Aufhebung dieser Krisen abzeichnet“ (HTII 35f.).

Das überfliegende Bewusstsein, das diese Gestalten erkennt, muss jedoch ständig an seine leiblichen Ursprünge in der Wahrnehmungswelt und an seinen politischen Sinn erinnert werden, daran, dass es in einem Hier und Jetzt verortet und dadurch dem Zufall ausgesetzt ist. Durch das konstitutive Vergessen der Situiertheit besteht ständig die Gefahr einer „Mystifizierung“.[27] Genauer gesagt läuft dieses Bewusstsein der Gestalten der Geschichte, in der Merleau-Ponty einen entscheidenden Zug der modernen Philosophie erblickt, Gefahr, zu einem Dogma, zu einer lediglich instituierten Philosophie zu erstarren. Ein solches in Merleau-Pontys Sinn revolutionäres Bewusstsein muss also ständig wieder an die Wahrnehmungswelt und den Zufall, an die eigene Situierung und Orientierung im wilden Sein zurückgebunden werden. Kurz gesagt muss die Lehre immer auf eine Politik hin überschritten werden. Und Politik bedeutet für Merleau-Ponty zuallererst eine „Politik des Möglichen“: „[D]a wir die Zukunft nicht *wissen*, können wir weiter nichts tun, als nach reiflicher Überlegung in unsere Richtung vorstoßen. Doch das mahnt uns an den Ernst der Politik, zwingt uns, statt einfach unseren Willen zu beteuern, in den Dingen mühsam nach der Gestalt zu suchen, die er dort annehmen soll“ (HT 29). Die Kunst des Möglichen besteht darin, den Sinn der Geschichte nicht aus einer Lehre abzuleiten, sondern immer wieder von Neuem aus den sich darbietenden kulturellen Gestalten zu schöpfen.

Eine kulturelle Gestalt ist für Merleau-Ponty immer auch eine „Umgestaltung der Natur“ (Z 176). Schon der mimische Gebrauch des Leibes eröffnet mehr als nur die Möglichkeit,

[27] Das konstitutive Vergessen bezeichnet Merleau-Ponty auch als das „Phänomen der Mystifizierung“: Es lässt sich darauf zurückführen, „dass jedes Bewusstsein ein privilegiertes Bewusstsein einer ‚Gestalt‘ ist und eine Tendenz zeigt, ihren Hintergrund zu vergessen, ohne den ihr doch kein Sinn zukäme“ (KV 405).

einen latenten Sinn zum Ausdruck zu bringen. Weil das Zeigen die Perspektivität expliziert, weil es dem sich darbietenden Bild einen diakritischen Sinn verleiht und es so in eine Struktur von Orten und möglichen Anblicken einschreibt, eröffnet es zugleich die Möglichkeit einer bewussten, kulturellen Umgestaltung der Wahrnehmungswelt, für die Merleau-Ponty „den Hegelschen Terminus der ‚Arbeit'" wählt, „der die Gesamtheit der Tätigkeiten bezeichnet, mit denen der Mensch die physische und belebte Natur umgestaltet" (SV 186).

Der Ausdruck erlaubt der Sehenden nicht nur zu sprechen, zu erkennen und zu reflektieren, sondern auch die Welt gemäß ihren Ansichten und Ideen (und nicht nur gemäß ihren unmittelbaren Bedürfnissen) umzugestalten. Der Sinn der so verstandenen Arbeit besteht für Merleau-Ponty darin, „über die aktuelle Umwelt hinaus eine Welt von Dingen wiederzuerkennen, sichtbar für jedes Ich unter einer Vielzahl von Aspekten, und einen unbegrenzten Raum und eine unbegrenzte Zeit in Besitz zu nehmen" (SV 201). Sowohl die Sprache als auch die Arbeit versteht er also als Verhaltensweisen, die der Orientierung und der Situierung dienen, sie verändern die Natur, die nichts anderes als die kulturell geprägte und aktiv gestaltete Wahrnehmungswelt ist.

In dem Moment, in dem die Kultur aus der Natur hervorgeht, beginnt auch die Natur aus der Kultur hervorzugehen. In den Worten von Iris Därmann gehen das „natürlich und das kulturell Genannte" aus demselben „Polymorphismus des wilden Seins" hervor.[28] Das wilde Sein, das den weitesten Horizont für die Situierung und Orientierung der instituierenden Philosophie abgibt, ist ein Aspekt der Landschaft, der nicht direkt zugänglich ist: Er wird sichtbar und nimmt Gestalt an in der immer neuen Trennung und Verflechtung, in dem immer neu artikulierten „Durcheinander" (Z 176) von Natur und Kultur.

[28] Iris Därmann, „Back for more: Die Möglichkeit der Gabe als Erfindung des Anderen", in: Regula Giuliani (Hg.), *Merleau-Ponty und die Kulturwissenschaften*, München: Fink 2000, S. 283–303, hier S. 297.

Die verschiedenen Ausdruckswelten oder Kulturen, die aus diesen zeitlich und räumlich lokalisierten Verflechtungen hervorgehen, die also an instituierende Akte, an Leiber und Artefakte gebunden sind, die diese Institutionen am Leben erhalten, schöpfen sich alle aus derselben Wahrnehmungswelt. Weil sie nicht nur Wiedergeburt des latenten Sinns der Wahrnehmungswelt, sondern gleichzeitig Geburt und Schöpfung sind, schreiben sie sich in eine Welt ein, in ein wildes Sein, dessen Sinn sich nicht unmittelbar wahrnehmen lässt. Dieses wilde Sein erfordert eine andere Art von Sehen, das in diesen Trennungen und Verflechtungen Gestalten erblickt: unterschiedliche Versuche, sich vor dem Horizont der Geschichte zu situieren und zu orientieren. In diese Sphäre kann die Philosophie nur vordringen, wenn sie ihre eigene Grundhaltung zur Geschichte infrage stellt oder besser infrage stellen lässt. Hält sie nur an einer Lehre von der Geschichte, an einem konstituierten und erkennbaren Sinn der Geschichte fest, muss sie alle anderen Kulturen anhand der eigenen Trennung, Verflechtung und Durchmischung von Natur und Kultur und in einer eindeutigen, beispielsweise fortschrittlichen Bewegung dieser Geschichte situieren.

Um in jene „wilde Region" vorzudringen, in der die Philosophie „mit den anderen Kulturen in Verbindung steht" (Z 172), muss sie einerseits die anderen Kulturen aus der Ferne, wie im Überflug betrachten, andererseits aber muss sie auch herabsteigen und dem kulturell Fremden aus nächster Nähe begegnen: Sie muss sich dem Unvorhergesehenen der Begegnung aussetzen und „von einer anderen Kultur belehren lassen" (Z 172). So wie das überfliegende Bewusstsein durch das Ernstnehmen des Sehens an seine Wurzeln in der Wahrnehmungswelt erinnert wird, eröffnet die Ethnologie, von der Merleau-Ponty immer wieder betont, sie betreffe keinen „Sondergegenstand", sondern eine „Denkweise", die „eine Wandlung unserer selbst abverlangt" (Z 171), einen Horizont des wilden Seins, in dem zufällige

Begegnungen mit dem kulturell Fremden den konstituierten Sinn der Geschichte infrage stellen können.

Wenn Merleau-Ponty von Ethnologie spricht, hat er vor allem die strukturale Anthropologie seines Kollegen Claude Lévi-Strauss im Auge, dessen Berufung an das Collège de France im Jahr 1958 er mit großem Einsatz forciert hatte.[29] Ausgehend von seinen ethnografischen Forschungen und Begegnungen schlug Lévi-Strauss in seiner Anfang 1960 gehaltenen Antrittsvorlesung am Collège de France vor, die althergebrachte Unterscheidung zwischen (schrift- und geschichtslosen) primitiven und zivilisierten Kulturen durch die Unterscheidung von warmen und kalten Gesellschaften zu ersetzen. Die konkreten Begegnungen, die er in seinem berühmten Reisebericht schilderte, stellten für Lévi-Strauss eine Art Abstieg zum Ausgangspunkt für den notwendigen *survol* dar: Sie erlaubten ihm, die Kategorien einer marxistischen Geschichtsphilosophie infrage zu stellen – um anschließend zu einem neuen überfliegenden Blick aus der Ferne anzuheben.[30] Die beobachteten Kulturen erschienen nicht länger als unterentwickelte Naturvölker, sondern als eigenständige und stabile Strukturen, die sich „dem Nullpunkt der historischen Temperatur" annähern.[31] In seinem 1962 erschienenen und Merleau-Ponty gewidmeten Buch *Das wilde Denken* präzisiert er diese Unterscheidung folgendermaßen: Die kalten Gesellschaften „versuchen dank den Institutionen, die sie sich geben, auf gleichsam automatische Weise die

[29] Vgl. dazu: Claude Lévi-Strauss, „Begegnungen mit Merleau-Ponty", übers. v. Alexandre Métraux, in: Alexandre Métraux u. Bernhard Waldenfels (Hg.), *Leibhaftige Vernunft. Spuren von Merleau-Pontys Denken*, München: Fink 1986, S. 29–36, hier S. 29f.

[30] In einer zu wenig beachteten Stelle, die Merleau-Ponty sicherlich mit besonderem Interesse gelesen hat, beschreibt Lévi-Strauss in den *Traurigen Tropen* den Sinn der marxistischen Kritik als den vorletzten Schritt in „einer Reihe von Etappen, von denen jede von einem geringeren zu einem größeren Sinn führt". Als letzten Schritt über die marxistische Kritik hinaus gibt es für Lévi-Strauss nur noch die „absolute Verweigerung des Sinns", die er mit einer „buddhistischen Kritik" identifiziert (Claude Lévi-Strauss, *Traurige Tropen*, übers. v. Eva Moldenhauer, Frankfurt a.M.: Suhrkamp 1981, S. 409).

[31] Claude Lévi-Strauss, „Das Feld der Anthropologie [Antrittsvorlesung am *Collège de France* vom 5.1.1960]", in: ders., *Strukturale Anthropologie II*, übers. v. Eva Moldenhauer, Hanns Henning Ritter u. Traugott König, Frankfurt a.M.: Suhrkamp 1999, S. 11–44, hier S. 40.

Wirkung zu annullieren, die die historischen Faktoren auf ihr Gleichgewicht und ihre Kontinuität haben könnten". Sie versuchen, ihre Struktur zu erhalten, indem sie den Eigensinn der Natur durch eine unabschließbare Bastelei, durch fortdauernde Ausbesserungsarbeiten an ihrem unbeständigen und flexiblen mythologischen, sozialen und klassifikatorischen System aufzufangen. Die warmen Gesellschaften hingegen „interiorisieren entschlossen das historische Werden, um es zum Motor ihrer Entwicklung zu machen".[32] Sie versuchen, die Macht der Geschichte aktiv zur Transformation, ja zur Revolution ihrer eigenen Struktur zu nutzen.

Wenn Lévi-Strauss im Anschluss an die konkreten Begegnungen seiner Reisen die Geschichte erneut aus weiter Ferne und in einer umfassenden Perspektive betrachtet, muss er die marxistische Geschichtsphilosophie, die einen klaren Sinn in der Geschichte auszumachen meint, revidieren. Es zeigen sich zwei grundsätzlich verschiedene Gesellschaftstypen, die durch keine progressive oder dialektische Entwicklung verbunden sind, die unterschiedliche und unvereinbare Grundhaltungen zur Geschichte einnehmen. In dem stabilen Zustand der kalten Gesellschaften hätte die Menschheit bis in alle Ewigkeiten verharren können, hätte sie nicht, wie Jean-Jacques Rousseau, für Lévi-Strauss der „Begründer der Wissenschaften vom Menschen",[33] es formulierte, ein „Blitz, ein Vulkan oder ein glücklicher Zufall" aus ihrer Selbstgenügsamkeit gerissen.[34] Dieser Zufall der „neolithischen Revolution" brachte einen ganz

[32] Claude Lévi-Strauss, *Das wilde Denken*, übers. v. Hans Naumann, Frankfurt a.M.: Suhrkamp 1973, S. 270.

[33] „Rousseau hat sich nicht darauf beschränkt, die Ethnologie vorherzusehen: er hat sie begründet. Praktisch zunächst dadurch, dass er den *Diskurs über den Ursprung und die Grundlagen der Ungleichheit unter den Menschen* schrieb, der das Problem der Beziehungen zwischen Natur und Kultur stellt und den man als den ersten Traktat der allgemeinen Ethnologie ansehen darf" (Claude Lévi-Strauss, „Jean-Jacques Rousseau, Begründer der Wissenschaften vom Menschen", in: ders., *Strukturale Anthropologie II*, übers. v. Eva Moldenhauer, Hanns Henning Ritter u. Traugott König, Frankfurt a.M.: Suhrkamp 1999, S. 45–56, hier S. 46).

[34] Jean-Jacques Rousseau, *Diskurs über die Ungleichheit. Discours sur l'inégalité*, hg. u. übers. v. Heinrich Meier, Paderborn: Schöningh 2008, S. 177.

neuen „Gesellschaftstypus" hervor, „in dem die differentiellen Abstände zwischen den Menschen – einige herrschen, andere werden beherrscht – dazu benutzt werden konnten, in einem bisher undenkbaren und ungeahnten Rhythmus Kultur zu schaffen".[35]

In einer Interviewreihe, die er nur wenige Monate vor seiner berühmten Antrittsvorlesung gab und die im Oktober, November und Dezember 1959 im französischen Radio ausgestrahlt wurde, bestimmte Lévi-Strauss das Verhältnis der warmen zu den kalten Gesellschaften in Analogie zu dem Unterschied zwischen thermodynamischen Dampfmaschinen und mechanischen Uhren: Die nach der neolithischen Revolution auftretenden warmen Gesellschaften erzeugen eine unvergleichlich größere Menge an Entropie als die vermeintlich statischen, kalten Gesellschaften. Diese konstante Erzeugung von Energie und Ungleichgewicht erfordere selbst wiederum „ein potentielles Gefälle, das durch verschiedene Formen sozialer Hierarchie entsteht, handle es sich nun um Sklaverei, Leibeigenschaft oder Klassenunterschiede".[36] Damit ist freilich kein abschließendes Urteil über die warmen Gesellschaften gefällt, denen nicht nur der kapitalistische Westen, sondern auch die Sowjetunion zuzurechnen ist. Die zufälligen Begegnungen des Ethnologen stellen aber die Notwendigkeit der neolithischen Revolution – und implizit aller weiteren dadurch möglich gemachten Fortschritte und Revolutionen – infrage.

Mit Merleau-Ponty kann man sagen, dass Lévi-Strauss den Horizont seiner Kultur überschreitet, indem er in die wilde Region vordringt, in welcher die eigene warme Kultur nur noch eine Gestalt unter anderen ist. Diese wilde Region, in der sich die Philosophie mithilfe der Ethnologie orientieren und situieren will, ist für Merleau-Ponty nichts anderes als

[35] Lévi-Strauss, „Das Feld der Anthropologie", S. 41.

[36] Claude Lévi-Strauss, *„Primitive" und „Zivilisierte". Nach Gesprächen aufgezeichnet von Georges Charbonnier*, übers. v. Alfred Kuoni u. Katrin Reinhart, Zürich: Die Arche 1972, S. 34.

die Geschichte. Allerdings handelt es dabei nicht um eine Geschichte, „die das gesamte Feld des Menschlichen aus lokalisierten und datierten Ereignissen einer seriellen Zeit und aus Augenblicksentscheidungen zusammensetzen möchte, sondern um eine Geschichte, die sehr wohl weiß, dass der Mythos und die legendäre Zeit immer noch unter anderen Formen die menschlichen Unternehmungen heimsuchen, eine Geschichte, die diesseits oder jenseits der parzellierten Ereignisse auf die Suche geht und die sich eben strukturale Geschichte nennt" (Z 176). In dieser Geschichte erscheint die Gestalt der eigenen Gesellschaft als „kontingenzbehaftete Form", die „plötzlich eine zukunftsträchtige Entwicklung anbahnt und sie mit der Autorität einer instituierten Instanz steuert" (Z 176). Die anderen, kalten Gesellschaften stehen der Kontingenz offener gegenüber: Ihre Institutionen reagieren beständig auf eine ungewisse Zukunft, die sich der Kontrolle entzieht. Die Philosophie sieht sich hier mit Institutionen konfrontiert, die eine radikal andere Grundhaltung zur Geschichte zum Ausdruck bringen. Sie geben Anlass, die eigene Haltung zur Geschichte, die eigene Situierung und Orientierung zu hinterfragen.

Zusammenfassend kann man also sagen, dass die in diesem Kapitel verfolgte Bewegung von einem noch ganz fremdbestimmten, tierischen hin zu einem vollkommen selbstbestimmten, vernünftigen Verhalten, von der Natur zur Kultur, von einem bloßen Reflex hin zur Revolution tatsächlich keinen Aufstieg, sondern eine Verflechtung darstellt. Selbst die umfassendste, die neolithische Revolution ist womöglich vom Zufall geprägt, nicht einmal der Übergang von den kalten zu den warmen Gesellschaften stellt eine Notwendigkeit dar. Die neolithische Revolution lässt sich weder als ein selbstbestimmter Akt der Freiheit oder als notwendiger Schritt einer teleologischen Geschichte der Befreiung von den Naturzwängen noch als bloßer Reflex eines zufälligen Wandels der sublunaren Sphäre begreifen. Und ebenso wenig stellen die kopernikanische, die cartesianische, die Französische und die Russische Revolution ihre notwendigen Folgen dar. Wie bereits angedeutet, ist der für die philosophische Orientierung notwendige Aufstieg keine Bewegung der allmählichen Loslösung oder Befreiung von der Natur oder der Wahrnehmungswelt, sondern ein Ineinander: „Beim Menschen ist – wie immer man zu sagen vorzieht – alles hergestellt oder alles natürlich, insofern kein Wort, kein Verhalten des Menschen ist, das nicht einiges dem einfach biologischen Sein verdankte – und nicht doch in eins der Einfachheit animalischen Lebens sich entzöge“ (PhW 224). Selbst noch in der revolutionären Situation, dem Moment der größten Offenheit und Unbestimmtheit, in dem größte Selbstbestimmung möglich scheint, verhalten sich die Protagonisten reflexhaft und fremdbestimmt: „Nicolaus II. spielt, fast wörtlich noch die Worte Ludwigs XVI. wiederholend, die längst geschriebene Rolle der überkommenen Herrschaft einer neuen Macht gegenüber. Seine Entschlüsse sind Ausdruck des Apriori eines bedrohten Fürsten, so wie Reflexe Ausdruck eines spezifischen Apriori sind“ (PhW 112f.). Einen reinen, atomaren Reflex gibt es nur in höchst artifiziellen Versuchsanordnungen, eine reine Revolution gibt es nur für ein vermeintlich losgelöstes überfliegendes Bewusstsein. In der Geschichte gibt es weder das eine noch das andere: Jeder Reflex hat ebenso wie der auslösende Reiz eine Gestalt, die sich nie vollständig von der kulturellen und geschichtlichen Situation loslösen lässt, jede Revolution verfällt in bestimmte Muster, lässt sich von kulturellen, möglicherweise sogar von natürlichen Reflexen bestimmen.[37] „So ist die Geschichte“ in den Worten von Merleau-Ponty „weder beständige Neuheit noch beständige Wiederholung, sondern

[37] Diese Eigendynamik der Revolution, die sich den Entscheidungen und der Selbstbestimmung der Protagonisten entzieht, beobachtet Merleau-Ponty bereits in der *Phänomenologie der Wahrnehmung*. Ausführlicher kommt er auf die Frage in seinen im engeren Sinne politischen Schriften zurück, die in den folgenden beiden Kapiteln im Mittelpunkt stehen.

die *einzige* Bewegung, die feste Formen schafft und wieder zerbricht“ (PhW 113).

Innerhalb dieser und für diese Geschichte sind der Reflex und die Revolution die Extrempunkte der Fremd- und Selbstbestimmung, die in ihrer Reinform normalerweise nicht angetroffen werden, zwischen denen sich aber alles menschliche Verhalten abspielt. Tatsächlich löst sich der Mensch nie, nicht einmal im vermeintlich freiesten Verhalten, etwa in der revolutionären Tat, von seiner natürlichen Basis. Und umgekehrt ist selbst das vermeintlich natürlichste, reflexhafte Verhalten, etwa die instinktive Aufmerksamkeit für die Signalfarbe Rot, schon von dem ganzen vermeintlichen Überbau der Kultur und den Sedimentierungen der Geschichte durchdrungen: „Das Auftreten von Vernunft und Geist lässt nicht im Menschen eine in sich geschlossene Instinktsphäre unangetastet fortbestehen“ (SV 207). Die fundamentale Verflochtenheit und fortgesetzte Verflechtung verunmöglicht eine „klare Grenze zwischen dem triebhaften und dem intelligenten Verhalten“ (KV 172).

Weder gibt es für Merleau-Ponty also eine absolute Freiheit, die durch ihre Gebundenheit an den Leib eingeschränkt wird, noch ist die Freiheit eine bloße Illusion, die sich auf natürliche, gesellschaftliche oder geschichtliche Vorgänge zurückführen lässt. Es gibt nur eine wilde Freiheit, die aus der allgegenwärtigen Verflechtung hervorgeht, ohne selbst jemals zu einem gesicherten Besitz zu werden (vgl. PhW 496). Alles menschliche Verhalten lässt sich aus der Vergangenheit erklären, „aus meiner Vergangenheit, meinem Temperament, meinem Milieu“, aus dem organischen und instinkthaften Unterbau. Aber diese Erklärung ist nur unter der Voraussetzung wahr, dass man all diese Fremdbestimmungen als Momente der eigenen Situation versteht, „deren Sinn in verschiedenen Richtungen auszulegen mir freisteht, ohne dass je zu entscheiden wäre, ob ich es bin, der ihnen ihren Sinn gibt, oder ob ich diesen von ihnen empfange“ (PhW 517). Für eine Politik der Wahrnehmung ist die

Auslegung, die der Situation einen Sinn gibt, nicht willkürlich, sondern orientiert sich an einem Sinn, der sich bereits abzeichnet, aufdrängt und manchmal sogar aufzwingt. Dieser latente, sich abzeichnende Gesamtsinn der Situation geht den einzelnen biologischen, persönlichen, kulturellen Momenten voran und kann nur durch die und in der Auslegung bestimmend werden.

Die Gesamtgestalt der Situation geht nicht nur sämtlichen, lediglich nachträglich isolierbaren natürlichen und kulturellen Momenten voraus, sondern auch der Trennung zwischen einem wahrnehmenden oder auslegenden Bewusstsein und dem Wahrgenommenen oder Interpretandum. Weil Merleau-Ponty das Phänomen der Gestalt, so wie es ihm in der zeitgenössischen Gestaltpsychologie begegnete, ernst nahm, führte es ihn seiner eigenen Aussage nach auf die „Hegelsche Bedeutung" des Gestaltbegriffs zurück. In dieser Bedeutung meint Gestalt gerade die „Natur", verstanden als „Begriff, bevor er Selbstbewusstsein geworden ist" (SV 244). Weil der Begriff jedoch als Begriff kein Äußeres habe, muss die Gestalt konsequenterweise selbst „als Einheit von Innerem und Äußerem, von Natur und Idee" gedacht werden (SV 244). Das Bewusstsein, „*für* das die Gestalt existiert", ist dementsprechend gerade „nicht das intellektuelle Bewusstsein, sondern die Wahrnehmungserfahrung" (SV 244). Merleau-Ponty zieht aus der Gestaltpsychologie eine philosophische Konsequenz, die sie selbst nicht gezogen hat: In der Gestalt erkennt er eine „irreduzible Ingredienz des Seins", die als solche „die klassische Alternative zwischen der ‚Existenz als Ding' und der ‚Existenz als Bewusstsein' wieder in Frage stellt" (SNS 115). Dabei zielt er allerdings nicht auf die Überwindung einer illusorischen Unterscheidung ab, sondern auf eine „Vermischung" (SNS 115). Und das Mischphänomen *par excellence* ist das menschliche Verhalten: Im menschlichen Verhalten geschieht die Trennung und gleichzeitige Verflechtung von Natur und Kultur. Das menschliche Verhalten lässt sich nur unter der Voraussetzung unsichtbarer Strukturen des Ausdrucks und der Sprache erklären. Dadurch unterscheidet es sich vom animalischen Verhalten, ohne sich jedoch jemals ganz von ihm zu lösen. Es handelt sich um „ein Überschreiten, das die Verwandtschaft nicht abschafft" (N 359). Der Geist bleibt von der leiblichen Struktur ebenso umwickelt wie der Leib, verstanden als die Gesamtheit der Verhaltensweisen, von den geistigen Strukturen.

4. STRUKTUREN: VOM SINN UND NICHT-SINN DER GESCHICHTE

Zerrissen durch alle Kontingenzen, wiederhergestellt durch die unfreiwillige Geste von Menschen, die in ihn verwoben sind und leben wollen, verdient der Faden weder den Namen des Geistes noch den der Materie, sondern eben der Geschichte.

Maurice Merleau-Ponty, *Die Abenteuer der Dialektik*

Die Geschichte, der Endpunkt der aufsteigenden Bewegung, die das vorangegangene Kapitel verfolgt hat, ist dasselbe wie die Wahrnehmungswelt, in der diese Bewegung ihren Ausgang nimmt. Es ist dieselbe Welt, nur von der Philosophie aus gesehen. Die Geschichte ist in der Wahrnehmungswelt ebenso enthalten wie umgekehrt – und dieses Ineinander wiederum bezeichnet Merleau-Ponty als das wilde Sein. Jede Wahrnehmung ist nicht nur kulturell geprägt, sondern zeichnet sich vor dem weitesten Horizont der Menschheitsgeschichte ab. Weil die Wahrnehmungswelt laut Merleau-Ponty von den Strukturen der Kultur und der Geschichte durchdrungen ist, muss die Orientierung und Situierung immer weitere Kreise ziehen. Um sich in der umfassendsten Landschaft, in der winzigen Flechte, in und mit der wir leben, orientieren, um sich also vor dem weitesten Horizont der Geschichte situieren zu können, bedarf es in Merleau-Pontys Augen einer Philosophie, die in der Lage ist, die Gestalten dieser Landschaft zu erkennen.

Diese Geschichtsphilosophie kann man zwar nicht ohne Weiteres marxistisch nennen, sie lässt sich aber nicht ohne eine marxistische Inspiration erklären. Diese Inspiration lässt sich auf die Formel bringen, dass Merleau-Ponty dem Geist von

Marx die Treue gehalten hat, obwohl er seinem Buchstaben oder seiner Lehre im höchsten Maße untreu geworden ist. Nicht zufällig erinnert diese Formulierung an einen berühmten Text von Jacques Derrida, in dem er, kurz nach dem Zusammenbruch der Sowjetunion, in einem ganz anderen Hier und Jetzt also, sein eigenes Verhältnis zum Erbe und zur Inspiration von Marx als ein Verhältnis der untreuen Treue bestimmte:

> Sich weiter von einem gewissen Geist des Marxismus inspirieren zu lassen, das würde heißen, dem treu zu bleiben, was aus dem Marxismus im Prinzip immer zuerst eine *radikale* Kritik gemacht hat, das heißt ein Vorgehen, das bereit ist, sich selbst zu kritisieren. Diese Kritik *will sich* im Prinzip und ist explizit offen für ihre eigene Veränderung, ihre Neubewertung und ihre Selbstumdeutung. Ein solches kritisches „Sich-Wollen" ist notwendig in einem Boden verwurzelt und engagiert, der noch nicht kritisch ist, selbst wenn er nicht, noch nicht, vorkritisch ist. Dieser Geist ist mehr als ein Stil, obwohl er auch ein Stil ist.[1]

Im Geist von Marx zu denken, das bedeutet für Derrida wie für Merleau-Ponty gerade nicht, sich auf irgendwelche zeitlosen Prinzipien zu berufen, die man vor den Kontaminationen retten müsste, die jeder Kontakt mit der politischen und geschichtlichen Wirklichkeit mit sich bringt. Es geht nicht etwa darum, eine reine Lehre von Marx vor den Fehlinterpretationen durch Engels und dessen Epigonen zu retten. Es geht um eine instituierende Philosophie, die sich immer und überall, auch bei Marx selbst, als instituierte verwirklichen muss, die aber, gerade weil sie „notwendig in einem Boden verwurzelt und engagiert" ist, gerade weil sie aus einer sich ständig verändernden Situation hervorgeht, diese Lehre immer wieder infrage stellen muss. Nur

[1] Jacques Derrida, *Marx' Gespenster. Der Staat der Schuld, die Trauerarbeit und die neue Internationale*, übers. v. Susanne Lüdemann, Frankfurt a.M.: Suhrkamp 2004, S. 125.

so kann sie vermeiden, dass die immer und überall notwendige Instituierung ein zeit- und ortloses Dogma produziert. Die marxistische Geschichtsphilosophie läuft in Merleau-Pontys Augen genauer gesagt immer wieder Gefahr, sich gegen den Zufall zu immunisieren, die eigene kulturelle und geschichtliche Situation und Entwicklung zu verallgemeinern und die eigene Gewaltsamkeit zu verschleiern (und dadurch zu verstärken). Sie bedarf also einer ständigen Selbstkritik, die in letzter Konsequenz nichts anderes als eine Öffnung für die Kritik durch die anderen ist.

Der Marxismus war für Merleau-Ponty zunächst eine historische Gestalt: Er nahm nicht nur in verschiedenen Texten, sondern auch in den konkreten politischen Praktiken und Institutionen Gestalt an. Genauer gesagt war er selbst eine besonders interessante Institution der ambivalenten Moderne, in der er sich orientieren und situieren musste. Wie in den warmen oder den kalten Gesellschaften im Allgemeinen, meint Merleau-Ponty auch in der modernen Institution des Marxismus eine bestimmte Grundhaltung zur Geschichte ablesen zu können.

Um diese Grundhaltung zu verstehen und produktiv zu machen, beschäftigte sich Merleau-Ponty mit den Schriften von Marx und von einigen anderen marxistischen Theoretiker_innen, von denen er dachte, dass sie diese Haltung besonders klar zum Ausdruck bringen. Er war jedoch – aus wesentlichen, philosophischen Gründen – nicht der Ansicht, dass sich diese Haltung durch eine bloße Textexegese gewinnen lasse. Im Gegensatz zum frühen Louis Althusser, der mit seinem nur wenige Wochen vor Merleau-Pontys Tod veröffentlichten Text „Über den jungen Marx. Fragen der Theorie“[2] eine neue Epoche der Marx-Rezeption einläutete, dachte Merleau-Ponty nicht, dass es einen reinen, etwa rein wissenschaftlichen

[2] Der Text erschien erstmals im Frühjahr 1961 in: *La Pensée*, Nr. 96 (März/April) (deutsch: Louis Althusser, „Über den jungen Marx. Fragen der Theorie“, in: ders., *Für Marx*, übers. v. Frieder Otto Wolf, Frankfurt a.M.: Suhrkamp 2011, S. 55–104).

Marxismus gebe, der sich durch eine präzise Lektüre der Texte von Marx rekonstruieren und durch eine philologisch-philosophische Exegese von idealistischen Kontaminationen bereinigen ließe.[3] Das, was Althusser als Bruch zwischen dem frühen, weltanschaulich-idealistischen und dem späteren, materialistisch-wissenschaftlichen Marx bezeichnete, ist für Merleau-Ponty Ausdruck eines fundamentalen, für die ganze Moderne charakteristischen Konflikts. Weder lässt sich demnach der späte Marx von der idealistischen Kontamination der Frühschriften bereinigen, noch lässt er sich als bloße szientistische Abweichung oder als Verrat an den philosophischen Texten des frühen Marx begreifen.

Der Marxismus, für den sich Merleau-Ponty interessierte, stützt sich nicht auf eine „summarische Logik", die „es nur mit leblosen Dingen zu tun hat", sondern auf die „lebendige Logik der Geschichte", die sich nicht „von der *spontanen Bewegung der Massen*" trennen (HT 58) und deshalb auch nie zu einem fertigen wissenschaftlichen System abschließen lässt. Dieser Marxismus steht dem frühen Marx weitaus näher als dem „Rationalismus" (AD 77) seiner letzten Phase. Dennoch präsentieren auch die Texte des frühen, philosophischen Marx in Merleau-Pontys Augen nur eine instituierte Philosophie. Was ihn am meisten interessierte, war aber die Politik, die Marx mit dieser Lehre verfolgte: Am Stil dieser Politik sollte sich die Grundhaltung zur Geschichte, der Geist des Marxismus besonders

[3] Weil er grundsätzlich nicht erwartete, die Antworten auf die philosophischen Fragen, die ihn interessierten, in bestimmten Texten zu finden, weil er vielmehr der Ansicht war, dass diese Antworten weder in der Theorie noch in der politischen Praxis fertig vorliegen können, hielt sich auch sein philologisches Interesse in Grenzen. Entsprechend stützte sich seine Lektüre in erster Linie auf die insgesamt etwas fragwürdigen Marx-Übersetzungen, die Jacques Molitor seit den 1920er-Jahren im Rahmen verschiedener Ausgaben für den Verleger Alfred Costes anfertigte (beispielsweise eine mehrbändige Œuvres philosophiques, die Merleau-Ponty intensiv gelesen hat, und eine umfangreiche Œuvres complètes, die auch eine Übersetzung des ersten Bandes des *Kapital* enthielt, mit der Merleau-Ponty arbeitete) – und die größtenteils erst nach seinem Tod durch die ebenfalls nicht ganz unproblematische Pléiade-Ausgabe und die wissenschaftlicheren Ausgaben der Éditions sociales abgelöst wurden. Vgl. dazu: Marie-Cécile Bouju, „Les maisons d'édition du PCF et Marx en France de 1920 à 1960: du politique au scientifique?", in: Jean-Numa Ducange u. Antony Burlaud (Hg.), *Marx, une passion française*, Paris: La Découverte 2018, S. 124–133.

deutlich zu erkennen geben. An diese Politik ließ sich in seinen Augen nur anknüpfen, wenn man verstanden hatte, dass sie, je nachdem, wo man sich befindet und wie viel Uhr es ist, ganz unterschiedliche politische Strategien, Lehren und Positionen notwendig machte. Die Treue zum Geist des Marxismus machte beispielsweise in der Nachkriegszeit eine Position notwendig, die er rückblickend als „abwartende marxistische Haltung" bezeichnete (AD 278). Wie im ersten Kapitel dieser Untersuchung dargelegt, gab Merleau-Ponty diesen Attentismus mit Beginn des Kalten Krieges zumindest vorübergehend auf. Hätte er an dieser Position ungeachtet der Veränderung der geschichtlichen Situation festgehalten, wäre sie seinem eigenen Urteil zufolge zu einer „bloß verworrenen Träumerei geworden" (AD 278). Der Koreakrieg und die darauf folgende vermeintliche Abkehr vom Politischen hat Merleau-Ponty allerdings nur von einem „Marxismus der Innerlichkeit" (AD 280), von einem Idealismus, keineswegs aber vom Geist des Marxismus abgebracht.

Die Grundhaltung, die aus diesem Geist hervorgeht, beruht in der „Vorstellung, dass die Geschichte einen Sinn hat – mit anderen Worten, dass sie intelligibel und ausgerichtet ist" (HTII 35).[4] Was die Ausrichtung betrifft, muss jedoch betont werden, dass sie nicht von einem Endpunkt ausgeht, von einem *telos*, sondern das Produkt einer anhaltenden Neuausrichtung, einer Verflechtung nicht zuletzt mit dem diese Ausrichtung vorstellenden Bewusstsein ist, dass sie aus einer niemals vollständig intelligiblen Verstrickung von Notwendigkeit und Zufall hervorgeht. Der Sinn der Geschichte lässt sich also nicht wie ein Flussbett vorstellen, durch den der Strom der Ereignisse fließt. Denn die Richtung eines solchen Stromes könnte sich nur einer am Ufer stehenden Beobachterin zeigen: In der Geschichte hingegen, von der sich keine Beobachtung lösen

[4] Vgl. Maurice Merleau-Ponty, „Marxismus und Philosophie", in: SNS 170–186, hier 178.

kann, „sind alle Richtungen wie alle Bewegungen relativ" (PhW 488). Sie hat überhaupt keinen Sinn, wenn darunter so etwas „wie der Verlauf eines Stromes verstanden wird, der unter der Macht allmächtiger Ursachen in einen Ozean fließt, wo er sich auflösen wird" (AG 214).

Der Geist des Marxismus erfordert daher eine ständige Austreibung der überall – nicht zuletzt auch in vielen marxistischen Lehren – lauernden teleologischen Hirngespinste: Nur von einem so verstandenen Marxismus kann Merleau-Ponty behaupten, er sei nicht „irgendeine Geschichtsphilosophie, sondern *die* Geschichtsphilosophie, und auf sie zu verzichten heißt die geschichtliche Vernunft zu Grabe tragen. Was bleibt, sind Träumereien und Abenteuer" (HTII 60). Damit der Marxismus mehr ist als „einer jener ‚Gesichtspunkte' [...], eine jener ‚Weltanschauungen', eine jener ‚Geschichtsphilosophien', welche die Wirklichkeit um ein willkürlich gewähltes Prinzip anordnen", muss er „Ausdruck der Wirklichkeit, die Formulierung einer Bewegung der Geschichte sein, welche die Ideen, die Literatur, die Moral, die Philosophie und die Politik, ebenso wie die Produktionsverhältnisse antreibt" (Z 405). Die Vorstellung, dass die Geschichte einen Sinn hat, darf also nie vorausgesetzt, sondern muss immer wieder neu aus den Phänomenen, aus den Gestalten der Geschichte gewonnen werden. Wenn das Proletariat in dieser und für diese Geschichte eine entscheidende Rolle spielt, so darf die Aufgabe, die Marx ihm zuschreibt, nie irgendwelchen Prinzipien oder Idealen entspringen, sondern nur der geschichtlichen Bewegung selbst: Marx erkennt daher in Merleau-Pontys Worten „dem Proletarier eine Mission zu, aber keine providentielle, sondern eine geschichtliche" (HTII 17).

„Der Proletarier", erläutert Merleau-Ponty 1946 im Rahmen der bereits erwähnten Genfer *Rencontres*, „ist für Marx deshalb so bedeutsam für die Geschichte, weil der Proletarier der weltgeschichtliche Mensch ist, d. h. er ist derart von allen lokalen oder nationalen Besonderheiten abgeschnitten, er ist durch die ökonomischen Bedingungen, die er erleidet, derart auf nichts reduziert, dass er sich in der Position wiederfindet, [...] eine konkrete Allgemeinheit und eine neue Menschheit zu verwirklichen."[5] Dieses Proletariat ist allerdings kein bloßer Gegenstand der Erkenntnis eines überfliegenden Bewusstseins, das es in der Weltgeschichte verortet und situiert, indem es ihm seine Rolle als revolutionäres Subjekt zuweist. Eine Geschichtsphilosophie, die dem Geist des Marxismus treu bleibt, entziffert nicht einfach geschichtliche Vorgänge, die wie blinde und unabänderliche Naturprozesse vor ihren Augen ablaufen. Die zu entziffernde Geschichte gibt sich vielmehr „selbst ihre Interpretation, indem sie mit dem Proletariat ihr Selbstbewusstsein hervorbringt" (AD 57). Und dieses Selbstbewusstsein des Proletariats nimmt nicht die Gestalt einer genialen Philosophin, sondern die Gestalt einer Partei an.

Das Selbst- oder Klassenbewusstsein des Proletariats ist also nicht in erster Linie eine „Konzeption des Theoretikers", sondern eine „Praxis" (AD 59). Es entsteht im Austausch zwischen den Arbeiter_innen, in einem Gespräch, das sich in der und als Institution verwirklichen muss: „Die Partei im kommunistischen Sinne ist diese Kommunikation, und eine solche Auffassung von der Partei ist kein Anhängsel des Marxismus; sie ist sein Zentrum" (AD 63). Die Partei ist deswegen für Merleau-Ponty „derjenige Ort der Geschichte, an dem der *seiende Sinn* seiner selbst inne, an dem der Begriff zum Leben wird" (AD 64).

Der latente Sinn der Geschichte tritt also in der als Partei instituierten Kommunikation der Proletarier_innen an die Oberfläche. Und mit dieser lebendigen Institution können und müssen marxistische Theoretiker_innen nun selbst wiederum in einen Austausch treten. Weil es keinen vorliegenden, konstituierten Sinn der Geschichte gibt, der ohne Weiteres von einem

[5] Merleau-Ponty, „Die Krise des europäischen Bewusstseins", S. 179.

überfliegenden Bewusstsein erkannt werden könnte, weil jede Erkenntnis gerade keine Trennung, sondern eine Verflechtung von Erkennendem und Erkanntem bedeutet, besagt Erkennen hier nichts anderes als „bewusst an die Bewegung der Geschichte anzuschließen, in der wir allenthalben engagiert sind".[6] Natürlich muss man diese Bewegung verstehen, um sich ihr anschließen zu können, aber das Verstehen ist keine neutrale, durchsichtige Operation, sondern selbst in diese Bewegung verflochten. Alles beruht daher für Merleau-Ponty auf der „fundamentalen Entscheidung", diese Bewegung ernst zu nehmen, und das heißt „die Welt nicht nur zu verstehen und zu verändern, sondern sich denen anzuschließen, die sie tatsächlich verändern durch die spontane Bewegung ihres Lebens" (HT 79).

Dass der Sinn sich in den Institutionen abzeichnet, bedeutet für Merleau-Ponty nicht, dass sich die Geschichte hinter dem Rücken der Menschen vollzieht, dass sie sich auf anonyme Prozesse reduzieren lässt. Die Menschen machen ihre Geschichte selbst, doch zeichnet sich der Sinn der Geschichte in der Zwischenwelt der Politik ab, die kein neutrales Medium für die Vermittlung der Intentionen der einzelnen Bewusstseine darstellt. Die Geschichte wird zwar „aus menschlichen Aktionen und Interaktionen gemacht", doch wie die Natur hat auch das Politische seine spezifische Widerständigkeit, seinen von niemandem gesetzten Eigensinn, der die Interaktionen „in ein anonymes Drama verwandelt" (Z 404, vgl. AG 212). All das, was marxistische Theoretiker_innen als Verdinglichung bezeichnen, interpretiert Merleau-Ponty so, dass die zwischenmenschlichen Beziehungen „in Systemen inkarniert sind, bei denen die Intention der wirkenden Kraft oft nicht erkennbar ist" (Z 404). Die Widerständigkeit nicht nur der natürlichen, sondern insbesondere auch der politischen Dinge, die ganz eigene „Trägheit" der sprachlichen, gesellschaftlichen und politischen

[6] Maurice Merleau-Ponty, „Der Streit um den Existentialismus", in: SNS 94–110, hier 106.

Institutionen kann jederzeit in eine „Feindseligkeit" umschlagen (AD 167). Für Marx wie für Merleau-Ponty kann die Welt des Politischen „in Brand geraten" (AD 168): Alle Institutionen, alle Versuche, relativ durchsichtige Verhältnisse einzurichten, werden vom Eigensinn dieser Zwischenwelt existenziell gefährdet. Auch der sich in der lebendigen Kommunikation zwischen den Massen und der Partei abzeichnende Sinn ist konstitutiv vom Nicht-Sinn bedroht: In jedem Moment besteht die doppelte Gefahr der „Demagogie, die den Apparat vernichtet", und umgekehrt des „absoluten Zentralismus, der die Massen lähmt" (HTII 19).

Um in dieser undurchsichtigen Geschichte überhaupt so etwas wie einen Sinn zu erkennen, um sich in ihr orientieren und situieren, um an ihre Bewegung anknüpfen zu können, bedarf es eines gewissen Überblicks-Übermuts. Es bedarf eines sozusagen holistischen Blicks auf die Geschichte, den Merleau-Ponty auf die einfache Formel bringt, „dass im totalen Kontext der Geschichte nichts isoliert werden kann" (SNS 151f., vgl. E 124). Diese auf den ersten Blick eher harmlose Formulierung impliziert für Merleau-Ponty, dass die Ökonomie nicht „als hauptsächliche oder einzige Ursache der Geschichte behandelt" werden kann, dass vielmehr „die kulturelle und die ökonomische Geschichte als zwei abstrakte Ansichten eines einzigen Prozesses behandelt" werden müssen (SNS 145, vgl. PhW 204f.): „Überbau und Basis stützen und begründen sich gegenseitig" (KV 115).[7] Dieser „Hauptgedanke des Marxismus", führt Merleau-Ponty weiter aus, ist der Gedanke einer „Inkarnation der Ideen und Werte" (SNS 146). Wenn man also behauptet, dass eine bestimmte ökonomische Struktur einen bestimmten Überbau und eine bestimmte Ideologie hervorbringt, so muss man hinzufügen, dass diese kulturellen Phänomene gerade

[7] Daraus folgt, dass die Begriffe Basis und Überbau und die in ihnen implizierte Idee einer letzten Instanz für Merleau-Ponty keinen philosophischen Wert haben – was freilich nicht ausschließt, dass sie zu bestimmten Zeiten, an bestimmten Orten einen politischen Wert haben können.

nicht geistig sind. Sie sind nichts anderes als Verhaltensweisen, in denen sich die ökonomischen Strukturen realisieren.

In *Humanismus und Terror* brachte Merleau-Ponty diesen Hauptgedanken der Verflechtung auf die hegelianische Formel, dass „jedes Produktions- und Eigentumssystem ein System der zwischenmenschlichen Beziehungen impliziert, dergestalt, dass unsere Beziehungen zu den Anderen an unseren Beziehungen zur Natur ablesbar sind, und unsere Beziehungen zur Natur an unseren Beziehungen zu den Anderen" (HTII 7). Im deutlichen Gegensatz zu den Dogmen des dialektischen Materialismus, des „offiziellen Marxismus" (E 216f.), behauptet Merleau-Ponty also, dass der Marxismus „die philosophischen und menschlichen Probleme" gerade nicht „auf ökonomische Probleme zurückführt, sondern dass er in diesen das genaue Spiegelbild und die sichtbare Gestalt jener erblickt" (HTII 7). Die ökonomischen und die kulturellen Verhältnisse sind demnach „synonym und komplementär" (SNS 178), sie sind zwei Sichtweisen, zwei Aspekte derselben totalen Geschichte, in der die politischen und kulturellen Verhältnisse (und das menschliche Verhalten) weder vollständig fremdbestimmt sind, noch einer absolut freien Selbstbestimmung entspringen. Sie sind also ineinander verflochten. Und der Knotenpunkt dieser Verflechtungen ist für Merleau-Ponty der Leib: „Will die Philosophie nicht unmaterialistisch [*immatérialiste*] sein, dann muss sie zwischen Mensch und Natur einen engeren als den bloßen Widerspiegelungsbezug herstellen. Natur und Geist kommunizieren tatsächlich nur in uns und durch unser leibliches Sein hindurch" (V 96).

Was hat es nun aber mit diesem Hauptgedanken, dass alle Aspekte des menschlichen Lebens ineinander verflochten sind, auf sich? Er ist das, was den Geist des Marxismus auszeichnet, was sich aber, wie Merleau-Ponty selbst betont, auch unter anderen Namen verwirklicht. Er sieht diesen Gedanken bei Marx und den für ihn wichtigsten marxistischen

Theoretiker_innen am Werk, ebenso wie in anderen Strömungen, beispielsweise in der französischen Soziologie, ohne dass er jedoch immer und überall als solcher formuliert würde. Inzwischen, behauptet der späte Merleau-Ponty in der bereits mehrfach erwähnten Interviewreihe von 1959, sei dieser Gedanke darüber hinaus ohnehin Gemeingut geworden: Alle Welt denke so (vgl. E 216f.). Überall scheint der Hauptgedanke des Marxismus am Werk, nirgends wird er als solcher gedacht.[8] Mit einer von Merleau-Ponty geborgten Formel könnte man daher sagen, dass der Hauptgedanke des Marxismus überall ein denkender, aber nur selten ein gedachter Gedanke war.[9] Was die gedachten Gedanken des Marxismus angeht, muss man sogar noch weiter gehen und feststellen, dass sie für Merleau-Ponty häufig dem denkenden Gedanken widersprachen. Überall, wo dieser Gedanke gedacht und formuliert wird, läuft er demnach Gefahr, eine Hierarchie und eine Trennung zwischen Natur und Kultur zu errichten und die zwischenmenschlichen Beziehungen aus den Beziehungen zur Natur abzuleiten.

In der marxistischen Theorie sieht Merleau-Ponty ein Denken am Werk, das einen Blick auf jene „totale" Geschichte entwickelt, einen Überblick, der in den Gestalten der Geschichte einen sich abzeichnenden Sinn erkennt – und diese Erkenntnis zugleich immer wieder infrage stellt. „Das dem Marxismus Eigene" besteht Merleau-Ponty zufolge gerade darin „zuzugeben, dass es zugleich eine Logik der Geschichte und eine Kontingenz der Geschichte gibt, dass nichts absolut zufällig,

[8] Neben dem frühen Marx war es vor allem der frühe Hegel, der für Merleau-Ponty am weitesten in Richtung eines expliziten Denkens der Verflechtung der menschlichen Verhältnisse vorgedrungen ist. Überhaupt lässt sich Hegels oft untergründiger Einfluss auf Merleau-Pontys Philosophie kaum überschätzen. Merleau-Ponty lernte Hegels Denken durch seinen Studienfreund Jean Hyppolite und durch Alexandre Kojève kennen, dessen berühmte Hegelvorlesungen er zwischen 1935 und 1939 besuchte. Zur selben Zeit begann er sich auch mit dem Marxismus auseinanderzusetzen, zunächst wohl in erster Linie mit Trotzki und dem frühen Marx. Vgl. zu diesen Zusammenhängen das sehr informative Buch: Kerry H. Whiteside, *Merleau-Ponty and the Foundation of Existential Politics*, Princeton: Princeton University Press 1988, insbesondere: S. 25–35.

[9] Diese Unterscheidung taucht nicht zuletzt in dem Text „L'Ineinander" auf, dessen deutsche Übersetzung dem vorliegenden Buch angehängt ist, vgl. S. 231–259 .

aber auch nichts absolut notwendig ist“ (SNS 163). Nicht nur die *Interpretation* der Welt, sondern auch ihre *Veränderung* ist ständig und überall vom Zufall und vom Nicht-Sinn bedroht: „Der genialste Marxist“ erkennt daher auch in „seinen eigenen Entscheidungen eine Möglichkeit des Irrtums, der Abweichung und des Chaos“ (SNS 226). Interpretation und Veränderung der Welt bedürfen einer ständigen Revision, einer ständigen Selbstkritik. Das revolutionäre Denken und die revolutionäre Tat sind für Merleau-Ponty nur revolutionär, wenn sie infrage gestellt werden. Nur so viel ist gewiss: In dem Moment, in dem man sich der Revolution gewiss ist, hat sie nicht stattgefunden.

Eine Revolution im Geist von Marx ist laut Merleau-Ponty eine „umfassende Kritik und insbesondere Kritik ihrer selbst“ (AD 68). Den Gegenstand dieser Kritik bezeichnet Merleau-Ponty als Gewalt. Das ist es, was dem überfliegenden Blick an den Gestalten der totalen, verflochtenen Geschichte als Erstes ins Auge springt: „Es gibt nichts als Gewalt“ (HTII 13). Jedes zwischenmenschliche Verhältnis ist gewaltvoll: Jede Wahrnehmung reduziert die andere auf ein Bild, jedes Wort ist ein Missverständnis. Und mehr noch ist jede politische Tat Gewalt: Nicht unmittelbar auf die andere, sondern auf die zwischenmenschlichen Beziehungen als solche gerichtet, muss sie ihr und zugleich den zahllosen anderen unrecht tun. Das moralische Prinzip der Gewaltlosigkeit ist daher in der Politik nicht nur unhaltbar, es konsolidiert laut Merleau-Ponty sogar die bestehende Gewalt – beispielsweise „ein Produktionssystem, das Elend und Krieg unvermeidlich macht“ (HT 12). Weil Politik immer nur ein „situiertes“,[10] also ein „ursprünglich in die Welt, das heißt in die Gewalt verstricktes Bewusstsein“ betrifft, muss sie jede abstrakte Moral, die sich nur für die schöne Seele, für ihre Würde und Absichten interessiert, hinter sich lassen – insbesondere jene, wie Merleau-Ponty drastisch formuliert,

[10] Die deutsche Übersetzung überträgt an dieser Stelle *situé* mit „befindliches“ – eine elegante Lösung, die aber den Bezug zum so wichtigen Begriff der Situation vermissen lässt.

„anarchistische (ohnehin undurchführbare) Konzeption der unbedingten Achtung vor den Mitmenschen" (HT 140). Eine im strengen Sinne humanistische Politik (der Begriff des Humanismus wird im folgenden Kapitel näher beleuchtet) muss diese ort- und zeitlose Konzeption durch eine Ökonomie der Gewalt ersetzen, durch eine philosophische Politik, die zwischen verschiedenen Formen der Gewalt wählen muss, die abwägt beispielsweise zwischen dem Terror der revolutionären Politik der KPdSU und der ökonomischen Ausbeutung der westlichen Demokratien: „Wir haben nicht die Wahl zwischen Unschuld und Gewalt, sondern zwischen verschiedenen Formen von Gewalt" (HTII 15).[11] Und genau dieses Abwägen, diese Orientierung in der politischen Landschaft ist in Merleau-Pontys Augen nur möglich, wenn sich ein Sinn der Geschichte abzeichnet: Ohne diesen Sinn bleibt jede Politik, zumindest in ihren Grundsatzentscheidungen, Abenteurertum.

Es bedarf also eines überfliegenden Blicks, der in all den ineinander verflochtenen Strukturen, in der Gestalt einer Gesellschaft auch noch etwas anderes als Gewalt erkennt:

[11] Allem Anschein entgegen handelt es sich dabei nicht um eine machiavellistische Absage an die Achtung vor dem Menschen: Die Achtung vor dem Menschen ist für Merleau-Ponty ein inkarniertes und situiertes Verhalten, das auf unzählbar viele Weisen in die Welt der Politik und die Geschichte verflochten ist – und das außerdem nie auf den Menschen, sondern auf einen konkreten Leib gerichtet ist. Merleau-Ponty verwirft nicht die Moral zugunsten einer politischen Klugheit, sondern er gibt eine abstrakte, auf zeit- und ortlose Prinzipien gegründete Ethik zugunsten einer inkarnierten und situierten Ethik auf. Eine unbedingte Pflicht zur Wahrhaftigkeit, ein „heiliges, unbedingt gebietendes, durch keine Konvenienzen einzuschränkendes Vernunftgebot", wie Kant es propagiert (Immanuel Kant: „Über ein vermeintliches Recht aus Menschenliebe zu lügen." in: ders., *Werkausgabe*, hg. v. Wilhelm Weischedel, Bd. VIII, Frankfurt a.M.: Suhrkamp 1982, S. 637–643, hier S. 639), ist für Merleau-Ponty undenkbar: „Die Ehrlichkeit genügt nicht bei einem Wesen wie dem Menschen, der in jedem Augenblick durch die Erkenntnis ebenso wie durch das Handeln aus sich selbst herausgeworfen wird und der zu keinem Zeitpunkt eine exakte Berechenbarkeit für seine Motive sicherstellen könnte" (SNS 246). Doch das abstrakte Prinzip der Ehrlichkeit ist nicht nur unhaltbar und ungenügend, das heilige Gebot der Wahrhaftigkeit ist für Merleau-Ponty vielmehr selbst unmoralisch: „Wenn man die Ehrlichkeit über alles setzt, wird man sich nirgendwo engagieren können, weder in einer Kirche noch in einer Partei, noch in einer Liebe oder in einer Freundschaft, und noch nicht einmal in irgendeiner Aufgabe. Denn das Engagement setzt stets voraus, dass man dem glaubt, was auf Hörensagen beruht, dass man die Regel der Ehrlichkeit für die Regel der Verantwortlichkeit aufgibt. Der Intellektuelle, der die seinen unter dem Vorwand vor den Kopf stößt, seine Funktion sei es, alles zu sagen, verschafft sich unter dem Anschein, einer Berufung zu folgen, in Wirklichkeit ein angenehmes Leben. Seine Partei ist es, ohne Partei zu sein und für Lauheiten gute Gründe zu liefern. Wer nicht mit mir ist, ist gegen mich. Nicht-Kommunismus ist Anti-Kommunismus. Die Ehrlichkeit selbst ist lügnerisch und schlägt in Propaganda um" (SNS 245).

eine Bewegung, die nicht auf die Abschaffung, sondern auf die Einhegung und Begrenzung der strukturellen Gewalt zielt. Es bedarf eines marxistischen Sehens, für das sich ein Sinn der Geschichte abzeichnet, eine revolutionäre Bewegung, die sich in der Gestalt der eigenen Gesellschaft und in der Geschichte im Ganzen zu erkennen gibt. Dieser sich abzeichnende Sinn eröffnet sich genauer gesagt einem Blick, der jede Gesellschaft als Gesamtgestalt betrachtet, in der das Ganze den Teilen vorausgeht – und die daher auch „für alles verantwortlich [ist], was sie hervorbringt".[12] Er betrachtet die eigene Gesellschaft mithin so, wie die Ethnologie die fremden, insbesondere die kalten Gesellschaften betrachtet.[13] Unter diesem Blick lässt sich die Arbeitslosigkeit, der Kolonialismus und der strukturelle Rassismus der westlichen Demokratien ebenso wenig „aus der Bilanz" nehmen wie die Arbeitslager, die Hungersnöte und der Überwachungsapparat der sowjetischen Gesellschaft – sie lassen sich nicht einfach „der Natur oder dem Zufall" anlasten, die eine vollkommene Verwirklichung der Idee der Demokratie oder des Kommunismus verhindert hätten (Z 399).[14] Überall sieht dieser marxistische Blick daher Gewalt: keine zufällige oder individuelle, sondern strukturelle Gewalt, die kein moralisches Urteil, sondern ein politisches Abwägen erfordert.[15] Und er kann der revolutionären Gewalt nur dann den Vorzug geben, wenn sich in dieser Gewalt tatsächlich eine „Zukunft

[12] Maurice Merleau-Ponty, „Die UdSSR und die Lager", in: Z 388–403, hier 399.

[13] Diesen schonungslosen Blick hat insbesondere auch Merleau-Pontys Zeitgenossin Simone Weil kultiviert – und zwar bereits zu einer Zeit, in der Merleau-Ponty seinem eigenen Bekunden nach noch in einer apolitischen Naivität gefangen war, vgl. insbesondere: Simone Weil, »Perspektiven. Gehen wir einer proletarischen Revolution entgegen?«, in: dies., *Unterdrückung und Freiheit. Politische Schriften*, übers. v. Heinz Abosch, München: Rogner & Bernhard 1975, S. 113–137.

[14] Merleau-Ponty spricht in diesem Zusammenhang auch von einem „Fleisch der Geschichte, in dem, wie in unserem Leib, alles verbucht ist und alles zählt – sowohl der Unterbau als auch die Vorstellung, die wir uns von ihm machen, und vor allem auch der beständige Austausch zwischen dem einen und dem anderen" (Z 27).

[15] Merleau-Ponty ist zwar der Ansicht, dass eine philosophische Politik die Suspendierung der Empörung und des moralischen Urteils erfordert, daraus folgt jedoch nicht, dass diese Politik in einem bloßen Kalkül etwa der Eigenliebe oder der Machtsteigerung begründet ist. Vielmehr geht sie auf eine irreduzible ethische Entscheidung zwischen zwei Grundhaltungen zurück, die aber, gerade um sich verwirklichen zu können, ihren Ursprung vergessen oder besser suspendieren muss.

von Humanismus" (HTII 13), also von relativ durchsichtigen menschlichen Verhältnissen abzeichnet.

Die Gestalten oder Gesellschaften, die dieser überfliegende Blick in der Geschichte erkennt, bestehen in Merleau-Pontys Sprachgebrauch aus zahlreichen Strukturen, die als inkarnierte mit allen anderen Strukturen einer Gesellschaft verflochten sind, wobei die wahrnehmenden Leiber die Knotenpunkte dieser Verflechtung darstellen. Die derart ineinander verflochtenen sprachlichen, rechtlichen, kulturellen, politischen und ökonomischen Strukturen wiederum können die allen zwischenmenschlichen Beziehungen inhärente Gewalt und Undurchsichtigkeit entweder verstärken oder einhegen. Sie können, wie es häufig in kalten Gesellschaften der Fall ist, einen Zustand relativer Stabilität erreichen, in dem die Gewalt keineswegs abgeschafft, aber doch eingehegt und relativ durchsichtig ist. Sie können, wie es häufig in warmen und insbesondere in den modernen, kapitalistischen Gesellschaften der Fall ist, die Gewalt potenzieren und die Undurchsichtigkeit der zwischenmenschlichen Beziehungen verstärken. Indem sie die Ausbeutung und Unterdrückung zur Triebfeder für eine anhaltende Transformation der eigenen Strukturen machen, erzeugen sie ein konstantes Ungleichgewicht, das wiederum eine revolutionäre Gegenbewegung hervorruft, eine Bewegung der umfassenden Kritik und Einhegung der Gewalt, in der sich eine relative Durchsichtigkeit der menschlichen Verhältnisse abzeichnet.

Rein formal gesprochen ist eine Struktur das „innere Prinzip einer beobachtbaren Verteilung", eine „Einheit, die wir nicht vorstellen und die wir noch viel weniger durch die Sinne erfassen können".[16] Sie lässt sich also in einem ersten Schritt und ganz im Sinne der klassischen strukturalistischen Lehre als synchrones, differenzielles System beschreiben: „So erscheint

[16] Maurice Merleau-Ponty, „[Colloque sur le mot ‚structure']", in: PII 317–320, hier 318.

auf dem Boden der sozialen Systeme eine formale Infrastruktur, man ist versucht zu sagen: ein unbewusstes Denken, eine Antizipation des menschlichen Geistes, als ob unsere Wissenschaft schon in den Dingen fertig vorhanden wäre, als ob die menschliche Kulturordnung eine zweite natürliche Ordnung wäre, beherrscht durch andere Invarianten" (Z 169f.). Die formale Infrastruktur einer Gesellschaft, ihre Ökonomie im weitesten Sinn des Wortes,[17] ist für Merleau-Ponty jedoch nicht die Basis für eine Superstruktur, sondern die unsichtbare, aber inkarnierte Rückseite der sichtbaren Interaktionen.

Doch es gibt bei Merleau-Ponty noch einen anderen als diesen formalen und recht klassischen Strukturbegriff: Was in dem zitierten Aufsatz „Von Mauss zu Claude Lévi-Strauss" von 1959 nur angedeutet bleibt, spricht Merleau-Ponty im Januar 1961, wenige Monate vor seinem Tod, auf einem „Kolloquium über das Wort ‚Struktur'" aus. Im Anschluss an Lévi-Strauss ist die Struktur nämlich nicht mehr nur ein differenzielles System, sondern eine Antizipation: Sie ist, genauer gesagt, „ein ‚Über-Objekt', eine ‚Potenz' des Objekts", sie ist „die verborgene wahrscheinliche Organisation" (PII 319). Weil diese Potenz zum Ausdruck drängt, ist die Struktur mehr als ein formales, synchrones Prinzip: Die Organisation der Gesellschaft, die sich dem Blick des überfliegenden Bewusstseins zeigt, verweist auf die Transformation und Neuerfindung ihrer Institutionen, auf die Aufhellung oder Explikation ihres latenten Sinns. Die Struktur ist demnach „nicht synchron, sondern dialektisch; wir müssen also", wie Merleau-Ponty recht lapidar feststellt, „unsere Ontologie reformieren" (PII 319). In einer Notiz vom Mai 1960 bringt er diese neue, wilde Ontologie, diesen Logos eines nun wilden Seins auf folgende Formel: „Das Sein ist der

[17] „Wie Freud den Begriff der Sexualität ‚ausweitet', so ‚dehnen' wir den Begriff der Ökonomie so weit, dass er nicht nur die Produktionsprozesse und den Kampf der wirtschaftlichen Kräfte gegen die Wirtschaftsformen, sondern auch die Konstellation der diesen Kampf mitbestimmenden psychologischen Motive umfasst" (PhW 205).

‚Ort', an dem die ‚Bewusstseinsmodi' sich als Strukturierungen des Seins einschreiben (eine Weise, sich innerhalb einer Gesellschaft zu denken, ist in ihrer sozialen Struktur mitenthalten) und wo die Strukturierungen des Seins Bewusstseinsmodi sind" (SU 319).

Dieses wilde Sein, in dem Bewusstsein und Sein auf eine irreduzible Weise verflochten sind, ist nichts anderes als die bereits weiter oben aufgerufene „strukturale Geschichte", in der sich der „Philosoph" – „nicht jener, der die Welt erklären oder konstruieren will, sondern jener, der unsere Einfügung ins Sein zu vertiefen sucht" (Z 177) – verorten und orientieren muss. Obwohl diese strukturale Geschichte immer und überall „kontingenzbehaftet" bleibt, zeichnet sich in ihr ein Sinn ab, bahnt sich „eine zukunftsträchtige Entwicklung" an: eine Bewegung, an die Merleau-Pontys Politik der Wahrnehmung anknüpfen kann (Z 176).

Der wichtigste Anknüpfungspunkt innerhalb der eigenen Gesellschaft ist dabei, wie gesagt, die marxistische Philosophie, oder, genauer gesagt, ein Denken im Geist von Marx, das die instituierten marxistischen Philosophien, Institutionen und Praktiken trägt und gleichzeitig untergräbt. Diese marxistische Grundhaltung zur Geschichte ist der wichtigste Anknüpfungspunkt, weil sie eine echte Verflechtung und ein echtes Anknüpfen überhaupt erst zu denken ermöglicht: „Bei Marx verdinglicht sich der Geist, während die Dinge sich mit Geist sättigen; der rote Faden der Geschichte ist ein Werden von Bedeutungen, die zu Mächten oder Institutionen wurden. Von da her gibt es bei Marx eine Trägheit der Geschichte sowie, um die Dialektik zu vollenden, einen Appell an die menschliche Erfindungsgabe" (AD 43, vgl. E 213, SNS 163f.). Weil über dieses Werden keine Gewissheit bestehen kann, weil der sich abzeichnende Sinn konstitutiv vom Nicht-Sinn bedroht ist, erfordert die revolutionäre Bewegung nicht nur eine Erfindungsgabe, sondern vor allem eine voraussetzungslose Selbstkritik.

Über die Wirklichkeit dieser Selbstkritik hat sich Merleau-Ponty wenig Illusionen gemacht, weniger jedenfalls als viele seiner Kritiker_innen behaupteten: In einer kurzen Periode nach Kriegsende sah er die Möglichkeit, dass die Kommunist_innen insbesondere der KPdSU und der FKP eine selbstkritische Haltung einnehmen, als gegeben an. Dass sich diese Hoffnung nicht erfüllte, hatte in seinen Augen nicht nur akzidentielle Gründe. Der Hang zum Dogmatismus und zur Linientreue lässt sich nicht restlos auf irgendwelche Parteifunktionäre abwälzen, auch nicht auf die geschichtliche Situation, nicht einmal auf eine schon mit Engels einsetzende, fatale Abweichung von der reinen Lehre. Wie Merleau-Ponty 1948 in einem Text zum hundertsten Jahrestag des *Manifests der Kommunistischen Partei* betonte, ist diese Tendenz bereits im Kern der marxistischen Lehre angelegt: „Was es Marx erlaubte, die Linien der Gegenwart in eine ‚unvermeidbare' Zukunft zu verlängern, war ein Rationalismus, den wir [...] infrage stellen müssen".[18] Das Hauptproblem seines Denkens, in dem alle anderen Probleme fundiert sind, „ist nicht, dass er eine philosophische Lesart der Geschichte unternommen hat [...], dass er gedacht hat, die Geschichte sei ungeteilt, Körper und Geist zugleich, sondern dass er geglaubt hat oder hat glauben lassen, dass diese Mischung in Richtung einer Widerspruchsfreiheit oder Identität voranschreite" (PII 296).[19] Diesen Glauben an einen Endpunkt der vollkommenen Durchsichtigkeit und Gewaltfreiheit, an einen eindeutigen Fortschritt, führt Merleau-Ponty nicht, wie viele andere westliche Marxist_innen, auf einen Bruch zwischen dem frühen, philosophischen und dem späten, rationalistischen Marx zurück. Er scheint für ihn vielmehr schon in den *Ökonomisch-Philosophischen Manuskripten* von 1844 angelegt zu sein: Bereits hier zeige sich, dass Marx das „Werden einer jeden Sache" zwar „auf etwas anderes als auf die Hegelsche

[18] Maurice Merleau-Ponty, „Le manifeste communiste a cent ans", in: P 103–108, hier 107.
[19] Maurice Merleau-Ponty, „[Les écrivains en personne]", in: PII 285–301, hier 296.

Idee gründen will", dass er aber die Natur, die an die Stelle der Idee tritt, gerade nicht „mit Schelling als Gewicht und Trägheit", sondern „genau nach dem Typus der Hegelschen Idee als ein unerbittliches Schicksal" begreift (N 80). Das Grundproblem ist kurz gesagt, dass die Widersetzlichkeit der Dinge, der Eigensinn der Natur, aber auch der Sprache und der Politik, bei Marx „nie als eine wesentliche Tatsache" erscheint (N 80). Weil er den Eigensinn nicht als solchen gedacht hat, ist die Gefahr einer dogmatischen Geschichtsphilosophie, die den Dingen einen Sinn auferlegt, bereits in seinen philosophischen Schriften angelegt – obwohl er, wie andere wichtige Marxist_innen auch, in seiner politischen Praxis sehr wohl mit der Widersetzlichkeit und dem Zufall rechnete.

Überall, selbst in den für Merleau-Ponty und die westlichen Marxist_innen wichtigsten Schriften, wird der Buchstabe dem Geist untreu: Es genügt also nicht, auf den frühen Marx zurückzugehen. Selbst in seiner Rolle als „Kritiker Hegels", selbst dort, wo er in seiner radikalen Kritik des Philosophozentrismus dem Denken Merleau-Pontys am nächsten zu sein scheint, findet dieser Verrat statt. Noch dort, wo er „die List entlarvte, mit der der Philosoph das System in die Geschichte einschmuggelte, um danach so zu tun, als ob er es in ihr gefunden hätte" (AG 212), ist die Kritik schon instituiert. Sie ist selbst eine Lehre – an der man nicht unabhängig von der Situation oder von der Politik, die mit dieser Lehre an einem bestimmten Ort, zu einer bestimmten Zeit einen bestimmten Zweck verfolgt hat, festhalten kann. Wenn Merleau-Ponty in *Humanismus und Terror* schreibt, der Marxismus behalte zwar nicht als positive Geschichtsphilosophie, wohl aber als „Kritik der bestehenden Welt und der anderen humanistischen Philosophien [...] seine Gültigkeit" (HTII 60), ist er selbst dem Geist von Marx untreu geworden. Wenn sich keine proletarische Bewegung und somit kein Sinn der Geschichte mehr erkennen lässt, dann kann man auch nicht an der marxistischen Kritik festhalten, die gerade keine zeitlosen Urteile über philosophische oder politische Systeme fällt, sondern mit den philosophischen und politischen Bewegungen verflochten ist. Am Marxismus als Kritik oder als Negation festzuhalten – auch das bleibt noch, wie Merleau-Ponty einige Jahre später in *Die Abenteuer der Dialektik* erkennt, „abstrakt" (AD 280). An der instituierten Kritik, an der Kritik als Lehre kann man nicht festhalten. Sie ist Teil der politischen Aktion, lässt sich nie und nirgends von ihr loslösen. Und ebenso wenig lässt sich umgekehrt das Scheitern der Aktion von der Kritik trennen: „In der Kritik selbst muss das schon enthalten sein, was das Versagen der Aktion heraufbeschwört" (AD 279). In der rationalistischen Tendenz zur Vereindeutigung und Selbstimmunisierung ist das Scheitern bereits vorgezeichnet. Anstatt am Buchstaben festzuhalten, muss die Kritik also aus der eigenen Situation heraus „völlig neu entwickelt und verallgemeinert werden" (AD 280).

Neue politische Entwicklungen, seien es ökonomische wie die fordistische Transformation im Westen oder das Aufgeben der Neuen Ökonomischen Politik in der Sowjetunion, seien es innenpolitische wie das Ende der Vierten Republik oder die Entstalinisierung, oder außenpolitische wie die französischen Kolonialkriege oder die Niederschlagung des Ungarischen Volksaufstandes, erfordern nicht nur eine Revision der Strategie, eine Anpassung der Lehre an die neuesten Entwicklungen, sie erfordern eine Neuausrichtung der Politik und eine Neuentwicklung der Lehre: Weil es für Merleau-Ponty kein zeit- und ortloses Wesen des Marxismus gab, zeigten der Ausbau des sowjetischen Lagersystems oder der Ausbruch des Koreakriegs nicht nur eine innen- oder außenpolitische, sondern auch eine philosophische Krise des Marxismus an, die unter Umständen eine vollständige Revision der instituierten marxistischen Philosophie erforderte.[20]

[20] Wie er bereits 1950 in einem Artikel über das sowjetische Lagersystem ausführt, gibt es keinen vorgegebenen Sinn oder Endzweck, der die Politik der Sowjetunion entlasten oder gar rechtferti-

Dasselbe gilt in Merleau-Pontys Augen für die Begegnungen mit anderen Denker_innen: Die neuen Entwicklungen des Strukturalismus beispielsweise betrafen nicht nur die philosophischen Grundlagen, sondern zugleich die politische Realität des Marxismus. Sie stellten das marxistische Denken nicht nur infrage, sondern erlaubten Merleau-Ponty zugleich, den denkenden Hauptgedanken des Marxismus neu zu entwickeln. So lernte er bei Ferdinand de Saussure ein neues Geschichtsdenken, das sich von der marxistischen Lehre eines ausgerichteten Fortschritts löste, ohne die Vorstellung eines Sinns der Geschichte gänzlich aufzugeben:

> Saussure hat gerade diese Verwicklung von Zufall und Ordnung sowie dieses Wiederaufgreifen des Rationalen und des Unvermuteten erkannt. Seine Konzeption der Sprachgeschichte ist auf die ganze Geschichte anzuwenden: so wie der Wille zur Kommunikation [...] den Antrieb für die Sprache darstellt, so ist auch die *gemeinsame Situation* des Menschen, ihr Wille zur Koexistenz und zur Anerkennung dasjenige, was jegliche historische Entwicklung in Gang hält. (KV 99)

Der Zufall ist demnach nicht einfach nur der Zwischenfall, der eine gute, selbstgenügsame Ordnung stört, er ist vielmehr das Medium, in dem sich ein gemeinsamer Wille zur Anerkennung herausbildet. Er ist Antrieb und zugleich Erscheinungsform jenes Willens, der alle kulturellen Strukturen hervorbringt und – weil sie die Anerkennung der anderen ebenso ermöglichen wie behindern – auch wieder transformiert (vgl. AG 214f.).

gen könnte. Wenn sich in dieser Politik, so wie sie sich als konkrete Gestalt darbietet, kein Sinn abzeichnet, dann gibt es eben keinen. Und wie bei allen Gestaltphänomenen kann auch hier die Quantität jederzeit in Qualität umschlagen: „Es ist wohl wahrscheinlich, dass die Entwicklung, die vom Oktober 1917 zu den zehn Millionen Sklaven führt und die, nach und nach, bei gleich bleibenden Formen oder Worten, den Sinn des Systems verändert, sich von Schritt zu Schritt vollzogen hat, ohne eine bestimmte Absicht zu verfolgen, von Krise zu Krise, von Notlösung zu Notlösung, und dass sie sich, in ihrer sozialen Bedeutung, ihren eigenen Schöpfern entzieht" (Z 393). Unbemerkt und unbewusst kann sich die Gestalt derart verändern, dass der Sinn des Ganzen verblasst oder sogar in sein Gegenteil verkehrt wird.

Die instituierte Sprache erlaubt beispielsweise Kommunikation, sie ermöglicht also die wechselseitige Anerkennung, sie ermöglicht eine gewisse Klärung der menschlichen Verhältnisse. Zugleich reduziert sie die eigenen Erfahrungen und die der anderen jedoch auf das Sagbare. Es gibt allerdings immer und überall Unsagbares, nicht in einer anderen, vorsprachlichen Welt, sondern in den Zwischenräumen der Zeichen – ein Unsagbares, das zum Ausdruck und somit zur Transformation der Struktur drängt.

Während Merleau-Ponty bei Saussure etwas über den Lauf, über den zwischen Ordnung und Zufall, zwischen Struktur und Ereignis taumelnden Gang der Geschichte lernen konnte, zeigte ihm seine Auseinandersetzung mit Lévi-Strauss die lokale und zeitliche Begrenztheit dieser Geschichte. In Merleau-Pontys Augen begegnet das Denken von Saussure und Lévi-Strauss zwei grundsätzlichen und allgegenwärtigen Gefahren für eine Geschichtsphilosophie: dem Hang, sich gegen den Zufall zu immunisieren, und der Neigung, die eigene kulturelle und geschichtliche Situation und Entwicklung zu universalisieren.

Aus der Einsicht in die Relativität und relative Zufälligkeit aller kulturellen Strukturen und Institutionen folgt allerdings nicht, dass sich gar keine Entwicklung, gar kein Fortschritt in Richtung relativ durchsichtiger Verhältnisse denken lässt. In einer bestimmten Situation zeichnete sich für Merleau-Ponty in den Gestalten der umgebenden Landschaft und insbesondere in der konkreten Gestalt des Marxismus eine Bewegung ab, die eine relative Transparenz der menschlichen Verhältnisse befördern konnte. Diese Bewegung gab sich allerdings nicht einem degagierten Betrachten zu erkennen, sondern erforderte ein aktives Eingreifen: „in gewissen Augenblicken ist in den Fakten noch nichts entschieden, und die Geschichte erwartet gerade unseren Verzicht oder unser Eingreifen, um Gestalt zu gewinnen“ (HT 109). Freilich hätte es sich auch bei dem Verzicht noch um eine Aktion gehandelt: Eine echte Enthaltung, eine vollkommen risiko- und gewaltfreie Haltung, ein neutrales und transparentes Betrachten kann es für Merleau-Ponty nicht geben.

Von der Geschichte, die sich nicht unabhängig von der eigenen Aktion betrachten lässt, sagt Merleau-Ponty daher auch, sie sei „ein merkwürdiges Objekt: ein Objekt, das wir selber sind" (AD 16). Einen Begriff der Geschichte zu bilden bedeutet daher, einen Begriff des eigenen Denkens zu bilden, das sich in dieser Geschichte situiert und orientiert, das in sie einwirkt und sich von ihrem vielschichtigen Eigensinn, der sich aus der Verflechtung zahlloser Strukturen, Institutionen und Zufälle herausbildet, bestimmen lässt. Es bedeutet, die Verflochtenheit explizit zu machen und die Verflechtung zu verstärken. Es bedeutet eine Selbst- und Fremdbestimmung seines Denkens, deren Produkt keine fertige, instituierte Geschichtsphilosophie ist, sondern eine anhaltende selbstkritische Reflexion über das Verhältnis des Denkens zu jenem merkwürdigen Objekt, „das wir selbst sind".

Dieses anspruchsvolle Geschichtsdenken darf allerdings nicht als spätes Produkt seiner enttäuschten Abkehr von einem marxistischen Dogmatismus verstanden werden. Schon in der *Phänomenologie der Wahrnehmung* versuchte Merleau-Ponty dieses verflochtene Verhältnis auf den Begriff zu bringen: „Wohl geben wir der Geschichte ihren Sinn, doch nicht, ohne dass sie ihn selber uns nahelegte" (PhW 510). Damit sei allerdings keineswegs gesagt, „die Geschichte habe von Anfang bis Ende nur einen einzigen Sinn". Vielmehr mache die Geschichte in jedem Augenblick ein Angebot oder einen Vorschlag, den die „Freiheit" aufgreifen und modifizieren kann: Weil die „Freiheit" wesentlich mit „den Zufällen unserer Lage verflochten" ist (HT 18), muss sie, wie Merleau-Ponty wenige Jahre später in *Humanismus und Terror* ausführte, ebenso mit dem Nicht-Sinn rechnen, mit dem Unberechenbaren, das dazu führt, dass die „Aktion etwas anderes hervorbringen kann als das, worauf sie abzielte" (HT 30). Der politisch denkende und handelnde Mensch könne sich in Anbetracht dieser Verstrickungen nicht auf seine guten und reinen Intentionen zurückziehen, sondern müsse auch die nicht intendierten Folgen seines Handelns tragen. Vor allem aber müsse er lernen, mit diesem Gemisch von Sinn und Nicht-Sinn zu rechnen, mit dieser Zwischenwelt des Wahrscheinlichen, in der sich alle Politik abspielt. Es gibt demzufolge weder absolute Notwendigkeit noch absolutes Chaos: Die Geschichte verläuft nach einem Wort Lenins „nicht so gerade [...] wie der Newskij Prospekt", es lassen sich aber dennoch gewisse „Grundlinien" ausmachen: „genauer, gewisse Möglichkeiten sind ausgeschlossen: die endgültige Stabilisierung des Kapitalismus zum Beispiel" (HT 99). Sie ist daher, wie Merleau-Ponty in seinen entwicklungspsychologischen Vorlesungen Ende der 1940er-Jahre folgerte, „kein verborgener Gott, der an unserer Statt handelt und dessen Einwirkungen wir zu dulden hätten" (KV 99f.).

Nur wenige Jahre später, in der Entstehungszeit von *Die Abenteuer der Dialektik*, in der die Geschichtsphilosophie, zumindest als explizites Thema, den größten Raum in seinem Schaffen einnahm, versuchte Merleau-Ponty das Denken einer ständigen Verflechtung von Sinn und Nicht-Sinn weiterzuentwickeln. Die Politik dieses Denkens bestimmte er nun in doppelter Abgrenzung zu einer Politik des Verstandes, die „einen geschichtlichen Sinn zu finden sich nicht anmaßt, also lediglich versucht, diesen Sinn an unsere Werte anzugleichen" (V 67),[21] und zu einer Politik der Vernunft, die versucht, „eine geheime Logik in den Lauf der Dinge hineinzuverlegen, eine Logik, deren Verdikt wir schlichtweg hinzunehmen haben", die ohne Selbstkritik zu einem „Fanatismus" wird, „der im Namen irgendeines Geschichtsgeheimnisses die einsichtigsten Wertungen nach Belieben umwirft" (V 67). Dieser schlechten Alternative stellte Merleau-Ponty eine Politik

[21] Diese Politik gründe in einer Philosophie, „die überzeitlich bestimmbare Werte und ein von jeglichem Geschehensinteresse entbundenes Bewusstsein dem Menschen zudiktiert" (V 67).

der Wahrnehmung entgegen, die „eine Logik *in* der Zufälligkeit", „eine Vernunft *in* der Unvernunft" erblickt (V 68).

In *Die Abenteuer der Dialektik* synthetisierte Merleau-Ponty das in verschiedenen Vorlesungen (insbesondere in der 1953/54 gehaltenen Vorlesung „Materialien für eine Theorie der Geschichte" und in „Die Institution in der persönlichen und öffentlichen Geschichte" von 1954/55) entwickelte Geschichtsdenken.[22] Im Zentrum stand dabei die immer neu ansetzende Verflechtung des Gegensatzes zwischen Notwendigkeit und Freiheit, zwischen Reflex und Revolution – Begriffe, die für Merleau-Ponty keiner bloßen Illusion entspringen, sondern vielmehr komplementäre Perspektiven darstellen, die allerdings ihre eigene, ursprüngliche Verflochtenheit aus den Augen verlieren. Eine Politik der Wahrnehmung hingegen erkennt weder einen konstituierten Sinn, eine „reine Entwicklung der Idee" (AD 22), noch sieht sie ein bloßes Chaos, das dem menschlichen Handeln keinerlei äußere Orientierung bietet und es dadurch auf innere, moralische Prinzipien verweist. Im Gegensatz zu einer Politik des Verstandes oder der Vernunft erkennt sie überall „Reliefs, die nur von einem bestimmten Gesichtspunkt aus Gestalt annehmen und niemals andere Sichtweisen absolut ausschließen" (AD 50). Sie erkennt genauer gesagt ein „Werden, das in den Dingen sich abzeichnet" (AD 51): Dieses Werden schreitet allerdings nicht auf einen vorbestimmten Endpunkt zu, sondern läuft „bei jedem Schritt Gefahr, vom Wege abzukommen" (AD 50). Diese Gefahr wiederum ist keine äußerliche, empirische Bedrohung eines ansonsten eindeutigen Sinns. Der Sinn der Geschichte gibt sich vielmehr überhaupt nur durch „Missverhältnisse, durchs Überleben, durch Ablenkungen und Regressionen" zu erkennen (AD 50). Er bildet sich also langsam

[22] Merleau-Ponty hat zumindest im Fall der äußerst wichtigen Vorlesung über den Begriff der Institution umfangreiche Notizen hinterlassen, die inzwischen auch veröffentlicht wurden (IP 41–198) und in den kommenden Jahren auch in deutscher Übersetzung erscheinen werden. Bis dahin bieten die Vorlesungszusammenfassungen, die Merleau-Ponty am Ende jedes Semesters zu schreiben gehalten war, einen wertvollen Überblick, vgl. V 67–73, 74–77.

und mühsam aus der Geschichte heraus, aus zahllosen Katastrophen, Rückschritten, Umwegen und Sackgassen: Es gibt daher „weniger einen Sinn der Geschichte als eine Beseitigung des Unsinns“ (AD 50). Auch wenn die Geschichte den Unsinn beseitigt, setzt sie nicht einfach einen Sinn an seine Stelle. Der Sinn ist für Merleau-Ponty grundsätzlich kein Gesetztes, sondern bleibt vielmehr „ein zu Schaffendes, ein Auszudenkendes“ (AD 29). Eine endgültige „Lösung des menschlichen Problems, ein Ende der Geschichte ließe sich nur dann konzipieren, wenn die Menschheit wie ein zu erkennendes Ding wäre“ (AD 30).

In dem 1956 erschienenen Sammelband *Les philosophes célèbres* betonte Merleau-Ponty, dass die allmähliche Entwicklung eines Geschichtsdenkens, der sich auch sein eigener Geschichtsbegriff verdankt, Ausdruck einer gegenläufigen Grundtendenz ist, die die ambivalente Moderne ebenso stark prägte wie der vermeintlich zeit- und ortlose Rationalismus. Auch in der Geschichte des Geschichtsdenkens zeichnet sich für Merleau-Ponty ein prekärer, überall vom Begehren nach Eindeutigkeit bedrohter Sinn ab: Erschien die Geschichte zu Beginn ihrer Entdeckung noch als „Fatalität des Guten“, als „Überzeugung, dass die Erfindungen der Menschen sofort und unausweichlich mit dem menschlichen Leben vereinbar sind“, verwandelte sich diese Vorstellung zusehends in die „unvergleichlich ausgefeiltere Idee einer Logik der Geschichte“, die aber immer noch dem Vorurteil der Immanenz verhaftet blieb. So glaubte sie beispielsweise, dass „die antike Welt den Kapitalismus in sich trug wie die Pflanze den Samen“, dass es einen immanenten Sinn, eine Logik gibt, die den unweigerlichen Ablauf der Geschichte garantiert. Erst spät beginnt sich die Einsicht durchzusetzen, dass die Geschichte gerade keine „zweite Natur“ ist, kein Schauspiel, das sich vor den Augen eines degagierten Bewusstseins abspielt und dessen Sinn sich feststellen ließe.[23]

[23] Maurice Merleau-Ponty, „[Les philosophes célèbres]“, in: PII 201–210, hier 207.

In seinem unvollendeten Hauptwerk *Das Sichtbare und das Unsichtbare* betont Merleau-Ponty noch einmal die wichtigste Konsequenz, die er aus dieser geschichtlich gewordenen und selbst ambivalenten Einsicht gezogen hat: Es gibt keine Perspektive, die als ort- und zeitlose alle anderen Perspektiven in sich vereinen und sich aus ihrer Verflechtung lösen könnte. Jede Perspektive ist an ihren Ort und ihre Zeit gebunden, sie bleibt kontingenzbehaftet und partikular, „weil der Raum oder die Zeit der Kultur ebenso wie der Raum der Natur nicht überschaubar sind, und weil die Verständigung zwischen bestehenden Kulturen sich in der wilden Region abspielt, aus der sie alle entstanden sind" (SU 154). Wenn das Denken der Geschichte nicht zum Dogma werden will, wenn es nicht die Kontingenz ausschalten und die eigene Kultur und Epoche universalisieren will, wenn es nicht selbst zur Entgrenzung der Gewalt und des Terrors beitragen will, muss es den Kontakt zu dieser wilden Region immer wieder knüpfen, indem es sich auf die Zufälle und Begegnungen einlässt, die sie bereithält: Ohne den Zufall bleibt die Geschichte ein „Hirngespinst" (AG 213).

Die Versuchung, sich selbst zu immunisieren und ein Hirngespinst an die Stelle der wirklichen Geschichte zu setzen, hielt Merleau-Ponty für die größte Gefahr eines geschichtlichen Denkens. Dieser Versuchung ist in seinen Augen auch noch der größte Denker der Geschichte, nämlich der (späte) Hegel erlegen: „Da er die Geschichte inszeniert hat, findet er in ihr auch nur jenen Sinn wieder, den er in sie gelegt hatte; und so verneigt er sich nur vor sich selbst" (AG 211). Diese „triumphierende Philosophie" habe sich von ihrer Situation gelöst, sie befindet sich *en surplomb*, auf dem höchsten und zentralen Ort der geschichtlichen Landschaft: Dieser „Hegel vom Ende hat alles begriffen, außer seiner eigenen historischen Situation".[24] So wie dieser „Hegel vom Ende" seine Philosophie als einen

[24] Maurice Merleau-Ponty, „Der Existentialismus bei Hegel", in: SNS 83–93, hier 85.

alles Vergangene in sich aufhebenden absoluten Höhepunkt begreift, so gibt es umgekehrt einen Heidegger vom Anfang, der sich als absoluter Augenblick verortet, als Ereignis, in dem die ganze Zukunft, die es eröffnet, schon vorweggenommen ist.

Wenn sich Merleau-Ponty als Erbe dieses Geschichtsdenkens sieht, dann schwebt ihm weder die triumphierende Philosophie des späten Hegel noch die jubilierende Philosophie des späten Heidegger vor, sondern eine „kämpfende" Philosophie (SNS 85), wie sie ihm beispielsweise in der *Phänomenologie des Geistes* begegnete – ein Denken, das sich gerade nicht „die Verkettung von Begriffen, sondern die Aufdeckung der menschlichen Erfahrung auf allen ihren Gebieten vornimmt" (SNS 86). Diese Aufdeckung ist nur als Verflechtung und nie als neutrale Betrachtung möglich, sie ist getragen von der „Idee, dass die Philosophie vom Leben sich *nicht* unterscheidet" (V 238). Hegels Abfall von einem wirklich dialektischen Denken (Merleau-Pontys eigenwilliger Begriff von Dialektik wird im folgenden Kapitel ausführlicher Thema) ist jedoch kein bedauernswerter Unfall, keine individuelle oder persönliche Verfehlung des alternden Hegel, sondern Symptom eines Begehrens nach Eindeutigkeit, das jedes Denken der Geschichte bedroht, einer wesentlichen Gefahr, der es nur durch ständige Selbstkritik entgehen kann, nicht durch eine bloße Reflexion auf das Eigene, sondern durch eine Öffnung gegenüber dem Zufall und der Begegnung, die das Eigene infrage stellen. Trotz der ständigen Versuchung des Philosophozentrismus, der das späte Denken Heideggers und Hegels auf umgekehrte, aber komplementäre Weise erlegen sind, bleibt ein Denken der Geschichte in Merleau-Pontys Augen jedoch notwendig, um die Gewalt und den Terror einzuhegen – denn die „erste Gewalttat, Grundstein aller anderen, ist diejenige, welche die Geschichte selbst, der unbegreifliche Wille verübt, vor dem alle persönlichen Ansichten sich ausnahmslos als brüchige Hypothesen ausnehmen" (HT 62f.).

5. INSTITUTIONEN: DER ZUFALL DER REVOLUTION UND DIE AUFGABE DER PHILOSOPHIE

> Wenn wir das Wort Dialektik bis jetzt dennoch nicht ausgesprochen haben, so deshalb, weil sie [...] unbeständig ist im gleichen Sinne, wie die Chemiker dieses Wort gebrauchen, weil sie dies sogar wesentlich und definitionsgemäß ist, und zwar so sehr, dass sie sich nie als These zu formulieren vermochte, ohne sich zu entstellen, und weil man sie, will man ihren Geist bewahren, vielleicht nicht einmal beim Namen nennen darf.
>
> Maurice Merleau-Ponty, *Das Sichtbare und das Unsichtbare*

Das wilde Sein, in dem sich Merleau-Pontys Denken orientieren will, kann man sich nicht als einen unberührten, undurchdringlichen Urwald vorstellen, der die eingehegten, eingezäunten Gärten der Kulturen umschließt und bedroht. Das wilde Sein meint vielmehr jene winzige Flechte, in der sich verschiedene Verflechtungen von Natur und Kultur herausbilden und miteinander kommunizieren. Es handelt sich nicht um die domestizierte Vorstellung einer unberührten Natur, sondern um eine immer schon verwandelte und manipulierte Wildnis, die nicht nur Gefahr und Tod bedeutet, sondern zugleich die Lebensgrundlage aller Kulturen und den einzigen Raum der Begegnung zwischen ihnen darstellt. Dieses wilde Sein kann überhaupt nur deswegen eine Geschichte haben, in der sich ein wie auch immer prekärer Sinn abzeichnet, weil es gerade keine bloße Natur ist. Versuchte man, die vielfältigen Bewegungen, Strömungen, Gegenströmungen und Wirbel einer bloßen Natur zu begreifen, etwa der Natur anderer Planeten, oder unseres eigenen Planeten vor oder nach dem Auftreten des Menschen, versetzte man sich also auf den „Standpunkt des Sirius“ (PW 39), sprich in die Position eines neutralen, transparenten, zeit- und ortlosen Beobachters, würde man nur Nicht-Sinn erkennen. Erst in der Verflechtung mit dem menschlichen Handeln erscheint die Widersetzlichkeit der Natur laut Merleau-Ponty als ein Eigensinn. Erst in dieser Verflechtung wird so etwas wie Dialektik möglich.

Dialektik setzt für Merleau-Ponty immer ein Verhältnis der wechselseitigen Implikation zwischen einer beobachtenden Dialektikerin und dem beobachteten Gegenstand voraus. Nie lässt sie sich so beobachten, wie sich ein Vorgang der Natur feststellen und unter Umständen sogar berechnen lässt (vgl. AD 77): Jede Implikation ist eine Komplikation. Alles, was sich konstatieren lässt, jede Wechselwirkung, jeder Widerspruch, jedes Umschlagen, selbst noch das „Hinüberwachsen zur Qualität, das eine bis dahin quantitative Veränderung auf eine neue Ebene hebt“, all das sind nur „Folgen oder Aspekte der Dialektik“ (AD 245). Sie bleiben nichts weiter als „Wunder, Kuriosa und Paradoxa“, wenn man sie nicht „in der eigenen Erfahrung, in Verbindung mit einem Subjekt, mit dem Sein und anderen Subjekten“ denkt (AD 245).

Weder in der Natur noch in der Kultur, sondern nur in der Geschichte, die beide umfasst und verflicht, in diesem merkwürdigen Objekt, das wir selbst sind, gibt es Dialektik im Sinne Merleau-Pontys. Nur auf „diesem Boden wird die Dialektik [...] sie selbst“ (V 84). Nur hier gibt es „Raum für doppeldeutige Beziehungen, für Umstürze, für konträre und untrennbare Wahrheiten, für Überschreitungen, für eine fortwährende Genesis und für eine Pluralität von Absichten und Ordnungen“ (AD 245). Dialektik gibt es also nicht als Schauspiel, das sich beobachten lässt, sondern nur in der Verflechtung von Subjekten und insbesondere in der Verflechtung mit einem Subjekt, das die Dialektik denkt. Wie das Denken, von dem sie sich nicht trennen lässt, ist die Dialektik nie eine ort- und zeitlose Angelegenheit: „Sie ist nicht ein das Ganze konstituierender, sondern ein im Ganzen situierter Gedanke“ (AD 246). Sie ist situiert in einem Ganzen, das nicht von einem Denken konstituiert wird, ohne dialektisches Denken jedoch sinnlos bliebe.

Dialektik geschieht für Merleau-Ponty nicht in einem Sein, dem ein betrachtendes oder manipulierendes Bewusstsein gegenübersteht, sondern in einem „Gesehen-Sein“, das „nicht einfache Positivität, nicht An-sich und auch nicht das Gesetzt-Sein eines Denkens ist, sondern *Selbsterscheinen,* Enthüllung, fortwährendes Entstehen“ ist (SU 125). Wo immer dieses fortwährende Entstehen, diese „Dialektik der Wahrnehmung“ (IP 285) fixiert wird, wo immer ihre wesentliche Unabgeschlossenheit und Offenheit terminiert wird, wo Thesen, Antithesen und Synthesen konstatiert werden, handelt es sich für Merleau-Ponty um eine „‚einbalsamierte‘ Dialektik, die nicht mehr Dialektik ist“ (SU 215). Das wirklich dialektische Denken hingegen ist ein „Denken von der Situation her“ (SU 124). Weil sich die Dialektik nicht von diesen konkreten Situationen lösen lässt, gilt es, „alles stets wieder von vorne zu denken“ (V 84), gehört es „zu ihrem Wesen, selbstkritisch zu sein, – und ebenso wesentlich gehört es zu ihr, das zu vergessen, sobald sie zu dem wird, was man *eine Philosophie* nennt“ (SU 126). Dieses Philosophie-Werden, diese Instituierung des Denkens ist allerdings mehr als ein bedauernswerter Unfall. Die „Metamorphose der Dialektik“, der ständige „Rückfall“ in eine schlechte Dialektik scheint in der dialektischen Bewegung selbst angelegt zu sein (SU 127). Das Sehen verliert sich im Gesehen-Sein, vergisst, dass es am Gesehen-Sein Anteil hat. Das dialektische Verhältnis von Sehender und Gesehenem verschwindet hinter den beobachtbaren, erstarrten Formen der Dialektik.

Wenn „das Denken die dialektische Bewegung nicht mehr begleitet und nicht mehr diese Bewegung ist“, fällt es zurück in „die ambivalente Vorstellung eines Nichts, das sich opfert, damit das Sein sei, und eines Seins, das auf dem Boden seiner Vorrangstellung zulässt, dass es vom Nichts erkannt wird" (SU 127). In dieser Metamorphose versucht das Sehen sich völlig auszustreichen, völlig transparent zu werden, zu einem Nichts, das dem Gesehenen, dem Sein nichts hinzufügt oder wegnimmt, sondern es von einem neutralen, einem zeit- und ortlosen Standpunkt aus betrachtet. Im Gegensatz zu einer von Merleau-Ponty anvisierten Dialektik der Wahrnehmung, versucht diese schlechte Dialektik ständig und überall der Ambiguität zu entkommen. Durch ihre scharfe und absolute Trennung von Sein und Nichts, von Position und Negation, von Subjekt und Objekt, von These und Antithese verstrickt sie sich allerdings nur wieder in eine Ambivalenz, sprich in eine schlechte Ambiguität.

Für die Rezeption von Merleau-Pontys Denken spielte der Begriff der Ambiguität eine entscheidende Rolle: Spätestens seit dem Erscheinen der Studie *Une philosophie de l'ambiguïté* von Alphonse de Waelhens im Jahr 1951 gilt er als Schlüsselbegriff für das Verständnis seiner gesamten Philosophie.[1] „Die ganze Welt", erklärte Merleau-Ponty Ende der 1940er-Jahre, „ist von Ambiguität gekennzeichnet" (KV 307). Durch ihre Perspektivität und Verflochtenheit wird die Wahrnehmungswelt ständig und überall von der Ambiguität heimgesucht: Jedes Ding zeigt verschiedene Ansichten, die im Falle einer Sinnestäuschung den Eindruck von verschiedenen Dingen vermitteln. Diese eher harmlose Ambiguität wird durch die Verflechtung mit der Ausdrucks- und Sprachwelt potenziert, bis sie in der Welt der Politik jede Möglichkeit der Situierung und Orientierung bedroht. Entscheidend für Merleau-Pontys Denken ist jedoch weniger die Feststellung als der Umgang mit dieser

[1] Vgl. Alphonse de Waelhens, *Une philosophie de l'ambiguïté: l'existentialisme de Maurice Merleau-Ponty*, Löwen: Publications universitaires de Louvain 1951. Wenige Jahre später half Henri Lefebvre die Zentralität dieses Begriff für die Rezeption von Merleau-Ponty weiter zu etablieren: Henri Lefebvre, „M. Merleau-Ponty et la philosophie de l'ambiguïté", in: *La pensée*, Nr. 68, 1956, S. 44–58 u. Nr. 73, 1957, S. 37–52.

allgegenwärtigen Ambiguität. Seinen Worten zufolge kann man sie nämlich einerseits einfach hinnehmen und erdulden – sie wird dann zu einer bloßen „‚Zweideutigkeit' (équivoque)" (AG 178). Oder man kann sie andererseits auch bekämpfen und gewaltsam versuchen, eine Eindeutigkeit herzustellen: Man kann für die Erklärung der unterschiedlichen Bilder neue Entitäten und Hypothesen einführen, immer neue (in einem schlechten Sinn) dialektische Umwege finden. Dieses Begehren nach Eindeutigkeit produziert eben das, was Merleau-Ponty im Anschluss an Melanie Klein als „Ambivalenz" bezeichnet: „*Eine Ambivalenz liegt vor, wenn das Subjekt für dasselbe Wesen zwei alternative Bilder entwirft, die nicht als Vorstellung desselben Objektes aufgefasst werden*" (KV 305f.; vgl. PII 340). In Bezug auf einfache Sinnestäuschungen wird diese Ambivalenz beim Erwachsenen meist in eine gute Ambiguität verwandelt: „*Eine Ambiguität [...] besteht, wenn das Subjekt die Wahrnehmung zweier Bilder hat und dennoch weiß, dass sie sich auf dasselbe Objekt beziehen*" (KV 306). In Bezug auf die weitaus komplexeren Fälle der Welt des Ausdrucks, der Sprache und der Politik ist dieser Prozess jedoch keineswegs mit dem Übergang ins Erwachsenenalter abgeschlossen. Das Begehren nach Eindeutigkeit nimmt hier viel massivere Formen als die individuellen und spontanen Überzeugungen an, die das Kind zur Vermeidung emotionaler Ambiguität ausbilden mag: Es neigt dazu, die Ambiguität als bloße Bedrohung zu begreifen, zu bekämpfen und schließlich durch eine selbstgesetzte und also beherrschbare Eindeutigkeit zu ersetzen.

Die instituierten Formen dieses Begehrens, also die Vorurteile, Weltanschauungen, Ideologien, Politiken und sogar Philosophien, sind selbst wiederum von einer gewissen Ambiguität gekennzeichnet: „die einen übertreiben und vereinfachen eine Wahrheit; die anderen werden erfunden, um diese Wahrheit zu verbergen" (E 88). Auch der Rationalismus der modernen Reflexionsphilosophie ist noch von diesem Begehren nach

Eindeutigkeit und Gewissheit, von diesem Kampf gegen die Ambiguität geprägt. In ihren schlechtesten und schädlichsten, weil eindeutigsten Ausprägungen läuft diese Reflexionsphilosophie darauf hinaus, „den klarsten Begriff zu wollen, wenn die Sache selbst ambivalent ist" (C 59).

Die Aufgabe der Philosophie im Sinne Merleau-Pontys besteht hingegen gerade darin, den „Sinn für Evidenz und für Ambiguität" zu kultivieren (AG 178). Sie besteht in dem anhaltenden Versuch, die Ambiguität weder einfach hinzunehmen noch abzuschaffen. In der Situation, „in die wir hineingeworfen sind, weil wir einen Leib haben und eine persönliche wie auch eine kollektive Geschichte", in dieser Situation, in der sich die Philosophie situieren und orientieren muss, „können wir keine absolute Ruhe finden; wir müssen ohne Unterlass daran arbeiten, unsere Divergenzen abzubauen, unsere missverstandenen Äußerungen zu erklären, und daran, das Verborgene an uns aufzuzeigen sowie daran, andere wahrzunehmen" (C 44). Diese Kultivierung der Ambiguität schließt eine Kritik der Ideologien mit ein: Sie muss die Gefahr der Ideologien analysieren, die in ihrem Versuch der Vereindeutigung zu einer Entgrenzung der Gewalt beitragen. So verhält es sich etwa im Fall der sowjetischen Staatsideologie, die über eine eindeutige Erkenntnis des Sinns und des linearen Verlaufs der Geschichte zu verfügen meinte und deren Festhalten an dieser Überzeugung in einen terroristischen Zickzackkurs mündete (vgl. AD 113). Die „dialektische Entwicklung", die unabgeschlossene, verflochtene Bewegung, die Abenteuer der Geschichte wurden hier zu einem bloßen „dialektischen Schema" (AD 113). Die Dialektik wurde selbst zu einer „reinen Ideologie" (PII 355), die das erratische Handeln *post festum* zu dialektischen Umwegen erklärte.

Eine Philosophie, in dem anspruchsvollen Sinn, den Merleau-Ponty vorschlägt, entwickelt also eine Kritik der Ideologien, mehr noch aber eine Selbstkritik, die auch gegenüber den Vereindeutigungen jeder Ideologiekritik wachsam bleibt, gegenüber allzu eindeutigen und selbstgerechten, im schlechten Sinne philosophischen Unterscheidungen zwischen Ideologie und Wissenschaft: „Ab dem Augenblick, in dem man annimmt, dass das Bewusstsein der Ambiguität vollkommen klar ist, dass die Ambiguität wie eine aufgeschlagene Zeitung vor dem Bewusstsein liegt, dass das Bewusstsein vollkommen klar und die Ambiguität vollkommen ambig ist, gibt es kein Bewusstsein der Ambiguität" (PII 331). Die Philosophie, die Merleau-Ponty vorschwebt, erkennt die Notwendigkeit und den Nutzen bestimmter Formen der Vereindeutigung und Vereinfachung für die Herstellung relativ transparenter Verhältnisse an: Für sie liegt die „Wahrheit nicht hinter den Ideologien, sondern in ihrer inneren Bewegung der Realisation-Destruktion" (MS 62). Die vereindeutigende Kritik der Ideologien läuft jedoch selbst ständig Gefahr zu einer Ideologie zu werden, die sich allzu schnell und allzu eindeutig den Status einer Wissenschaft und den Ideologien den Status einer bloßen Illusion zuschreibt.

Wo immer das Denken versucht, sich aus der dialektischen Bewegung auszustreichen, sich als ein zeit- und ortloses, überfliegendes Denken zu imaginieren, läuft es Gefahr, die Dialektik zu zähmen: Es verschließt sich der in Merleau-Pontys Augen wesentlichen „Überraschung eines Geistes, der sich von den Dingen überflügelt, in ihnen vorweggenommen sieht" (AD 77), und verwandelt sich in ein „thetisches Denken", das glaubt, das Sein „durch eine Verbindung von Aussagen, durch These, Antithese und Synthese zusammensetzen zu können" (SU 129). Eine „gute Dialektik" hingegen weiß, dass jede Fixierung, „dass jede *These* eine Idealisierung darstellt" (SU 129). Sie weiß genauer gesagt, „dass das Sein nicht aus Idealisierungen oder aus Gesagtem besteht [...], sondern aus verbundenen Ganzheiten, wo die Bedeutung immer nur als Tendenz vorhanden ist, wo die Trägheit des Inhaltes es niemals erlaubt, den einen Begriff als positiven und den anderen als negativen zu definieren, und erst recht nicht, einen dritten Begriff als die absolute Aufhebung des Negativen durch sich selbst anzusetzen“ (SU 129).

Das dialektische Denken situiert und orientiert sich in Ganzheiten, die sich miteinander zu einem Ganzen verbinden. Weder die Ganzheiten, ich bezeichne sie vereinfachend als Gesellschaften, noch das Ganze, also die Geschichte, schließen sich allerdings zu überblickbaren und beherrschbaren Totalitäten ab – und das nicht zuletzt, weil die Ganzheiten und das Ganze mit dem dialektischen Denken verflochten sind. Nur wenn es seine eigene Verflochtenheit nicht vergisst, kann das überfliegende Bewusstsein in ihnen tatsächlich einen Sinn erkennen: sich abzeichnende Tendenzen, die ständig von der Trägheit oder dem Eigensinn der Natur, der Sprache, der Politik bedroht sind. Denn die Realisation-Destruktion dieser Tendenzen hängt wesentlich davon ab, wie das dialektische Denken sie interpretiert und manipuliert. Das dialektische Denken mündet also geradewegs in die Frage *Was tun?*

Merleau-Pontys Umgang mit dieser Frage illustriert noch einmal auf besonders eindrückliche Weise sein komplexes und für sein gesamtes Denken fundamentales Verhältnis zur Tradition der modernen Philosophie. Denn sein Versuch, eine Antwort zu finden, oder vielleicht eher einen Stil, eine *virtù* zu entwickeln, die sich beim unablässigen Antworten und Infragestellen dieser Antworten durchhalten ließe, lässt sich nicht ohne seinen Rekurs auf Machiavelli rekonstruieren. Die emphatische Bezugnahme auf Machiavelli (und auf Montaigne) wiederum ist Ausdruck seines ambigen Verhältnisses zu einer ambivalenten philosophischen Moderne: Diese Moderne hat einerseits mit der cartesischen Revolution begonnen, andererseits stellt der Rationalismus der Reflexionsphilosophie aber zugleich eine (vielleicht sogar reflexhafte) Reaktion auf einen früheren Anfang der Moderne dar.[2]

[2] Diese Geste des Rückgangs auf einen früheren Anfang der Moderne, die Merleau-Ponty mit vielen französischen Philosoph_innen, nicht zuletzt mit Derrida und Latour, teilt, hat Stephen Toul-

Vor dem rationalistischen Beginn der Moderne, in dem man mit Merleau-Ponty einen Versuch erblicken kann, Politik aus vernünftigen Prinzipien abzuleiten, beharrte Machiavelli darauf, die Politik aus der konkreten Situation zu entwickeln. Anstatt den Zufall als Bedrohung vernünftiger und transparenter Verhältnisse zu eliminieren, soll sich Machiavellis *principe* die *fortuna* zunutze machen. Wenn er von vornherein mit dem Zufall rechnet, ist er Merleau-Ponty zufolge „nicht den Umstürzen ausgesetzt, die der moralisierende Politiker erfährt" (Z 321). Diese Offenheit für das Unvorhersehbare ist ein wesentlicher Bestandteil der *virtù*, die sich an der Situation und nicht an Prinzipien orientiert – doch sie ist nicht alles: Dass *fortuna* nur „zur Hälfte Herrin über unsere Taten ist", bedeutet für Machiavelli zugleich, dass sie „dadurch die andere Hälfte, oder etwas weniger, unserer eigenen Lenkung überlässt".[3] Diese Lenkung erfordert eine Einsicht in den Eigensinn der Welt der Politik, der sie in eine „Zauberwelt" verwandelt:

> So wie Spiegel, die man im Kreis aufstellt, eine kleine Flamme in eine Zauberwelt verwandeln, so nehmen auch die Handlungen der Macht, wenn sie sich in der Konstellation verschiedener Bewusstseine spiegeln, eine andere Gestalt an, und die Spiegelungen dieser Spiegelungen schaffen einen Anschein, welcher der eigentliche Ort und, alles in allem betrachtet, die Wahrheit der historischen Tat ist. Die Macht

min in seinem Buch *Kosmopolis* auf den Begriff gebracht: Die Revolution der Moderne, also „das Streben des 17. Jahrhunderts nach mathematischer Exaktheit und logischer Strenge, theoretischer Gewissheit und moralischer Reinheit" lasse sich, so die Grundthese seines Buches, nur als Reaktion gegen die „tolerante, skeptische Haltung der Humanisten des 16. Jahrhunderts" verstehen (Stephen Toulmin, *Kosmopolis. Die unerkannten Aufgaben der Moderne*, übers. v. Hermann Vetter, Frankfurt a.M.: Suhrkamp 1991, S. 13).

[3] Die berühmte, in den deutschen Übersetzungen leider meist etwas ungenau wiedergegebene Stelle aus dem 25. Kapitel lautet im Original: „Nondimanco, perché il nostro libero arbitrio non sia spento, iudico potere essere vero che la fortuna sia arbitra della metà delle azioni nostre, ma che etiam lei ne lasci governare l'altra metà, o presso, a noi." (Niccolò Machiavelli, *Il Principe. Der Fürst*, übers. v. Philipp Rippel, Stuttgart: Reclam 1986, S. 192) Die gängigen Übersetzungen übergehen meist das *governare* und suggerieren so, dass die „andere Hälfte" einfach der freien „Entscheidung" überlassen wäre.

> ist von einem Lichthof umgeben, und ihr Fluch – wie übrigens auch der des Volkes, das sich ebensowenig erkennt – liegt darin, nicht das Bild zu sehen, das sie anderen von sich bietet. (Z 319)

Dieses in der Perspektivität des Leibes begründete Spiegelspiel der Politik, das die Situation in fast ebenso hohem Maß bestimmt wie der Zufall, hat einen Eigensinn, der verhindert, dass sich jemals vollkommen transparente Beziehungen herstellen lassen. Dieser „Fluch" oder „Zauber" des Politischen – der macht, dass niemand mit letzter Gewissheit das Bild kennt, das er den anderen bietet, und dass umgekehrt niemand die anderen hinter ihrem präsenten und präsentierten Bild erkennt – ist allerdings mehr und anderes als ein blind waltendes Schicksal, als ein bloßer Zufall oder Nicht-Sinn. Die Welt der Politik ist nicht in dem Sinn eine „verzauberte Welt", dass „die Einwirkung der Ideen regellos wäre", dass „die Engel sich ständig in Dämonen verwandelten und die Verbündeten in Feinde" (HTII 26, vgl. E 308). Es gilt daher, den Eigensinn dieser Welt zu verstehen und zu zähmen. Und das bedeutet gerade nicht, ihn aus irgendwelchen philosophischen Prinzipien zu deduzieren, sondern „durch einen einfachen Rückgriff auf die Gegebenheiten unserer Lebensumstände" (Z 322), durch eine konkrete Analyse der konkreten Situation. Der wirklich materialistische Politiker, der *principe* muss die Situation lesen lernen, ein Gespür entwickeln für die „Echos", für die niemals vollständig berechenbaren Wirkungen, „die seine Worte und Taten auslösen" (Z 320).

Die Weigerung, Politik auf philosophische Prinzipien zu gründen, führt allerdings weder im Fall Machiavellis noch im Fall Merleau-Pontys zu einer amoralischen und skrupellosen, zu einer machiavellistischen Politik. Im Gegenteil, auch wenn der tugendhafte Politiker bisweilen „mittels der Laster, der Lüge, des Terrors oder der List" regieren muss (Z 321), ist die Gewalt kein gleichgültiges Mittel zu einem beliebigen Zweck.

Sie entspringt keinem Willen zur Macht, keinem Streben nach Erfolg (vgl. HT 28f.), sondern einer wahrhaften Liebe für die Menschen und die Freiheit (vgl. Z 321), einem „wirklichen", einem „ernsthaften Humanismus [...], der auf der ganzen Welt der tatsächlichen Anerkennung des Menschen durch den Menschen entgegensieht" (Z 328f.). Und was für den wahrhaft humanistischen Politiker, für den Protagonisten von *Il Principe* gilt, das gilt in Merleau-Pontys Augen erst recht für seinen Verfasser: „Machiavelli ist alles andere als ein Machiavellist, da er ja die List der Macht beschreibt und, wie er sagt, ein ‚Geheimnis verrät'" (AG 218f.). Im Gegensatz zu den real existierenden Politiker_innen, die „in der Dialektik leben", die sich die Dialektik nur zunutze machen, „um sie zu verhüllen", denkt der Philosoph Machiavelli die Dialektik und spricht ihre Wahrheit aus: „Es gibt nur Verbrecher" (AG 219, vgl. HT 27).[4]

Machiavellis philosophische Politik, sein ernsthafter Humanismus hatte jedoch einen entscheidenden Mangel: Was seiner Politik laut Merleau-Ponty fehlte, war „ein roter Faden [*un fil conducteur*], der ihm erlaubt hätte, unter den verschiedenen herrschenden Kräften jene zu erkennen, von denen langfristig etwas zu erhoffen war, und die *Tugend* ganz entschieden über den Opportunismus zu erheben" (Z 328). Weil sich in seiner Zeit kein Sinn der Geschichte abzeichnete, konnte seine philosophische Politik keine große Linie entwickeln. Weil Machiavellis Humanismus keinen Prinzipien, sondern der konkreten Analyse der konkreten Situation entsprang, blieb er genauso latent oder besser gesagt abwartend wie der Marxismus Merleau-Pontys in den ersten Jahren der Nachkriegszeit: Wenn sich keine Bewegung abzeichnet, im einen Fall eine nationale, die sich der feudalistischen Kleinstaaterei entgegenstellt, oder im

[4] Diese Wahrheit darf freilich nicht mit dem weitverbreiteten Ressentiment verwechselt werden, das in der Parole „Alle Politiker sind Verbrecher" zum Ausdruck kommt. Sie impliziert gerade keine Absage an jede institutionalisierte Politik, sondern die Forderung nach einer institutionellen Einhegung der unvermeidlichen Gewalt des Politischen.

anderen Fall eine internationale, die den Kapitalismus und Nationalismus überwindet, beschränkt sich die philosophische Politik darauf, die politischen Verhältnisse begrifflich zu durchdringen.

Dennoch hat Machiavelli in Merleau-Pontys Augen eine Tradition gestiftet, in der er nicht nur sein eigenes, sondern auch das Denken von Marx oder von Lukács verorten würde – die Tradition eines wirklichen, ernsthaften Humanismus. Dieser Humanismus „beginnt mit dem Bewusstsein der Zufälligkeit, er ist die ständige Feststellung einer erstaunlichen Einheit von Tatsache und Sinn, meinem Leib und mir, mir und anderen, meinem Denken und meinem Sprechen, Gewalt und Wahrheit" (Z 357). Es handelt sich also um einen Humanismus, der die zahllosen Verflechtungen in die Natur, in die Sprache und in die Geschichte nicht als Hindernisse für die Verwirklichung seiner Ideale ansieht, sondern als Ausgangspunkte und als Medien des Humanismus, die als solche zur Sache des Denkens gemacht werden müssen. Dieser Humanismus, der es immer und überall ablehnt, seine Politik auf moralische oder philosophische Prinzipien zu stützen, entwickelt nichtsdestoweniger eine *virtù*, eine Tugend, die Merleau-Ponty auch als moralische Haltung, sogar als die einzig ernsthaft moralische Haltung bezeichnet.

Für gewöhnlich versteht man unter dem Begriff einer moralischen Haltung etwas anderes, nämlich den Versuch, in verschiedenen Situationen die richtigen Entscheidungen zu treffen, solche nämlich, die ein moralisches Prinzip oder eine innere Stimme dem Gewissen oder der Vernunft diktiert. Diese vermeintlich moralische Haltung, die versucht, sich aus der Geschichte auszustreichen, die eigene Verstricktheit ungeschehen zu machen, „will sich nicht die Hände schmutzig machen" (SNS 198). Sie will ein zeit- und ortloses Urteil über die Situation fällen, sie will eine richtige Entscheidung treffen, ohne ihre nie vollständig beherrschbaren Konsequenzen zu tragen.

Doch es gibt, wie Merleau-Ponty zu betonen nicht müde wird, „keine *richtigen Entscheidungen*, es gibt nur eine *richtige Politik*" (AD 8). Weil die Reflexion, die sich zu den höchsten Prinzipien oder zu einem Überflug der Geschichte aufschwingt, ein leibliches Verhalten in einer bestimmten Situation bleibe, gebe es keine zeit- und ortlose Subjektivität, keine „Versicherung, eine Quelle der Moralität zu besitzen" (SV 258). Sobald man „in moralischen Überlegungen die Folgen der Handlung für den anderen in Betracht zieht", sei es immer und überall möglich, dass „unsere Beziehungen zum anderen von Unmoralischem geprägt sind" (PrW 52). Sobald man den auf zahllose, nie völlig durchsichtige Weisen verflochtenen Leib und nicht den Geist, nicht jenes späte und artifizielle Produkt einer sich selbst vergessenden Reflexion zum Ausgangspunkt nehme, garantiere nichts und niemand, „dass die Moralität möglich ist" (PrW 52).

Eine abstrakte moralische Haltung, die sich in jedem Augenblick mit einer radikalen, singulären Entscheidung konfrontiert sieht, die keine Abwägung der Konsequenzen, keine Ökonomie der Gewalt, sondern ein aus zeitlosen Prinzipien deduziertes, unerbittliches Ja oder Nein erfordert, kann unter gewissen Umständen selbst unmoralisch werden. Es gibt zwar in Merleau-Pontys Augen durchaus Situationen, die eine solche Entschlossenheit erfordern, außerhalb dieser „Augenblicke der Krise" jedoch, in denen die Situation vollkommen offen scheint, in denen sich kein Sinn abzeichnet, in denen die Folgen der eigenen Entscheidung völlig im Dunkeln liegen, ist „das Ja oder Nein eine amateurhafte Politik" (PII 286). Und für eine philosophische Politik der Wahrnehmung, die nicht von zeitlosen Prinzipien oder einer ortlosen Freiheit ausgeht, sondern von der leiblichen Verflechtung in die Welt der Wahrnehmung, der Sprache und der Politik, ist eine derartige „amateurhafte Politik" nicht nur naiv, sondern, weil Naivität für eine Philosophie im Sinne Merleau-Pontys keine Entschuldigung ist, im Kern unmoralisch.

Für Merleau-Ponty sind die Politik des Verstandes, die von immer neuen, aber in zeitlosen Prinzipien begründeten Urteilen über die Situation ausgeht, und die Politik der Vernunft, die ihre Urteile über die Situation aus einer Einsicht in das Ganze der Geschichte ableiten zu können meint, nur zwei Seiten einer Medaille. Beide bleiben in einem abstrakten „Hin und Her zwischen dem Wirklichen und den Werten, zwischen dem einsamen Urteil und der gemeinsamen Aktion" gefangen (AD 10). Eine Politik der Wahrnehmung hingegen „ist keine reine Moral. Sie ist auch kein Kapitel einer bereits geschriebenen Universalgeschichte. Sie ist eine sich erfindende Aktion" (AD 8).

Eine Politik der Wahrnehmung muss sich immer neu erfinden, da sie sich weder an einem immer und überall gültigen Prinzip wie dem kategorischen Imperativ noch an einem Endzweck oder einem Endpunkt der Geschichte wie der kommunistischen Weltrevolution orientieren kann. Während der kategorische Imperativ bestimmte Mittel, beispielsweise die Lüge, kategorisch verbietet, sind für eine Politik der Vernunft alle Mittel recht. Weil eine Politik der Wahrnehmung weder die rechten Mittel noch das zu erstrebende Ziel im Voraus kennt, ist sie für Merleau Ponty eben jene bereits erwähnte, sich erfindende Aktion. In die Geschichte nicht nur verstrickt, sondern sich aktiv verflechtend, ist ihr Sinn zwar vorgezeichnet, muss aber, um zum Ausdruck zu gelangen, immer wieder neu erfunden werden. Mittel und Zwecke lassen sich für eine derartige Politik nicht ohne Weiteres unterscheiden: „Die Mittel sind eine momentane Gestalt der Zwecke und die Zwecke sind Totalisierungen der Mittel" (ULL 158, vgl. SNS 202). Diese etwas dunkle Formel will besagen, „dass der Zweck die Mittel beherrscht" und dass umgekehrt „die Mittel den Zweck verändern können" (N 95). Weil diese Politik sich weder auf ihre frommen Intentionen noch auf ihre heiligen Ziele berufen kann, sind gerade nicht „alle Mittel recht" (HT 13, vgl. HTII 32f.).

Die Einsicht in die Verflochtenheit der Mittel und Zwecke verdankt Merleau-Ponty den marxistischen Theoretiker_innen: Von Marx, Lenin und Lukács hat er seinen eigenen Worten zufolge gelernt, dass die Mittel bereits die Zwecke ankündigen müssen, dass die Zwecke aus den Mitteln hervorgehen (vgl. AD 92).[5] Es ist daher ausgeschlossen, „die Proletarier systematisch zu hintergehen und ihnen über lange Zeit das wahre Spiel zu verheimlichen" (HT 13). Es ist ebenfalls ausgeschlossen, dass sich eine marxistische Politik „des Antisemitismus oder des Polizeiaufzuges bedient" (AD 153). Derartige Mittel könnten niemals dem Zweck dienen, zumindest dann nicht, wenn die Mittel die Zwecke ankündigen, wenn die Mittel in die Zwecke übergehen – denn sie würden „das Klassenbewusstsein beeinträchtigen und den Sieg des Proletariats in Gefahr bringen" (HT 13). Dennoch kann und muss eine marxistische Politik in Merleau-Pontys Augen Allianzen und Kompromisse schließen, sie muss bisweilen verheimlichen, lügen und betrügen.[6] Doch diese „Umwege" auf dem Weg zu einer relativen Durchsichtigkeit der Verhältnisse, zu einer wechselseitigen Anerkennung werden nur dann nicht zu Abwegen, wenn „die Windungen der Taktik in einer gegebenen Phase einer allgemeinen Definition dieser Phase" untergeordnet werden und wenn diese Definition öffentlich gemacht und kritisch diskutiert wird (HTII 26). Der „marxistische Machiavellismus" zeichnet sich gerade dadurch aus, dass er *„den Kompromiss in das Bewusstsein des Kompromisses, die Ambiguität der Geschichte in das Bewusstsein der Ambiguität verwandelt, dass er Umwege macht und dabei weiß und sagt, dass es*

[5] Marx bringt diesen Gedanken bereits in seinen frühen Artikeln über die Zensur und die Pressefreiheit auf folgende, griffige Formel: „Die Zensur gesteht aber selbst, dass sie kein Selbstzweck, dass sie nichts an und für sich Gutes sei, dass sie also auf dem Prinzip beruht: ‚Der Zweck heiligt die Mittel.' Aber ein Zweck, der unheiliger Mittel bedarf, ist kein heiliger Zweck, und könnte nicht auch die Presse den Grundsatz adoptieren und pochen: ‚Der Zweck heiligt die Mittel'?" (Karl Marx, „Debatten über Pressfreiheit und Publikation der Landständischen Verhandlungen", in: MEW 1, S. 28–77, hier S. 60)

[6] Um relativ durchsichtige Verhältnisse zu erreichen, dürfen weder die Ehrlichkeit noch die Lüge zum Prinzip gemacht werden: „Die Ehrlichkeit ist kein Ziel. Doch genau aus demselben Grunde darf die Unehrlichkeit niemals ein System, eine Regel oder eine Gewohnheit sein." (SNS 246)

Umwege sind, dass er Rückzüge Rückzüge nennt, dass er die Besonderheiten der lokalen Politik und die Paradoxien der Taktik wieder in eine Gesamtperspektive rückt" (HTII 26).

Doch wo wurde diese Durchsichtigkeit, diese organische Verbindung des Bewusstseins und der Tat und somit der Massen und der Partei, dieser wirklich humanistische Marxismus, diese höchste Form der Aktion jemals verwirklicht? Entsprach dem viel zitierten Lenin-Wort, „die Partei dürfe weder hinter noch neben dem Proletariat stehen, sondern vor ihm, doch nur um einen Schritt" (HT 128),[7] überhaupt jemals, und sei es nur für den flüchtigsten, revolutionären Moment, eine historische Realität? Ob diese organische Verbindung tatsächlich existierte, wird sich niemals mit letzter Gewissheit feststellen lassen. Denn es gibt für Merleau-Ponty eine fundamentale Ambiguität der Revolution, die es nicht gestattet, einen reinen revolutionären Moment, einen „*absoluten* Unterschied" zwischen der Politik Lenins oder Trotzkis auf der einen und der Politik Stalins auf der anderen Seite zu behaupten (HT 140). Niemals wird sich mit letzter Gewissheit bestimmen lassen, „wo die marxistische Politik endet und die Konterrevolution beginnt" (HT 134). Und selbst wenn es diese wirkliche marxistische Politik jemals gegeben hat, lässt sich niemals mit letzter Gewissheit sagen, ob sie nicht einfach das Produkt eines „außergewöhnlichen Individuums" (KV 99) war, das diese Verflechtung von Massen und

[7] Merleau-Ponty hat dieses geflügelte Wort, das sich seither in der französischen Marx-Diskussion, insbesondere bei Althusser, größter Beliebtheit erfreut, möglicherweise Georg Lukács' 1924 erschienener Studie „Lenin" entnommen: „Die Massen können aber nur handelnd lernen, nur im Kampfe ihrer Interessen bewusst werden. In einem Kampfe, dessen ökonomisch-soziale Grundlagen sich in ewigem Wechsel befinden, in dem sich deshalb *die Bedingungen und Mittel des Kampfes ununterbrochen verändern*. Die führende Partei des Proletariats kann ihre Bestimmung nur dann erfüllen, wenn sie in diesem Kampfe den kämpfenden Massen *stets um einen Schritt voran* ist, um ihnen den Weg weisen zu können. Jedoch stets nur einen Schritt voran ist, um immer der Führer *ihres* Kampfes bleiben zu können. Ihre theoretische Klarheit ist also nur dann wertvoll, wenn diese nicht bei der allgemeinen, bei der bloß theoretischen Richtigkeit der Theorie stehenbleibt, sondern die Theorie stets in der konkreten Analyse der konkreten Lage gipfeln lässt, wenn die theoretische Richtigkeit stets nur den Sinn der konkreten Lage ausspricht." (Georg Lukács, „Lenin. Studie über den Zusammenhang seiner Gedanken", in: *Frühschriften II (Geschichte und Klassenbewusstsein)*, Bielefeld: Aisthesis 2013, S. 519–588, hier S. 543)

Partei durch eine besondere „menschliche Qualität" (AD 37) für einen prekären geschichtlichen Augenblick herstellte.

Nirgends in der Welt der Politik und erst recht nicht in der Revolution gibt es „pechschwarze Schuldige" und „schneeweiße Unschuldige" (HT 31). Ein Moment des reinen Leninismus, des marxistischen Humanismus, in dem die Gewalt und der Terror auf das absolute Minimum beschränkt waren, in dem die größte Offenheit und Transparenz herrschte und die Lüge und der Betrug fast vergessen waren, lässt sich nicht mit Gewissheit erkennen. Es gibt keinen reinen Ursprung der Revolution bei Lenin und Trotzki, die später durch äußere Mächte oder durch die individuellen Verfehlungen Stalins von ihrem vorgezeichneten Weg abgebracht worden wäre. Auch wenn Lenin und Trotzki „der Kritik am Stalinismus dienen" können (Z 450), wäre es ein moralistischer Anachronismus, in ihnen den absoluten Gegenpol zu Stalin zu sehen. Als Lenin und Trotzki die Neue Ökonomische Politik durchsetzten, hatten sie „nie die Koexistenz und den Wettstreit von Kapitalismus und Sozialismus zum Prinzip erhoben" (Z 450). Sie hätten in der Neuen Ökonomischen Politik lediglich einen Umweg und gerade keine Abkehr vom Prinzip der Weltrevolution gesehen. Umgekehrt kann auch niemand wissen, welche Formen des Terrors und der Gewalt ein Festhalten am Prinzip der Weltrevolution in den 1930er-Jahren notwendig gemacht hätte. Gerade diese Ambiguität der Geschichte, die im revolutionären Augenblick nur besonders deutlich zutage tritt, hatten die immer noch stalinistischen Entstalinisierer in Merleau-Pontys Augen ebenso wenig verstanden wie ihre moralistischen, antikommunistischen Gegenspieler_innen.

Und genau auf diese fundamentale Ambiguität kam es Merleau-Ponty auch schon in seiner oft missverstandenen Streitschrift gegen Arthur Koestler an: In *Humanismus und Terror* trug Merleau-Ponty eine scharfe Kritik der antikommunistischen Polemik vor, die Koestler in seinem überaus erfolgreichen Roman *Sonnenfinsternis* und in seiner Essaysammlung *Der Yogi und der Kommissar* entwickelt hatte.[8] Dabei ging es Merleau-Ponty jedoch keineswegs darum, die entgegengesetzte Position einzunehmen, gar die Russische Revolution reinzuwaschen, die Moskauer Prozesse zu beschönigen, oder das Problem auf die individuellen Verfehlungen Stalins zu reduzieren. Die entscheidende und auch heute noch relevante Frage war und ist, an welchem Maßstab das revolutionäre Geschehen (und mittelbar jedes politische Ereignis) überhaupt gemessen werden kann. Eine Kritik des revolutionären Terrors, die ihn beispielsweise an einem illusionären Ideal der Gewaltlosigkeit misst, fällt für Merleau-Ponty immer hinter den Standpunkt der Revolutionär_innen zurück.

Wenn Rubaschow, die an Bucharin angelehnte Hauptfigur aus *Sonnenfinsternis*, nur zwischen einer christlich-humanistischen Ethik, die das Individuum für „sakrosankt" erklärt, und einer kommunistischen Politik wählen kann, die das Individuum der Gesamtheit unterordnet, dann zeigt sich an dieser schlechten Alternative für Merleau-Ponty in erster Linie, dass Koestler die Dialektik der Revolution nicht verstanden hat.[9] Wenn er den Revolutionären „das absolute ‚ja' und ‚nein' des Christen oder das ‚niemals' des Kantianers entgegenhält", dann zeuge diese Polemik „ganz einfach davon, dass man vor dem Problem zurückschreckt und sich auf das gute Gewissen und die pharisäische Moral zurückzieht" (HT 65). In Merleau-Pontys

[8] Arthur Koestlers Roman *Sonnenfinsternis* erschien zuerst 1940 in englischer und 1946 in französischer Übersetzung. Die französische Ausgabe verkaufte sich innerhalb von zwei Jahren zwei Millionen Mal und hatte maßgeblichen Einfluss auf das relativ schwache Abschneiden der Kommunistischen Partei beim Verfassungsreferendum im Mai 1946 (vgl. Michael Scammell, „Logik der Eiszeit", in: Arthur Koestler, *Sonnenfinsternis. Nach dem deutschen Originalmanuskript*, Coesfeld: Elsinor 2018, S. 7–17, hier S. 10f.). Die zahlreichen Missverständnisse, die Merleau-Pontys Polemik produzierte, liegen in einem Missverständnis über die Streitsache begründet: Es geht nicht in erster Linie um ein Urteil darüber, welche Mittel erlaubt sind, sondern um die Frage, auf welcher Grundlage man ein solches Urteil überhaupt fällen kann. Auch in der differenzierten Darstellung von Wolfgang Müller-Funk lebt dieses Missverständnis noch fort, wenn er Merleau-Ponty zum Vorwurf macht, er habe sich nicht zum „kompromisslosen Standpunkt" einer bedingungslosen Achtung der Menschenrechte durchgerungen (Wolfgang Müller-Funk, *Crudelitas. Zwölf Kapitel einer Diskursgeschichte der Grausamkeit*, Berlin: Matthes & Seitz 2022, S. 271).

[9] Vgl. Koestler, *Sonnenfinsternis*, S. 146.

Augen verwandelte Koestler die fundamentale Ambiguität der Revolution und des Politischen überhaupt in eine eindeutige moralische Entscheidung zwischen zwei zeit- und ortlosen Prinzipien.[10] Für Merleau-Ponty hingegen hängt das Gelingen oder Misslingen der Revolution nicht nur von den guten oder schlechten Intentionen der Revolutionäre ab. Der Verrat an der Revolution ist für Merleau-Ponty kein zufälliges Ereignis, keine bloße Verfehlung Stalins oder Lenins. Die Abweichung vom wahrhaft humanistischen Marxismus hat vielmehr immer schon begonnen: „Die Revolution als fortwährende Selbstkritik bedarf der Gewalt, um sich zu etablieren, und hört in dem Maße auf, selbstkritisch zu sein, wie sie sie ausübt" (AD 109f.). Dennoch sind die Moskauer Prozesse kein unabwendbares Schicksal gewesen.

Die entscheidende Alternative zum Terror Stalins kann jedoch nie in einem Rückzug auf die Innerlichkeit, in einem abstrakten Humanismus bestehen, sondern muss sich als eine ihrerseits unweigerlich in die gewaltsame Geschichte verstrickte Politik realisieren. Diese Alternative, der humanistische Marxismus, ist für Merleau-Ponty zunächst eine bestimmte Art zu denken, ein Denken, wie es in den Schriften von Marx oder Machiavelli am Werk war. Doch dieser denkende Gedanke wird immer schon verraten: nicht erst durch die verkommene politische Wirklichkeit, die noch die besten Gedanken und Vorsätze verdorben hat, sondern bereits durch den gedachten Gedanken. Es ist daher umgekehrt die Konfrontation mit der Wirklichkeit, die dem ständigen Verrat entgegenwirken und die einbalsamierte Dialektik wieder beleben kann. Und genau in dieser Konfrontation mit den Dingen, mit den politischen,

[10] Vereinfacht gesagt handelt es sich um eine ständige Entscheidung zwischen dem Prinzip des Kommissars, der „an die Wandlung von außen her" glaubt, an eine politische und also revolutionäre Lösung aller menschlichen Probleme, und dafür jede Gewalt, jede List und jeden Verrat in Kauf nimmt, und dem Prinzip des Yogi, der nur auf den inneren Wandel des Menschen vertraut und jede Form von Gewalt kategorisch ablehnt (Arthur Koestler, *Der Yogi und der Kommissar. Auseinandersetzungen*, übers. v. Friedrich Klumpp, Frankfurt a.M.: Suhrkamp 1980, S. 11).

gesellschaftlichen und wissenschaftlichen Entwicklungen erblickt Merleau-Ponty die zentrale Funktion der Philosophie für die marxistische Politik und Theorie. Was er „im Namen der Philosophie" verteidigt, „ist ganz genau die Art des Denkens, zu der die Marxisten durch die Dinge wieder zurückgeleitet werden" (Z 17). Die Funktion der Philosophie bestünde demnach darin, die marxistische Politik und Theorie zu den Dingen zurückzuführen, zu der konkreten Situation, zu den Sachen selbst, die sie von ihren abstrakten Konstruktionen und Prinzipien zu einer wirklichen Dialektik zurückleiten.

Das Verhältnis zwischen der Philosophin auf der einen und der kommunistischen Partei oder der proletarischen Bewegung auf der anderen Seite lässt sich nicht als ein Verhältnis der Weggenossenschaft oder der Sympathie begreifen: „Die Sympathie ist: die Aktion derer, die überall und nirgends sind: sie gehören durch ihre prinzipielle Zustimmung moralisch zur Partei. Aber sie bleiben draußen, weil sie sie im einzelnen kritisieren" (AD 213). Trotz oder gerade wegen ihrer prinzipiellen, also auf Prinzipien beruhenden Zustimmung, bleiben die Weggenoss_innen noch dem rationalistischen Standpunkt der Standpunktlosigkeit verpflichtet. Noch weniger als der Sympathie ähnelt die von Merleau-Ponty anvisierte Rolle der Philosophin jedoch dem organischen Verhältnis, das die marxistischen Theoretiker_innen zur Partei und zur proletarischen Bewegung unterhalten.[11] Das Verhältnis lässt sich nur als ein politisches verstehen – und das heißt für Merleau-Ponty immer: als ein Verhältnis zwischen Institutionen.

Mit Beginn der 1950er-Jahre rückte der Begriff der Institution ins Zentrum von Merleau-Pontys Denken. Er fiel jedoch keineswegs vom Himmel. Schon in der *Phänomenologie der*

[11] Aus diesem Grund beharrt Merleau-Ponty darauf, dass Trotzki und Lenin keine Philosophen waren, sondern Theoretiker. Nicht weil sie sich, aufgrund mangelnden Intellekts oder philosophischer Bildung, nicht in die vermeintlichen Höhen der ehrwürdigen Philosophie aufschwingen konnten, sondern weil sie sich mit guten Gründen für eine andere Institution entschieden haben (vgl. AD 158).

Wahrnehmung sprach Merleau-Ponty im Anschluss an Saussure davon, dass „die Sprache *institutiert* ist" (PhW 218). Vor allem gibt es aber, mit den Worten von Marilena Chauí, „einen Begriff, der den Begriff der Institution seit den ersten Werken von Merleau-Ponty vorbereitet und vorzeichnet: den Begriff der Struktur".[12] Das gilt insofern, als der Begriff der Struktur für Merleau-Ponty nicht nur und nicht in erster Linie ein synchrones System von Differenzen darstellt. Als „Schwangerschaft oder Fruchtbarkeit" erlaubt sein Begriff der Struktur, „die wechselseitige Verschlingung von Synchronie und Diachronie zu verstehen", wie beispielsweise die gegenwärtige Struktur einer Sprache „dank der unablässigen Wiederaufnahme durch die sprachlichen Akteure, ihre Vergangenheit enthält und ihre Zukunft ankündigt".[13] Verstanden als „Schwangerschaft" und „Fruchtbarkeit" verweist der Begriff der Struktur bereits auf den Begriff der Institution, denn die „Geburt ist kein Akt der Konstitution, sondern der Institution einer Zu-kunft [*à-venir*]".[14] Der instituierende Akt lässt sich, wie Merleau-Ponty weiter erklärt, insofern als Geburt begreifen, als er ein Feld eröffnet, in dem sich eine Zukunft abzeichnet, die aus sich selbst heraus entsteht, ein Sinn, der kein bloßes Produkt einer Sinngebung ist: ein Eigensinn. Insofern bedeutet instituieren fast das Gegenteil von konstituieren: „[D]as Instituierte hat einen Sinn ohne mich, das Konstituierte hingegen hat nur für mich und nur für das Ich dieses Augenblicks Sinn. Konstitution bedeutet, anhaltende, also niemals vollbrachte Institution" (IP 48).

Im Begriff der Institution sucht Merleau-Ponty also zunächst „ein Mittel gegen die Schwierigkeiten der Bewusstseinsphilosophie" (V 74). Das Bewusstsein der rationalistischen Philosophie kennt nur Objekte, die es selbst konstituiert hat: Ihr Sinn

[12] Marilena Chauí, „Merleau-Ponty: da constituição à instituição", in: *doispontos: Revista dos Departamentos de Filosofia da Universidade Federal do Paraná e da Universidade Federal de São Carlos*, Bd. 9, Nr. 1, April 2012, S. 155–180, hier S. 171.

[13] Ebd., S. 172f.

[14] Maurice Merleau-Ponty, „L'institution dans l'histoire personnelle et publique", in: IP 43–198, hier 49.

wird ihnen durch das Bewusstsein verliehen. Für sie gibt es keinen Austausch, keine wechselseitige Implikation zwischen dem konstituierenden Bewusstsein und einem konstituierten Ding oder einem anderen Bewusstsein, keine Verdinglichung, keine Zwischenwelt. Es gibt, kurz gesagt, keine Geschichte (vgl. IP 53), sondern nur den sinnlosen Ablauf der Zeit. Damit es in diesem Ablauf so etwas wie Sinn gibt, muss die Erfahrung um eine „Dimension der Dauer" bereichert werden (V 75). In Bezug auf diese instituierte Dauer „wird eine Reihe anderer Erfahrungen Sinn haben und eine denkbare Fortsetzung oder eine Geschichte bilden" (V 75, vgl. IP 50). Man könnte also sagen, dass Merleau-Ponty mit seinem Institutionsbegriff einen Gedanken aufgreift und radikalisiert, den Husserl in seinen späten Überlegungen zum Ursprung der Geometrie angeregt hat: Das konstituierende Bewusstsein und das konstituierte Objekt, selbst noch das geometrische, haben eine Geschichte. Die Konstitution lagert sich in den Dingen ab, sie erlangt eine eigene Dauer und löst sich so von dem gegenwärtigen, konstituierenden Bewusstsein. Diese Ablagerung oder Sedimentierung eröffnet die Möglichkeit einer Tradition, zugleich impliziert sie aber eine Loslösung von und ein Vergessen der Konstitutionsleistung. Die Wirklichkeit und Wirksamkeit der Institution hängt gerade nicht von der Reaktivierung, Vergegenwärtigung oder Wiederholung des instituierenden Aktes ab: „Die Institution wird also nicht wahrgenommen, nicht wie ein Begriff gedacht; sie ist das, worauf ich jeden Augenblick rechne, was sich nirgends sehen lässt und von allem für einen Menschen Sichtbaren vorausgesetzt wird, sie ist also das, worum es jeden Augenblick geht und was in unseren Bewusstseinstheorien weder einen Namen noch eine Identität hat" (IP 56).

Anhand dieser letzten Definition lässt sich bereits erahnen, dass Merleau-Ponty mit dem Begriff der Institution nicht nur auf die Vorstellung einer transzendentalen Konstitution des Bewusstseins und seiner Gegenstände abzielt, sondern auch auf die für die moderne Philosophie tragende Vorstellung einer politischen *constitution*, also eines (Gesellschafts-)Vertrages: „Die Institution ist nicht nur das, was durch einen Vertrag fixiert wird, sondern das plus die Funktionsweise" (IP 56f.). Gerade weil die *institution* im Gegensatz zur *constitution* nicht nur das vertraglich Fixierte meint, erfordert ihre Tradierung eine ständige Neuerfindung. Die Institution kann daher auch nicht ohne Weiteres mit dem Trägen und Statischen der Geschichte identifiziert werden: Sie ist „nicht das Gegenteil der Revolution" (IP 57).[15]

In ihrer allgemeinsten Definition ist die Institution für Merleau-Ponty ein Feld und eine Dauer, die durch einen instituierenden Akt eröffnet wurde, und in der sich so etwas wie ein Sinn abzeichnet (vgl. IP 47). Mit diesem weiten Begriff lassen sich zunächst alle möglichen Phänomene als Institutionen begreifen: jede Beziehung zwischen zwei Personen, jede politische, gesellschaftliche, künstlerische Praxis und noch vieles mehr. Man kann sogar von einer „tierischen Institution" sprechen: Mit der Geburt des Organismus werden nicht nur ein Feld und eine Dauer eröffnet, sondern es gibt auch den Bezug auf einen Sinn – nur ist „dieser Sinn durch die Spezies [...] fixiert" (IP 67). Von einer Institution im strengeren und engeren Sinn kann daher laut Merleau-Ponty nur beim Menschen die Rede sein:[16] Auch der Mensch ist zwar ein Organismus, er macht allerdings einen ganz anderen Gebrauch davon, einen

[15] Merleau-Pontys Begriff der Institution lässt sich nur schwer in der langen und komplexen Geschichte institutionskritischer Praxen und Theorien verorten. Das liegt einerseits daran, dass sich der Einfluss, den Merleau-Ponty auf für diese Tradition wichtige Autoren wie beispielsweise Cornelius Castoriadis oder Michel Foucault geübt hat, nur schwer abschätzen lässt. Es liegt andererseits daran, dass sich Merleau-Pontys Unterscheidung zwischen instituierenden und instituierten Praxen nicht ohne Weiteres in ähnlich gelagerte Unterscheidungen etwa zwischen instituierenden und institutionalisierenden, konstituierenden und destituierenden Praxen übersetzen lässt. Stefan Nowotny und Gerald Raunig haben einen ersten Schritt in Richtung einer Einordnung gemacht (vgl. Stefan Nowotny u. Gerald Raunig, *Instituierende Praxen. Bruchlinien der Institutionskritik*, Wien: transversal texts 2016, mit Blick auf Merleau-Ponty insbesondere S. 106–108).

[16] In den letzten Jahrzehnten haben zahlreiche Forschungen, unter anderem zum Jagdverhalten von Walen gezeigt, dass auch Tiere über Institutionen im strengen Sinn verfügen können, vgl. dazu beispielsweise: Carl Safina, *Die Kultur der wilden Tiere. Wie Wale Familien gründen, Papageien Schönsein lernen und Schimpansen Frieden schließen*, München: C. H. Beck 2022.

Gebrauch, „der die Institution wahrhaft verwandelt" (IP 69). Die menschliche Institution greift nämlich, im Unterschied zu einer tierischen, „immer eine vorangegangene Institution wieder auf, die eine *Frage* gestellt hat, die sie also antizipiert hat – und die gescheitert ist. Sie reaktiviert dieses Problem und sie fügt seine Gegebenheiten zu einer neuen, anders zentrierten Totalität zusammen. Instituiert sein bedeutet, ein Abschnitt der Geschichte zu sein" (IP 76). Der Unterschied ist also, dass die menschliche Institution immer schon mit zahllosen anderen Institutionen verflochten ist. Jede Erneuerung der Institution bringt das eröffnete Feld mit anderen Feldern in Berührung, verändert durch diesen Kontakt seinen inneren Sinn.

In jeder und für jede Institution nehmen bestimmte Erfahrungen einen bestimmten Sinn an – das gilt für die Institution eines Lebewesens, für die Institution der Liebe, die Merleau-Ponty ausgehend von seinen Proust-Lektüren verhandelt, es gilt für die Institution der Malerei oder für die Institution des modernen Rationalismus. Der innere Sinn dieser Institutionen lässt sich nicht von einem äußeren Sinn trennen, den sie für andere, vorangegangene, konkurrierende, kooperierende oder umfassendere Institutionen annehmen. Der instituierende Akt eröffnet ein Feld, eine Dauer, einen Sinn, der aber gerade nicht abgeschlossen und festgeschrieben ist: Das Anknüpfen an diesen instituierten Sinn ist immer eine Neuschöpfung, weder eine *creatio ex nihilo* noch eine Reaktivierung des ursprünglichen Sinns der Institution. In der Tradition der Malerei beispielsweise „schließt jedes Werk an die vorangegangenen an, kann nicht aus ihnen deduziert werden, schafft das Ganze neu" (IP 103). Es gibt hier, wie in jeder Institution, eine „unterirdische Logik": Jedes Werk „kündet das nächstfolgende an – und bewirkt, dass diese nicht ähnlich sein können. Alles hält sich zusammen, und dennoch weiß der Maler nicht, in welche Richtung er vorangeht" (V 76).

Der instituierende Akt zeichnet also einen Sinn vor, ohne ihn jedoch festzulegen, er eröffnet eine Dauer, die aber gerade nicht den Ablauf eines starren Prozesses determiniert, er eröffnet ein Feld, das aber gerade kein bloßes Spielfeld ist, auf dem nur im Voraus festgesetzte und erlaubte Spielzüge möglich sind. Der instituierende Akt kann ein Feld und eine Dauer nur dadurch stiften, dass er an eine andere Institution anknüpft, sich in Bezug auf eine andere Dauer, ein anderes Feld und einen anderen Sinn situiert. Stiftung bedeutet daher für Merleau-Ponty immer Erfindung und Transformation zugleich.

Auf den ersten Blick wirkt die hier skizzierte Ausweitung des Begriffs der Institution wie die Geste einer überfliegenden Philosophie: Merleau-Ponty scheint den Gegenstand zu nivellieren und die eigene Position zu neutralisieren. Er scheint den Begriff der Institution in eine allgemeine, ontologische Kategorie zu verwandeln, mit der sich alles und nichts begreifen lässt. Der politische Einsatz seiner Lehre von der Institution offenbart sich jedoch, wenn man die beiden Institutionen in den Blick nimmt, denen Merleau-Ponty die größte Aufmerksamkeit gewidmet hat: die Revolution und die Philosophie.

In dem Moment, in dem eine revolutionäre Bewegung an ihr Ziel gelangt, in dem Moment, in dem man von einer Revolution sprechen kann, hat sich etwas ereignet: „die gesellschaftlichen Verhältnisse sind nicht mehr dieselben" (IP 82). Im Gegensatz zu den zahlreichen Interpretationen der Französischen und der Russischen Revolution, die zeigen wollen, dass das Alte im Neuen fortlebt, oder dass die entscheidenden Veränderungen sich schon so lange angebahnt und vollzogen hatten, dass der revolutionäre Moment im Grunde nichts Neues gebracht hätte,[17] ist Merleau-Ponty also der Meinung, dass der

[17] Auch Merleau-Ponty wendet sich also gegen die seit der *Geschichte der Französischen Revolution* von Jules Michelet anhaltende und immer wieder erneuerte ‚kopernikanische Revolution' der Geschichtswissenschaft, die auf unterschiedliche Weisen versucht, „den Vorrang der Ereignisse und der Eigennamen [...] zugunsten der ‚langen Dauer' und des Lebens der Anonymen" aufzukündigen (Jacques Rancière, *Die Wörter der Geschichte. Versuch einer Poetik des Wissens*, übers. v. Eva Moldenhauer, Berlin: August 2015, S. 17). Der Kern dieses „revisionistischen Programms" besteht Rancière zufolge darin zu zeigen, dass die Revolutionäre immer etwas anderes taten als sie dachten, und lässt sich auf die Formel bringen: *„Es ist nichts Derartiges geschehen, was gesagt worden ist"* (ebd., S. 69). Und diese Formel ebnet immer schon den Weg für die radikalere These, „dass *nichts von dem*

revolutionäre Moment tatsächlich ein Ereignis ist: Er bringt etwas Neues, das sich nicht auf das Alte reduzieren lässt, das aber trotzdem nicht absolut neu ist. Die Revolution ist also ein Ereignis, aber gerade nicht im heideggerschen Sinn des Wortes: Mit dem revolutionären Moment ist kein „Ende der Geschichte, nicht mal ein Ende der Vorgeschichte erreicht“ (IP 82). Er läutet eine neue Epoche, eine neue Dauer ein, aber eben keine absolut neue Geschichte.

Die Revolution muss also selbst als eine Institution verstanden werden, die nur dadurch eine neue Dauer eröffnen, einen Sinn vorzeichnen kann, dass sie sich mit zahlreichen anderen Institutionen verflicht. Nicht nur ihre Proklamationen und Konstitutionen werden erst vor dem Hintergrund einer langen Geschichte politischer Institutionen verständlich, auch der Sinn der Verhaltensweisen der Revolutionär_innen, ihre Rhetorik, ihre Gesten, ihre Ästhetik, all das, was man gerne als folkloristisches oder karnevaleskes Spektakel abtut, erschließt sich nur vor dem Hintergrund zahlloser Sedimentierungen in ihren individuellen Leibern, in ihren familiären, freundschaftlichen und sexuellen Beziehungen und in allen anderen gesellschaftlichen, kulturellen und politischen Institutionen, die an der Revolution Anteil haben: „jede Institution – sogar eine revolutionäre – ist durch historische Präzedenzfälle *beeinflusst*“ (AD 265). Der Begriff der Institution erlaubt es Merleau-Ponty nun, den bereits im dritten Kapitel beleuchteten Reflex der Revolution in einem viel umfassenderen Sinn zu denken. Die vergangenen Revolutionen haben sich nicht nur in den Leibern der Revolutionär_innen sedimentiert, die sich deswegen in revolutionären Situationen reflexhaft verhalten, sie scheinen auch in allen anderen Institutionen wieder auf: in den gesellschaftlichen, politischen Institutionen ohnehin, aber auch in der Malerei und in der Sprache, überhaupt in der

geschehen ist, was gesagt worden ist – was auf die Behauptung hinausläuft, dass überhaupt nichts geschehen ist“ (ebd.).

ganzen Ausdrucks- und Farbwelt, in jeder einzelnen Wahrnehmung, selbst noch in der vermeintlich reinsten Qualität, in der Farbe Rot.

Ab dem Moment, in dem die revolutionäre Bewegung an ihr Ziel gelangt, zerfällt die Revolution allem Anschein nach in ein Prinzip und eine Institution, die in eine nie vollständig beherrschbare Geschichte eingeschrieben ist, sich auf eine nie vollkommen souveräne Weise mit zahllosen anderen Institutionen verflicht, die kurz gesagt einen Eigensinn annimmt, der prinzipiell nie mit dem unmittelbaren Wollen, das die Bewegung auszeichnete, zusammenfallen kann. „Dass alle bekannten Revolutionen degenerierten", ist daher in Merleau-Pontys Augen „kein Zufall; sie können nämlich niemals als etabliertes Regime das sein, was sie als Bewegung waren, und zwar gerade deshalb nicht, weil die Bewegung erfolgreich war und zur Institution geworden ist; die historische Bewegung ist nicht mehr sie selbst, weil sie sich ‚verrät' und ‚entstellt', indem sie sich vollzieht" (AD 250). Ein „echt sowjetisches System" ist daher „in der Geschichte der russischen Revolution nahezu unauffindbar": Die Revolution war nur „vor ihrem Erfolg proletarisch" (AD 263). Einmal instituiert verlangte sie daher ihre ständige Umwälzung. Und für Merleau-Ponty ist sie gerade aus diesem Grund die Institution *par excellence* der warmen Gesellschaften: Mehr als alle anderen Institutionen macht sie ein schöpferisches Ungleichgewicht zum Prinzip. Da sich dieses Prinzip jedoch nie instituieren lässt (vgl. IP 60), bleibt ihr nur die Flucht nach vorn: Jeder „Stillstand bei einer Revolution" bedeutet „Rückschritt" (AD 255) – „wenn sie sich für vollendet hält", dann ist sie „bereits Verfall" (AD 49). Doch „dass sie sich für absolut hält und es gerade deshalb nicht ist, weil sie sich dafür hält", das ist für Merleau-Ponty eben „das Spezifikum der Revolution" (AD 267). Eine Revolution, die sich selbst für relativ hält, für relativ fortschrittlich, die bereit ist „zuzugestehen, dass Revolution und Nicht-Revolution nur eine einzige Geschichte bilden", könne zwar Sympathie erregen, sie könne jedoch niemanden zur Revolutionärin machen: „Man tötet nicht für einen relativen Fortschritt" (AD 267).

Einmal instituiert ist die Revolution von einem unaufhebbaren „Doppelsinn" gekennzeichnet: Als Bewegung musste sie den absoluten Fortschritt wollen, als Institution kann sie immer nur relativer Fortschritt, Verrat am Prinzip der Revolution sein. In dem Moment ihrer Verwirklichung ist sie mit der Trägheit, dem Eigensinn und der Gewalt aller zwischenmenschlichen Beziehungen konfrontiert – und muss einsehen, dass die Bewegung, die sie hervorgebracht hat, ab diesem Zeitpunkt kein universales Subjekt mehr ist, sondern eine Klasse mit eigenen Interessen, die bereit ist, die Revolution „in dem Augenblick zu stoppen, in dem ihre eigenen Privilegien garantiert" sind (AD 255). Um den Geist der Revolution zu retten, müsste die Revolution also weitergetrieben werden – doch es fehlt die Bewegung, die dazu in der Lage wäre. In dieser widersprüchlichen Situation lässt sich nicht mehr mit letzter Gewissheit entscheiden, was revolutionär ist: das Festhalten an dem bereits erreichten, relativen Fortschritt, an der Institution, oder das Festhalten an einer Revolution, die sich nicht länger auf eine Bewegung der Geschichte, sondern auf ein bloßes Prinzip stützt. „Wenn die proletarische Revolution nicht reif ist", schreibt Merleau-Ponty mit Blick auf das Jahr 1793, „dann ist Robespierre relativ fortschrittlich und die Linksgerichtetheit der ‚Bras Nus' relativ gegenrevolutionär" (AD 256).[18]

[18] In den Bras Nus (eine Bezeichnung für radikale Sansculotten, die auf Michelets *Geschichte der Französischen Revolution* zurückgeht) hat der libertäre Marxist Daniel Guérin in seinem einflussreichen, erstmals 1946 erschienenen Buch *La lutte de classes sous la Première République: bourgeois et „bras nus" (1793–1797)* die unmittelbaren Vorläufer der proletarischen Bewegung gesehen. Auf Deutsch liegt eine Übersetzung der überarbeiteten und stark gekürzten Fassung von 1973 vor: Daniel Guérin, *Klassenkampf in Frankreich. Bourgeois et „bras nus" 1793–1795*, übers. v. Jürgen Hoch, Frankfurt a.M.: Suhrkamp 1979. Schon Marx und Engels erklärten diese Strömung zu den „Hauptrepräsentanten" der revolutionären Bewegung, welche die „*kommunistische* Idee hervorgetrieben" hatte (Friedrich Engels u. Karl Marx, „Die heilige Familie", in: MEW, Bd. 2, S. 126). Entscheidend ist dabei, auch mit Blick auf Merleau-Ponty, der diese Stelle bei Marx und Engels genau kannte, dass die kommunistische Idee ein Produkt der revolutionären Bewegung ist und nicht umgekehrt: „*Ideen* können nie

Robespierres Terror ist für Merleau-Ponty nur dann reaktionär, wenn tatsächlich die Möglichkeit bestand, die Revolution weiterzuführen. Wenn sich hingegen keine Bewegung der Geschichte abzeichnete, muss die Aktion der Bras Nus als relativ gegenrevolutionär gelten. In revolutionären Augenblicken wird die fundamentale Ambivalenz des Politischen besonders deutlich. Die verschiedenen Strategien und Taktiken lassen sich nur ausgehend von einer Situation bewerten, in die sie grundsätzlich verstrickt bleiben.

Diese Zwiespältigkeit ist „kein die logische Entwicklung durchbrechendes Missgeschick, das den Eigentümlichkeiten der aufsteigenden Klasse zuzuschreiben wäre und das nicht eintritt, wenn die aufsteigende Klasse das Proletariat ist" (AD 264, vgl. Z 330). Für Merleau-Ponty sind nicht einfach nur alle bisherigen Revolutionen an der Realität gescheitert, die „Revolution und ihr Scheitern" sind in seinen Augen vielmehr „dasselbe" (AD 264). Wer von einem Scheitern der Revolution ausgeht, also nicht von dem notwendigen Verrat an der Bewegung, den der revolutionäre Moment bedeutet, sondern vom Verrat an einer vollkommen reinen Revolution, die zumindest für einen kurzen Moment existierte, wer also von einem reinen revolutionären Moment ausgeht, zu dem man zurückkehren, den man permanent machen könnte, der verfehlt in Merleau-Pontys Augen notwendig den Sinn der Revolution.

Der Versuch, einen reinen Moment der Revolution zu konstruieren, der frei ist von jeglicher Kontamination, der nicht von den Geistern der Vergangenheit heimgesucht wird, der sich nicht mit überkommenen Institutionen und reaktionären Mächten arrangieren muss, ist für Merleau-Ponty nur die Kehrseite des Versuchs, das Ereignis der Revolution auszustreichen, auf immer neue Weisen zu zeigen, dass alles Neue schon im Alten enthalten oder angelegt war, dass der revolutionäre

über einen alten Weltzustand, sondern immer nur über die Ideen des alten Weltzustandes hinausführen" (ebd.).

Moment nichts als Spektakel und Gerede war, während sich die wirklichen Veränderungen langsam und untergründig vollziehen oder schon längst vollzogen haben. Beide Versuche gründen in einem Begehren nach Eindeutigkeit, nach einem eindeutigen Sinn der Geschichte, in der entweder alles Reflex ist oder alles auf eine von allen Reflexen befreite Revolution hinausläuft (vgl. IP 47f.). Und die Aufgabe der Philosophie – nicht der Philosophie im Allgemeinen, sondern eben jener Philosophie, die die Revolution als Institution begreift – besteht darin, diesem Begehren entgegenzuwirken. Sie besteht darin, die Praxis und die Theorie der Revolution auf die wirklichen Entwicklungen und somit auf ihre Ambiguität zu stoßen, um eine im schlechten Sinne ambivalente Politik zu verhindern.

Als Umsturz einer bestehenden Institution ist die Revolution zugleich ein Rückgang auf deren Quellen, die Erweckung all dessen, was in den Gründungsmythen der erstarrten und überlebten Institution ungesagt geblieben ist. Sie ist deshalb für Merleau-Ponty immer auch eine Reaktivierung unverwirklichter Potenziale der absterbenden Institution. Denn jede Institution hält noch eine andere Zukunft bereit als die Dauer, die sie tatsächlich gestiftet hat. Jede Institution ist in Merleau-Pontys Worten „sie selbst und geht über sich selbst hinaus, ist Beschränkung und Öffnung" (IP 56). Und da die revolutionäre Bewegung ab jenem revolutionären Moment (dessen präzise Bestimmung endlose Schwierigkeiten bereithält) selbst Institution geworden ist, da sie sich ab diesem Moment selbst verraten hat, kann sie selbst zu einer absterbenden Institution werden, die überwunden werden muss – und die von ihren Akteur_innen selbst noch ungedachte Gedanken und unverwirklichte Potenziale bereithält. Und es gehört zur Aufgabe der Philosophie im Sinne Merleau-Pontys, diese unverwirklichten Potenziale zu denken und zu verwirklichen.

Die so verstandene Philosophie gründet, wie bereits mehrfach betont, in dem Versuch, sich in einer Geschichte zu situieren und zu orientieren, in der wir gezwungen sind, gerade „nicht gemäß einer geraden Linie fortzuschreiten, die leicht zu ziehen wäre, sondern derart, dass wir uns in jedem Augenblick vor einer allgemeinen Situation finden, die sich ändert, ähnlich einem Wanderer, der durch eine mit seinen Schritten sich wandelnde Landschaft geht, in der, was Hindernis war, zum Durchlass und der gerade Weg zum Umweg werden kann“ (HT 137). Es gibt keine gerade Linie, aber es gibt doch Sinn: Es gibt zunächst den inneren Sinn eines Feldes, das durch einen instituierenden Akt eröffnet wurde. Die Institution ist das, was eine Dauer, eine sinnvolle Abfolge von Ereignissen, eine Geschichte überhaupt erst ermöglicht. Deswegen sind „die neolithische Revolution, oder die industrielle Revolution Institutionen im prägnantesten Sinn des Wortes: nicht nur äußerst folgenreiche Ereignisse, sondern Matrizen-Ereignisse, die ein geschichtliches Feld eröffnen, das über eine Einheit verfügt“ (IP 57). Und dieser jedoch ständig vom Zufall bedrohte innere Sinn bildet sich nicht nur in Wechselwirkung mit dem Sinn zahlreicher anderer Institutionen heraus, sondern lässt durch diese allseitige Verflechtung hindurch einen die unterschiedlichen Revolutionen umfassenden Sinn erkennen, einen Sinn, der in einem noch potenzierten Maß vom Nicht-Sinn bedroht ist.

Es gibt daher keinen absoluten Fortschritt in der Geschichte, „es gibt keine endgültige Errungenschaft [...]: die Bourgeoisie, die die Revolution war, ist ein Ancien Régime geworden“. Die Französische Revolution war weder der Beginn einer neuen Geschichte noch war sie ein oberflächliches Spektakel, das die Kontinuität und die Reproduktion der alten Geschichte lediglich verschleierte: Es gibt also Fortschritt, es gibt aber zugleich „eine Schwächung, ein Aufderstelletreten der Geschichte, und zugleich mit der permanenten Revolution eine permanente Dekadenz, die die herrschende Klasse in ebendem Maße befällt, wie diese herrscht und dauert“ (AD 265). Trotz des Aufderstelletretens, der Schwächung und der unvermeidlichen Dekadenz gibt es für Merleau-Ponty Errungenschaften. Die „Aufhebung einer Klasse durch die von ihr unterdrückte und ausgebeutete Klasse“ bleibt in seinen Augen „ein Fortschritt“ (AD 251), ein Fortschritt allerdings, der relativ ist, der außerdem umkämpft und ständig bedroht ist, nicht nur durch seine Feinde und durch den Zufall, sondern durch eine allgegenwärtige Theorie und Praxis der Vereindeutigung, durch ein Begehren, sich aus der Verstrickung in die Geschichte zu lösen – der aber auch, gerade aufgrund seiner wesentlichen Unabgeschlossenheit, noch andere Möglichkeiten als den Terror Robbespierres oder die Prozesse Stalins bereithält.

Die entscheidende Aufgabe der Philosophie besteht für Merleau-Ponty darin, sich in dieser Geschichte zu orientieren und zu situieren, deren stets bedrohter Sinn sich als ein langsames, strauchelndes, manchmal revolutionäres Hervorgehen bestimmter Institutionen abzeichnet, die einen Beitrag zur Einhegung der Gewalt leisten. Als Institution hat die Philosophie allerdings auch ihre eigene Geschichte, ihren eigenen Sinn und ihre eigenen Interessen. „Philosophieren“, das ist für Merleau-Ponty zunächst und zuerst „eine Art und Weise unter anderen zu existieren“ (SNS 182). Philosophie ist eine Institution unter anderen, eine bestimmte Lebensweise, mit einer bestimmten Tradition, „und man kann nicht so tun, als würde man, wie Marx sagt, aus ‚meinem philosophischen Dasein‘ das ‚religiöse Dasein‘, das ‚politische Dasein‘, das ‚rechtsphilosophische Dasein‘, das ‚künstlerische Dasein‘ und gar allgemein ‚das wahre menschliche Dasein‘ schöpfen“ (SNS 182). Nimmt man die marxistische Kritik am Philosophozentrismus ernst, dann ist Philosophie weder das Wesen des Menschen noch der Sinn der Geschichte. Sie ist eine Verhaltensweise, eine menschliche Institution, die ihre eigene Dauer und insbesondere ihre eigene Politik hat (vgl. E 74) – eine Politik, die in bestimmten Situationen mit einer revolutionären Politik solidarisch ist, aber nie restlos in ihr aufgeht. Die Politik ‚des Philosophen‘

im Sinne Merleau-Pontys kann im Gegensatz zur Politik ‚des Revolutionärs' nie darin bestehen, „die Dilemmata der Zeit so zu akzeptieren, wie sie sind, und zu wählen, während er seine Hintergedanken für sich behält. Natürlich kann man, sobald man sie ausspricht, nicht so direkt, so unmittelbar handeln, wie es der Politiker tut. Die Aktion des Philosophen ist eine längerfristige Aktion, aber sie ist trotzdem eine Aktion" (PII 285f.). In bestimmten Situationen kann und muss die Philosophin mit *aplomb* in die Geschichte eingreifen, kann sie sogar Parteimitglied werden, aber sie kann es nicht auf eine so organische, unmittelbare Weise sein wie die marxistische Theoretikerin.

Diese Distanzierung von der Situation und diese Aktion auf Distanz sind jedoch keine Flucht aus der und vor der eigenen Situation, sondern verstehen sich vielmehr als ein Eindringen, eine Vertiefung in die ambivalente und verflochtene Lage (vgl. AG 186). Philosophie im Sinne Merleau-Pontys ist daher „nicht *oberhalb* des Lebens, als Überhang [*en surplomb*]. Sie ist unterhalb. Sie ist die gleichzeitige Erfahrung *des* Ergreifenden und des Ergriffenen auf allen Ebenen" (SU 334). Weil sie nie nur ergreift und begreift, sondern selbst ergriffen und begriffen ist, ist sie „weder Sklavin noch Herrin der Geschichte" (Z 17). Die Philosophin kann sich daher auch nie vorbehaltlos dem „revolutionären Optimismus" (AD 251) anschließen. Spätestens ab dem Moment, in dem, zumindest in Westeuropa, die „Klasse verschwunden ist, die aufgrund ihrer Lage, über den bloßen Willen zur Weltveränderung hinaus, auch die Möglichkeit besitzt, sie zu ändern und einer neuen Gesellschaft Leben zu verleihen", hat sie es nicht länger mit der „niemals vollendeten Revolution, der Revolution in Permanenz, zu tun, sondern mit hoffnungslosen Auflehnungsversuchen zugunsten einer Utopie" (AD 163). Diesem hoffnungslos gewordenen revolutionären Optimismus, der nicht länger in einer geschichtlichen Bewegung, sondern in einer Utopie gründet, stellte Merleau-Ponty eine philosophische Politik der Wahrnehmung entgegen, die weder auf den schicksalhaften Fortschritt noch auf die absolute Freiheit vertraute, sondern mit einem Gemisch von Notwendigkeit und Zufall rechnete: Sie setzt „keine Hoffnung auf irgendein Schicksal, auch nicht auf ein günstiges", sondern hofft vielmehr „auf das, was kein Schicksal ist, nämlich auf die Zufälligkeit unserer Geschichte" (AG 207).

Für diese Politik „ist das Datum der Revolution nirgendwo, in keinen metaphysischen Himmel eingetragen": „Das revolutionäre Ereignis bleibt zufällig" (SNS 109). Es bleibt ein Abenteuer der Geschichte, das ein ganz anderes als revolutionäres oder konservatives Denken erfordert. Um nicht in die Barbarei zu münden, erfordert es ein Denken seiner nie vollständig zu überblickenden und zu beherrschenden Verflechtung in das wilde Sein und in die eigene Wahrnehmung. Aber gerade weil die Revolution prekär und unvorhersehbar ist, vom Zufall abhängig und stets nur einen Schritt vom Abgrund des nackten Terrors entfernt, ist sie nicht nur Grund zur Sorge, sondern erlaubt einer sich immer wieder neu erfindenden Politik der Wahrnehmung zugleich – und selbst noch an Orten, an denen die dem 19. Jahrhundert entstammenden revolutionären Perspektiven und Praktiken verblassen, an denen ihre Institutionen erstarren und absterben, selbst in Zeiten, in denen sie sich vor dem Horizont einer krisenhaften Verwandlung der kritischen Zone neu erfinden müssten – hoffnungsvoll zu bleiben.

EPILOG: WIE VIEL UHR IST ES?

Mit ihm würde ich es halten,
wenn die Aufgabe gestellt wäre,
es sich auf der Erde heimisch zu machen.

Friedrich Nietzsche, *Unzeitgemäße Betrachtungen*

Lässt sich auch heute noch an einer Politik der Wahrnehmung festhalten, in einer Zeit, in der die krisenhafte Verwandlung der kritischen Zone den unüberschreitbaren Horizont allen Handelns darstellt? Könnte sich auch heute noch, vor diesem unendlich fragileren und ambivalenteren Horizont, so etwas wie ein Sinn der Geschichte abzeichnen? Und wäre das Proletariat immer noch der Name für jene Bewegung der Geschichte, an der sich eine Politik der Wahrnehmung orientieren muss, wenn sie ihre abwartende Haltung, ihren Attentismus aufgeben will?

In einer letzten, spektakulären Wendung seines abenteuerlichen Lebens hat Bruno Latour kurze Zeit vor seinem Tod seine Signatur unter einen Text gesetzt, der diese Fragen aufgreift: In dem gemeinsam mit dem dänischen Philosophen Nikolai Schultz verfassten Text *Zur Entstehung einer ökologischen Klasse* stellt er seine bisherige aufklärerisch-pädagogische Haltung radikal infrage – oder lässt sie vielmehr von seinem jüngeren Mitautor infrage stellen.[1] Allzu lange habe sich die „politische Ökologie", heißt es nun, „auf eine *pädagogische* Version ihres Handelns verlassen". Auch wenn der Essay bemüht ist, Kontinuitäten zu Latours früheren Texten herzustellen, besteht die bewundernswerte letzte Geste dieses Denkers der Verflechtung gerade darin, die zuvor allgegenwärtige Vorstellung einer

[1] Bruno Latour und Nikolai Schultz, *Zur Entstehung einer ökologischen Klasse. Ein Memorandum*, übers. v. Bernd Schwibs, Berlin: Suhrkamp 2022, S. 10.

Revolution des Denkens aufzugeben. Anstatt sich weiterhin als heroische Avantgarde der Menschheit zu betrachten, die den unvermittelten Absprung aus dem Luftschluss Moderne vollzogen hat, um von diesem ganz neuen, ganz anderen Standpunkt aus die verblendeten Modernen aufzuklären, sie von ihren fatalen Illusionen zu befreien, kann man nun beobachten, wie sein Projekt im Begriff ist, langsam und etwas widerwillig zu landen: und zwar nicht an ihrer Lande-, sondern an ihrer Ablegestelle, nicht auf Gaia, sondern in der Moderne.

Wenn sich heute so etwas wie ein Sinn der Geschichte abzeichnen soll, wenn die politische Ökologie zu einer Bewegung der Geschichte werden kann, so kann sie es in Latours überraschender Wende nur, indem sie an die alten, überaus modernen Klassenkämpfe anknüpft, nur indem sie selbst zur „ökologischen Klasse“ wird, also nur insofern sie an den Faden der marxistischen Tradition anknüpft. Sie muss, wie Latour und Schultz betonen, den Boden neu bestimmen, auf dem dieser Kampf ausgetragen wird, sie muss auch einen neuen, erweiterten und verwandelten Klassenbegriff entwickeln, sie muss eine neue „Klassifikation“ vornehmen, sie muss sogar den Begriff der Politik neu erfinden. Doch die politische Ökologie wird nur dann eine ökologische Klasse hervorbringen, wenn sie einsieht – und *Zur Entstehung einer ökologischen Klasse* artikuliert genau diese Einsicht –, dass sie den Kampf des Proletariats auf radikalere Weise fortführt, wenn sie die ehemalige Arbeiterklasse davon überzeugen kann, dass die Erweiterung, die neue Klassifikation in ihrem Sinne ist, dass die neue Politik eine Fortführung der alten ist, nur eben auf einem neuen Boden. Sie muss also die Revolution des Denkens zugunsten einer Transformation der Institutionen aufgeben, oder besser gesagt, sie muss erstere durch letztere an ihren Ausgangspunkt zurückbringen: „Die ökologische Klasse kann nicht den Anspruch erheben, die Politik zu definieren, und dabei gleichzeitig [...] den Institutionen und der Funktionsweise der heutigen Staaten gegenüber Gleichgültigkeit mimen. Sie muss sie auf allen Ebenen und in allen ihren Funktionen besetzen."[2]

Diese neue, alte Sprache, die zahlreichen Anklänge an Machiavelli und Marx, an Gramsci, Lenin und Althusser, lassen sich wohl in erster Linie auf den Einfluss von Schultz zurückführen, aber in Latours Signatur kann man dennoch den Ausdruck einer echten Begegnung lesen: zwischen einer Linken, die im Begriff ist, vom Primat des Wachstums abzulassen, ihr instrumentelles Verhältnis zur Natur zu überwinden, und einer endlich wirklich politischen Ökologie, die ihre aufklärerische Pädagogik überwindet und erkennt, dass sie ihre Ziele nur durch eine Überwindung der kapitalistischen Produktionsweise erreichen kann. Diese Überwindung darf für Latour und Schultz nun selbst kein Ultra-Ding mehr sein: keine kommunistische Weltrevolution und keine Revolution des Denkens, die mit einem Mal alles hinter sich lässt, die *tabula rasa* macht, keinen Ballast mehr mit sich führt, den Faden erneut ein für alle Mal zerrissen hat (und sei es nur, um einen neuen zu knüpfen). Wenn es eine Revolution gibt, so ist sie weder einfach wünschenswert, noch ist sie planbar. In ihre Vorgeschichte verstrickt, bleibt sie unweigerlich ambivalent. Sie bricht in die Geschichte herein und erfordert eine Politik und vielleicht auch eine politische Philosophie, die dennoch für sie bereit ist. Sie verlangt *fortuna* und *virtù*: „Der Erfolg wird einzig von unserer Fähigkeit abhängen, die zufällig sich einstellenden Gelegenheiten beim Schopfe zu packen."[3]

Die Gelegenheit beim Schopfe packen – das klingt entschlossen, nur was könnte das heute überhaupt heißen? Müsste sich die Intellektuelle bei der ersten Gelegenheit zum Organ der ökologischen Bewegung machen? Müsste es gar zur Fusion von Theorie und Bewegung kommen, in der Louis Althusser eine

[2] Ebd., S. 73.
[3] Ebd., S. 46.

Grundvoraussetzung für die Revolution erkennt?[4] Und selbst wenn, was wäre dann zu tun? Womit beginnen? Ließe sich Lenins berühmte, zu Beginn des 20. Jahrhunderts gegebene Antwort – „Wir brauchen vor allem eine Zeitung“ – irgendwie ins 21. Jahrhundert retten?[5]

Merleau-Ponty jedenfalls würde in der Vorstellung einer organischen Verbindung, gar einer Fusion von Theorie und Bewegung ein politisches Abenteurertum erkennen, eine Selbstaufgabe der Philosophie, die im Grunde nur die Kehrseite ihrer früheren Selbstbehauptung als standpunktloser Standpunkt darstellt. Zweifellos würde er die Philosophie als eigenständige Institution verteidigen, die eigene Interessen verfolgt, mindestens das Interesse, die Möglichkeit von Philosophie offenzuhalten. Er würde sich daher, wie er es seinerzeit auch gegenüber der kommunistischen Partei getan hat, in einer gewissen Distanz halten, eine Bewegung eher von außen als von innen unterstützen. Das würde er allerdings wiederum nicht so tun, wie es Sartre getan hat, durch punktuelle Übereinstimmung in vermeintlichen Einzelfragen, sondern eher durch eine strategische Zusammenarbeit – so wie Merleau-Ponty Mitte der 1950er versuchte die Bewegung um Mendès France zu unterstützen, indem er in der eigens dafür gegründeten Zeitschrift *L'Express* alle möglichen (und unmöglichen) Fragen der Leserschaft zur Bewegung der nichtkommunistischen Linken und zur politischen Lage im Allgemeinen beantwortete.

Nichts würde Merleau-Ponty ferner liegen, als an der anachronistischen Vorstellung festzuhalten, eine Zeitschrift oder eine Zeitung sei auch heute noch die dringendste Aufgabe einer revolutionären Bewegung. Doch er würde sich zweifellos

[4] Vgl. Louis Althusser, „Anmerkung zur ‚Kritik des Personenkults‘ [1972]“, in: Horst Arenz, Joachim Bischoff u. Urs Jaeggi (Hg.), *Was ist revolutionärer Marxismus? Kontroverse über Grundfragen marxistischer Theorie zwischen Louis Althusser und John Lewis*, Westberlin: Verlag für das Studium der Arbeiterbewegung (vsa) 1973, S. 95–109, hier S. 104.

[5] Wladimir Iljitsch Lenin, „Womit beginnen?“ [1901], in: *Sämtliche Werke*, Band 4.1, Wien/Berlin: Verlag für Literatur und Politik 1928, S. 5–13, hier S. 7.

brennend für die Gründe interessieren, die diese Vorstellung heute lächerlich erscheinen lassen, insbesondere für den Problemkomplex, den man als das Postfaktische bezeichnet hat und der eines der zentralen Hindernisse für die Klärung, Transformation und Überwindung des modernen Projekts der Naturbeherrschung darstellt. Mit Merleau-Ponty müsste man diesen Rückzug aus einer geteilten Welt, diese Proliferation von Filterblasen und Informationssilos als ein Symptom der tatsächlichen Destabilisierung und Aushöhlung des ehemals festen Rahmens, der ehemaligen Natur lesen: Das, was „während Jahrhunderten die Festigkeit eines Bodens besaß, stellt sich nun als brüchig heraus" (V 112).

In der Moderne betreten die Menschen, wie Merleau-Ponty in seinen entwicklungspsychologischen Vorlesungen an der Sorbonne zeigte, mit dem Erwachsenwerden eine kopernikanische Welt. Sonne, Mond und Sterne erscheinen nicht länger als Ultra-Dinge, und der Kosmos verwandelt sich in einen scheinbar stabilen Rahmen für das eigene Denken und Handeln. Doch die Grenze wird niemals gänzlich beseitigt, sondern immer nur verschoben: Die Ränder der geteilten, rationalen Welt, die Ränder der modernen Natur, der Merleau-Ponty in seinen letzten Jahren eine ganze Reihe von Vorlesungen widmete, waren weiterhin von Ultra-Dingen bevölkert. Magische und animistische Beziehungen unterhielten die erwachsenen und rationalen Modernen nicht mehr zu Sonne, Mond und Sternen, sondern zur Revolution, zum Kommunismus, zur Demokratie und zum Fortschritt, oder auch zum Humanismus, zum Kapitalismus, zum Wachstum und zur Freiheit.

Die Erschütterung der Moderne und ihrer Natur, die Merleau-Ponty bereits gespürt hat, die große Verunsicherung der modernen Konzepte von Subjektivität, Freiheit und Politik, die er in allen seinen Texten zu denken versuchte, führt zunächst zu einem Rückzug in eine begrenztere Wahrnehmungswelt, in der das Subjekt wieder Herr im Haus ist – oder sich wenigstens so fühlt, als wäre es das. Die zahllosen Bedrohungen, die das kopernikanische Weltbild, die Fiktion der absoluten Selbstbestimmung und das moderne Projekt der Naturbeherrschung infrage stellen, werden in Verschwörungen verwandelt, die das heroische Subjekt kraft des eigenen Verstandes und der eigenen Vernunft aufdecken und im besten Fall sogar vereiteln kann.

Am Rand dieser kleinen, vermeintlich selbstbestimmten, heroischen Detektivwelten, in der die postfaktischen Subjekte alles durchschaut und aufgedeckt haben, wuchern die Ultra-Dinge, „die sich grundsätzlich nur von weitem zeigen" (AD 203) und die mit den abwegigsten und miteinander unvereinbaren Erklärungen belegt werden: Die Menschen erscheinen auf tausend Weisen als ferngesteuert, die Ereignisse als inszeniert, die Erde als hohl und der Mars als bewohnbar. Die aus diesem Rückzug und dieser Abwehr hervorgegangenen Wahrnehmungswelten sind mit Blick auf ihre großen Erzählungen und ihre mannigfaltigen Erklärungen oft unvereinbar. Vereint sind sie aber im heroischen Rückzug ihrer Schöpfer_innen und Protagonist_innen, in ihrer Verschließung. Merleau-Ponty hätte zweifellos gesehen: Die Blasen und Silos unserer Zeit haben keine Briefkästen, in die man einfach eine Zeitschrift, eine Neuauflage von *Les Temps Modernes* stopfen könnte. Er hätte verstanden, wie viel Uhr es ist. Und dieses unabschließbare Verstehen wäre für ihn auch heute der Ausgangspunkt für eine Politik der Wahrnehmung.

ANHANG

Maurice Merleau-Ponty
L'Ineinander

VORBEMERKUNG: INTONATIONEN

Der Unterschied zwischen dem Begriff der Verflechtung, des *entrelacs,* der im Zentrum der vorangegangenen Untersuchung stand, und dem Begriff des *Ineinander*, den der folgende Text von Merleau-Ponty zum Titel und Gegenstand hat, ist zunächst ein Unterschied des Ausdrucks oder der Betonung. Offensichtlich verflicht jede Verflechtung immer „ineinander", lassen sich diese Begriffe also mit Blick auf ihre Extension und Intension kaum sinnvoll voneinander unterscheiden. Insofern sie allerdings weniger ein bestimmtes Gebiet bezeichnen, eine bestimmte Gegend, einen Ausschnitt aus einer umfassenderen ontologischen Landschaft beispielsweise, oder auch diese Landschaft selbst, das wilde Sein im Ganzen, sondern eher etwas von dem Denken zu erkennen geben, das sich in dieser Landschaft orientieren und situieren will, sind die Unterschiede im Ausdruck, im Klang, in der Intonation sehr aufschlussreich. *L'Ineinander* – dieser deutsch-französische Titel führt weniger einen neuen Begriff ein, als er Merleau-Pontys Verflochtenheit in eine ambivalente Moderne nach außen kehrt, insbesondere die Begegnung mit der deutschen Sprache und der phänomenologischen Tradition. Die Zwischenwelt, auf die Merleau-Pontys gesamtes Denken abzielt, ist auch eine sprachliche: Philosophie geschieht für ihn zwischen den Sprachen. Nichts läge ihm ferner als die Behauptung eines philosophischen Wesenskerns dieser oder jener Sprache (in aller Regel des Deutschen und des Griechischen) und die damit einhergehende chauvinistische Abwertung der anderen (etwa romanischen) Sprachen, wie sie in Heideggers berüchtigtem Kommentar über ‚die Franzosen' zum Ausdruck kam: „Wenn sie zu denken anfangen, sprechen sie deutsch; sie versichern, sie kämen mit ihrer Sprache nicht durch."[1] Diesem philosophischen

[1] Martin Heidegger, „Spiegel-Gespräch (23. September 1966)", in: *Gesamtausgabe*, Bd. 16 (*Reden und andere Zeugnisse des Lebensweges*), hg. v. Hermann Heidegger, Frankfurt a.M.: Klostermann 2000,

Nationalismus, dieser These von der Impermeabilität und dem Auserwähltsein des Deutschen stellt Merleau-Ponty ein Denken und ein Schreiben des *Ineinander* der Sprachen entgegen.

Nicht nur mit diesem Ausdruck, sondern mit dem ganzen folgenden Text knüpft er auf eine ebenso ambivalente wie elegante Weise an die Tradition der rationalistischen Philosophie an. Ganz explizit wiederholt er die revolutionäre Geste des modernen, kritischen Denkens: „Wir müssen diese Schleier zerreißen, mit denen die Tradition unsere Beziehungen zu anderen Menschen, zu unserem Körper, zur Natur und zum Sein verhüllt hat". Der ganze Text scheint reinen Tisch zu machen, scheint ganz in jenem vorurteilsfreien Geist geschrieben, den Descartes zu Beginn seiner *Meditationen* beschwört.[2] Er suspendiert alle tradierten Annahmen und Thesen und geht unverfroren zu den allerersten Fragen zurück, zu der Frage genauer gesagt, was eigentlich die erste Frage ist. Er wiederholt also die Geste der radikalen, voraussetzungslosen Selbstbestimmung der Philosophie. Und dennoch handelt es sich dabei nicht einfach um die nächste Episode der langen Geschichte der Revolutionen des modernen Denkens.

Indem er diese Geste wiederholt, knüpft er an die Tradition an. Indem er sie auf sich selbst zurückwendet, indem er statt den überkommenen Dogmen das kritische, trennende Denken selbst zum Schleier erklärt, wiederholt und übertrumpft er die revolutionäre Geste des Neuanfangs und der Überwindung. Doch diese Überwindung, diese revolutionäre Auftrennung wird sofort wieder zurückgebunden, neu verflochten. Wie in vielen anderen Texten verweist Merleau-Ponty auch hier auf die Verflochtenheit der Revolution, der eigenen ebenso wie

S. 652–683, hier S. 679. Vgl. zu diesem ganzen Komplex auch: Johannes Kleinbeck u. Oliver Precht, „Verfinsterungen. Derridas *Geschlecht III* und die Frage des philosophischen Nationalismus", in: Jacques Derrida, *Geschlecht III. Geschlecht, Rasse, Nation, Menschheit*, Wien/Berlin: Turia + Kant 2021, S. 159–185.

[2] Vgl. René Descartes, *Meditationes de prima philosophia. Lateinisch–Deutsch*, hg. u. übers. v. Christian Wohlers, Meiner: Hamburg 2008, S. 8f.

aller vergangenen. Bei dieser Verflochtenheit handelt es sich nicht einfach um das Gegenteil der Revolution, nicht um die Antithese zu einer cartesianischen oder husserlschen Thesis, auch nicht um eine Synthese, die kritische Positionen mit ihren prä-, post- oder unkritischen Alternativen verbindet, sondern um die verborgene Rückseite des kritischen, auftrennenden Verhaltens. Die Verflechtung oder das Ineinander sind das, was die Revolution, die Kritik und die Reflexion tun und gleichzeitig vergessen müssen, um Revolution, Kritik und Reflexion sein zu können. Es handelt sich dabei, wie der späte Husserl bereits andeutete, nicht um eine Verfehlung, die sich vermeiden ließe, sondern um ein notwendiges, geradezu unverzichtbares Vergessen.[3] Dem Auftrennen wird das Verflechten daher nicht als Alternative entgegengestellt, sondern als differierende Wiederholung, als notwendiges Supplement beigegeben.

Wie der berühmte und viel zitierte Text „Die Verflechtung – Der Chiasmus" entstammt auch „L'Ineinander" dem Konvolut von Fragmenten und Notizen, aus dem später Merleau-Pontys Hauptwerk *Das Sichtbare und das Unsichtbare* hätte hervorgehen sollen. Claude Lefort, der Herausgeber des unvollendet gebliebenen und postum veröffentlichten Manuskriptes, hat „L'Ineinander" zugunsten anderer, späterer Ausarbeitungen der (mehr oder weniger) entsprechenden Abschnitte außen vor gelassen. Damit hat er den Leser_innen jedoch einen Text von ganz eigener Qualität vorenthalten, einen Text, dessen Gedanken und dessen besonderer Stil – eine eigenartige Mischung aus Spiel und Ernst – in Merleau-Pontys restlichem Werk keine genaue Entsprechung finden. Er wurde erst viele Jahre später als Anhang zu Merleau-Pontys spätesten Vorlesungsmanuskripten veröffentlicht, mit denen er auch tatsächlich in enger

[3] Das passive Verstehen, für Husserl die Möglichkeitsbedingung jeder Form von Tradierung, ist gerade ein Vergessen der synthetischen Aktivität, die allerdings durch ein „reaktivierendes Evidentmachen" wieder vergegenwärtigt werden kann (vgl. Edmund Husserl, „Beilage III", S. 372).

Beziehung steht.[4] Für die französische Erstveröffentlichung hat die Herausgeberin Stéphanie Ménasé den nüchternen Titel „Brouillon d'une rédaction" (dt. etwa: „Entwurf einer Ausarbeitung") gewählt, der hier durch den klingenderen Titel „L'Ineinander" ersetzt wurde, den Merleau-Ponty selbst nur für den ersten der beiden Paragrafen vorgesehen hatte.

Gemäß der groben Gliederung, die dem auf Oktober 1960 datierten Text vorangestellt ist, hätte der Text entweder im zweiten Teil (der hier „Das Sichtbare und das wilde Sein" heißt) oder im ersten Abschnitt des ersten Teils („Reflexion und Fragen") von *Das Sichtbare und das Unsichtbare* Platz gefunden.[5] Er entspricht in etwa dem dritten Kapitel „Fragen und Anschauung" der veröffentlichten Fassung von *Das Sichtbare und das Unsichtbare* (SU 143–171).[6] Der Entwurf bricht nach zwei Paragrafen, genauer gesagt nach der Überschrift des dritten Paragrafen ab und wird dann zugunsten eines neuen Entwurfs aufgegeben, dem Claude Lefort in seiner Edition den Vorzug gab.

Das von Merleau-Ponty stets deutsch geschriebene „Ineinander" entzieht sich, wie bereits erwähnt, einer strengen Definition: Es scheint einigermaßen synonym zu anderen wichtigen Begriffen wie „Chiasmus" oder „Verflechtung" gebraucht zu

[4] Erstmals veröffentlicht wurde das auf Oktober 1960 datierte Fragment, das im Folgenden den Titel „L'Ineinander" trägt, in: NC 355–378. Wie viele seiner Texte gingen auch die Fragmente und Notizen zu *Das Sichtbare und das Unsichtbare* aus Merleau-Pontys intensiver Vorlesungstätigkeit hervor. So verhandelt er beispielsweise das gegen Ende von „L'Ineinander" zitierte Gedicht von Paul Valéry ebenfalls in seinen Vorlesungsnotizen (vgl. NC 187).

[5] Dem „Entwurf einer Ausarbeitung" ist folgende Gliederung vorangestellt:
Oktober 1960
Das Sichtbare und das Unsichtbare

I. Sein und Welt
Erster Teil: Reflexion und Fragen [*interrogation*]
Zweiter Teil: Die vertikale Welt und das wilde Sein
Dritter Teil: Das wilde Sein und die klassische Ontologie

Zweiter Teil: Das Sichtbare und das wilde Sein
[oder vielleicht die Paragrafen 1 und 2 dem ersten Teil beigeben: Reflexion und Fragen]
[Schon an der etwas verworrenen Gliederung – vor „Das Sichtbare und das wilde Sein" sollte wohl „II." und nicht „Zweiter Teil" stehen – lässt sich der äußerst vorläufige Charakter des folgenden Textes ablesen. Anm. d. Übers.]

[6] Vgl. dazu ihr informatives „Avertissement" (NC 31f.).

werden. In einer erstmals 1960 veröffentlichten Zusammenfassung seiner Vorlesung „Natur und Logos" schreibt Merleau-Ponty beispielsweise: „Nun muss der menschliche Leib (und nicht das ‚Bewusstsein') als dasjenige erscheinen, das die Natur wahrnimmt und zugleich in ihr wohnt. So bewahrheitet und bestätigt sich das Verhältnis des *Ineinander**, das wir früher zu gewahren meinten" (V 126). Das Wort scheint hier tatsächlich weniger einen bestimmten Gedanken als eine Art zu denken zum Ausdruck zu bringen, das Denken Merleau-Pontys im Ganzen, das seit seinen ersten Anfängen genau diese Verflechtung von Geist und Natur mit immer neuen Begriffen und Formulierungen zu durchdringen, zu explizieren und zu verstärken versucht. Der spezifische Einsatz des Wortes „Ineinander" in der und für die Entwicklung seines Denken lässt sich ausgehend von einer Stelle aus *Das Sichtbare und das Unsichtbare* verdeutlichen, in der Merleau-Ponty die These aufstellt, „dass Psychologie, Ethnologie und Soziologie uns nur deshalb etwas gelehrt haben, weil sie einen Kontakt herstellen zwischen der krankhaften, der archaischen oder der schlicht andersartigen Erfahrung und unserer eigenen Erfahrung, weil sie die eine durch die andere erhellt und kritisiert haben, weil sie das *Ineinander** beider organisiert und schließlich die eidetische Variation praktiziert haben, die Husserl anfänglich zu unrecht nur der einsamen Imagination und der Schau des Philosophen vorbehalten hat, wo sie doch selber Träger und Ort jener *opinio communis* ist, die man Wissenschaft nennt" (SU 155f.). Hier steht das Ineinander nicht mehr nur für eine Philosophie des Leibes, für eine wie auch immer radikale oder revolutionäre philosophische Überwindung des alten Gegensatzes von *logos* und *physis*, sondern für die notwendige Kommunikation und Verflechtung der Philosophie, verstanden als eine spezifisch moderne Institution, mit der Nicht-Philosophie. Es steht für die notwendige Öffnung auf und Rückbindung an das, was die instituierte Philosophie notwendigerweise vergessen musste und was Merleau-Ponty in diesem Kontext meist als das wilde Sein bezeichnet. Dieses wilde Sein erreicht die Philosophie gerade nicht durch eine Radikalisierung der kritischen Geste, durch den Rückzug auf die ihr eigene Erfahrung, auf die einsame „Schau des Philosophen", sondern durch eine (durch die Wissenschaften vermittelte) Begegnung mit ganz anderen Erfahrungen, mit der Erfahrung des Kindes, des ‚Kranken' oder der ‚Wilden' beispielsweise. Das Ineinander verweist auf dieses wilde Sein, an dem alle Lebensformen, alle Kulturen, Sprachen und Gesellschaften Anteil haben, in das sie verflochten sind und mit dem sie sich permanent verflechten – selbst dann noch, wenn sie diese Verflechtung, wie es in der wissenschaftlichen oder philosophischen Erfahrung normalerweise der Fall ist, aufzutrennen meinen. Das Ineinander ist nicht nur eine Beziehung zwischen einzelnen Entitäten oder Positionen, sondern das „Ganze" selbst, das wilde Sein, das alle Institutionen, alle Sinnstiftungen aller Gesellschaften und Epochen umschließt – anonym und ohne *telos*, aber doch nicht vollkommen sinnlos: „dieses Ganze, das alle Sichtweisen und hellsichtigen oder blinden Willensbildungen, die in ihr miteinander ringen, in sich versammelt, dieses anonyme Ganze, das durch all dies hindurch auf etwas *hinauswill**, dieses *Ineinander**, das keiner sieht und das weder Seele der Gruppe noch Objekt noch Subjekt ist, sondern ihr Bindegewebe" (SU 226f.).

Wie in obigem Zitat bereits anklang, hat Merleau-Ponty das substantivierte Ineinander verschiedenen Texten Husserls entnommen. Ab der Zeit der Krisis-Schrift avanciert das auch schon in früheren Schriften, hier allerdings meist noch als Adverb, häufig anzutreffende Ineinander zunehmend zu einem zwar nicht eindeutig definierten, aber dennoch zentralen philosophischen Begriff. Husserl zufolge gibt es insbesondere ein Ineinander aller Geister, das den Gegenstandsbereich einer „exakten universalen Geisteswissenschaft" umreißt: „so wie es eine einzige universale Natur gibt als einen in sich geschlossenen

Einheitszusammenhang, so gibt es nur einen einzigen seelischen Zusammenhang, einen allheitlichen Zusammenhang aller Seelen, alle nicht äußerlich sondern innerlich, nämlich durch das intentionale Ineinander der Vergemeinschaftung ihres Lebens, einig".[7] Dieser Einheitszusammenhang wiederum kann nur durch die sedimentierende Tradierung gestiftet werden, wie Husserl im „Ursprung der Geometrie" betont: „Geschichte ist von vornherein nichts anderes als die lebendige Bewegung des Miteinander und Ineinander von ursprünglicher Sinnbildung und Sinnsedimentierung."[8]

Merleau-Pontys „L'Ineinander" hebt mit einer auf den ersten Blick etwas merkwürdigen Reflexion über die Grundfragen der Philosophie an, genauer gesagt über die Frage, was eigentlich die Grundfrage der Philosophie ist. Naheliegende Kandidaten wie die Fragen „Was weiß ich?" oder „Was gibt es?" oder die in der vorangegangenen Untersuchung allgegenwärtigen Fragen „Wo bin ich?" und „Wie viel Uhr ist es?" werden schnell disqualifiziert, da sie dazu neigen, den weiten Horizont der Erfahrung, vor dem sich die Philosophie situieren und orientieren will, allzu schnell auf einen viel engeren Begriff des Wissens zu reduzieren. Doch werden sie nur vom Tisch geräumt, um kurze Zeit später mit einer kleinen, aber hörbaren Differenz wieder hervorgeholt zu werden. Mit einer anderen Betonung können die beiden Fragen „Was weiß ich?" und „Was gibt es?" nämlich durchaus auf die Grundfragen der Philosophie verweisen: dahingesagt als leicht patziges „Was weiß ich", eine Mischung aus „Lass mich in Ruhe" und „Keine Ahnung", und beiläufig hingeworfen als leicht genervtes „Was gibt's?", so wie man sagt:

[7] Husserl, *Die Krisis der europäischen Wissenschaften und die transzendentale Phänomenologie*, S. 548, 258.

[8] Husserl, „Beilage III", S. 380. Für eine ausführliche Analyse des Ineinander bei Husserl und Merleau-Ponty vgl. Dermot Moran, „Ineinandersein and l'interlacs: The Constitution of the Social World or ‚We-World' (Wir-Welt) in Edmund Husserl and Maurice Merleau-Ponty", in: ders. u. Thomas Szanto (Hg.), *Discovering the We: The Phenomenology of Sociality*, London: Routledge 2016, S. 107–126.

„Was willst du von mir?“[9] Diese alltäglichen, ordinären Sprechakte können in Merleau-Pontys Augen viel eher als jene großen epistemologischen und ontologischen Fragen einen Zugang zu dem eröffnen, was er als Philosophie bezeichnet (und was wir heute vielleicht eher Theorie zu nennen geneigt sind). In dieser Betonung und mit dem unmittelbar folgenden Hinweis auf Montaigne und den früheren Anfang der Moderne verweisen diese Fragen nicht mehr auf ein bestimmtes, noch nicht erreichtes Wissen, sondern stellen vielmehr die Idee und das Ideal des Wissens selbst infrage. Die Fragen verwandeln sich in Erwiderungen, in ihnen klingt der Einbruch einer anderen durch, die die Einsamkeit der Philosophin aufbricht und ihr den Weg zurück in das wilde Sein eröffnet, in jenes von Zufällen und unvorhersehbaren Begegnungen beherrschte Ganze, von dem sie sich nie vollständig gelöst hat.

In diesen eigenwilligen Intonationswechseln zeichnet sich der Stil von Merleau-Pontys Denken ab, insbesondere der Stil seiner letzten Entwürfe, in denen er sich mehr denn je von den Anforderungen der instituierten Philosophie zu befreien schien. Wenn Merleau-Ponty das Oberflächliche und Alltägliche einer scheinbar banalen Redewendung in die Tiefe durchstößt und gleichzeitig das vermeintlich Tiefe, die philosophischen Grundfragen, die Erkundungen des vertikalen Seins wieder an die Oberfläche reißt, dann meint man der Bewegung seines Denkens in Reinform beizuwohnen. Wie die Geschichte selbst, die er einmal als „Schussfaden“, als *trame* (vgl. AD 79) bezeichnete, verwebt sein Denken in einem ständigen Auf und Ab den Geist mit der Materie. Das Schreiben, in dem es sich realisiert, ist streng und erfinderisch zugleich, manchmal fast überreich an neuen Begriffen, überraschenden Formulierungen und Gedanken. Was Judith Butler mit Blick

[9] Über die beiden anderen, von Claudel geerbten Fragen (*Wo bin ich?* und *Wie viel Uhr ist es?*) bemerkt Merleau-Ponty nur im Vorbeigehen, dass sie auch noch einen anderen Sinn haben. Diesen Sinn habe ich in der vorangegangenen Untersuchung zu verdeutlichen versucht.

auf „Die Verflechtung – Der Chiasmus" feststellt, gilt auch für „L'Ineinander": Hier begegnet ein „Schreiben, das keine Schließung kennt, offen bleibt und nicht zuletzt daran gescheitert ist, mit den dort aufgeworfenen Behauptungen ins Reine zu kommen".[10] Der Text ist in mehr als einer Hinsicht unabgeschlossen. Er ist unredigiert, fehlerhaft und überstürzt, kann viele der steilen Thesen nicht mehr einholen. Und dennoch entwickelt Merleau-Ponty in „L'Ineinander" eine spielerische und leichtfüßige Prosa, der es gelingt, in ihrem Labyrinth aus abenteuerlichen Formulierungen und jähen Kehrtwenden nicht völlig den Faden zu verlieren.

Was weiß ich?, Was gibt's?, Wo bin ich?, Wie viel Uhr ist es? – das sind keine Fragen einer zeit- und ortlosen Philosophie. Eine kleine Veränderung in der Betonung sprengt eine Öffnung in den Solipsismus der Reflexionsphilosophie, eröffnet jäh einen Weg zurück in das wilde Sein, zurück in die Situation, aus der sie hervorgeht und von der sie sich nie hat lösen können. „Die Intonation ist eine Detonation",[11] schrieb Jacques Derrida in einem anderen, aber dennoch verwandten Kontext: Die detonierende Intonation drückt in der Sprache etwas aus, was sie für gewöhnlich nicht ausdrückt. Sie sprengt die Sprache, aber nur um sie neu zu stiften, um ihr neues Leben einzuhauchen.

[10] Judith Butler, „Sexuelle Differenz als Frage der Ethik. Fleischliches Anderssein bei Irigaray und Merleau-Ponty", übers. v. Oliver Precht, in: dies., *Sinn und Sinnlichkeit des Subjekts*, Wien/Berlin: Turia + Kant 2021, S. 206–232, hier S. 231.

[11] Jacques Derrida, „Das Subjektil ent-sinnen", in: ders. u. Paule Thévenin, *Antonin Artaud. Zeichnungen und Portraits*, übers. v. Simone Werle, München: Schirmer/Mosel 2019, S. 183–251, hier S. 201.

L'INEINANDER

Maurice Merleau-Ponty

§ 1. L'Ineinander

Unter allen Fragen, die wir uns stellen können, gibt es nur eine, die keine andere, keine radikale oder philosophische Frage voraussetzt, und dabei handelt es sich gerade nicht um das „Was weiß ich?", denn dabei könnte es sich um den einfachen Appell handeln, alle Dinge aufzuzählen, die wir wissen. Und selbst wenn man die Idee des Wissens nicht hinterfragt, kann man die Frage nach dem Wissen nur dann als die letzte Frage ansehen, wenn man als selbstverständlich voraussetzt, dass jede Erfahrung Wissen ist. Das „Was weiß ich" ist also nur eine Frage der Erkenntnis – wie auch das „Wo bin ich?" oder das „Wie viel Uhr ist es?"[1] –, für die nur die Anwendung auf bestimmte Entitäten – Zeit, Raum, Wissen –, die nicht [schon] durch sich selbst konstituiert sind, ein Hindernis darstellt. Diese Fragen markieren nur die vorläufige Abwesenheit einer positiven Aussage, Lücken in einem indikativen Gewebe, von dem wir sicher sind, dass es *de jure* kontinuierlich ist, da es eine Zeit und einen Raum gibt, in dem jedes Ding seinen Platz hat, und ein Wissen, in dem jedes Erlebte seinen Platz hat. Wenn wir aber im Verlauf eines Satzes „Was weiß ich?" sagen, stellen wir uns eine ganz andere Frage: Sie erwartet keine Antwort, die sie beseitigt, sie setzt nicht, wie das „Wo bin ich?" oder das „Wie viel Uhr ist es?", eine Ordnung des SEINS voraus, die hinter unseren Ratlosigkeiten identisch fortbesteht: Sie zeigt ohne weitere Präzisierung einen gewissen intelligiblen Ort an, an dem sich Fakten, Beispiele, Fundstücke befinden sollten, die uns fehlen, wie das *je ne sais quoi* ist sie die Anrufung eines Wissens, das umfassender und präziser ist als das unsere, und das kein Traum ist, den wir beinahe schon ergreifen können. Hier ist das

[1] [Marginalie:] Sagen, dass diese Fragen auch noch einen anderen Sinn haben. Vgl. weiter unten.

Fragen nicht mehr ein durch einfache Umkehrung abgeleiteter Modus des Indikativ. Es ist eine ursprüngliche Weise, das Sein als „*expression toute faite*"[2] in den Blick zu nehmen, es ist eine rhetorische Figur, es erwartet keine Antwort, formuliert kein Problem, sondern weist auf ein kleines Mysterium hin.

Ob in diesem „was weiß ich" oder in demjenigen Montaignes, in jedem Fall wird die Idee des Wissens selbst infrage gestellt, und die Frage erstreckt sich selbst noch auf die Begriffe, die sie verwendet, um sich auszudrücken. Damit ist sie ganz und gar Frage – weder Bejahung noch verschleierte Verneinung, und deutet die Idee an, dass vielleicht das letzte Wissen ein Fragewissen, dass das Interrogativ vielleicht der eigentliche Modus des SEINS, dass das SEIN mit anderen Worten der stumme Ansprechpartner unserer Fragen ist, das, was unsere Fragen veranlasst und was unsere Antworten nicht enthalten, da sie das Rätsel ausstreichen. In diesem tiefen Sinn, in dem das „was weiß ich" letztlich auch „was gibt's"[3] bedeutet,[4] ist es die philosophische Frage, und diese Frage ist, wie man sieht, keine, die durch irgendeine Erkenntnis beendet werden kann, weil sie sich als formulierte Frage selbst in der Schwebe hält, weil das SEIN vielleicht nur durch die Frage zugänglich ist, weil die Funktion dieser Frage nicht darin besteht, hinter irgendeiner positiven Aussage zurückzutreten, sondern vielleicht darin, das zu enthüllen, was sie hinterrücks [*par-derrière*] motiviert und nach vorne [*par-devant*] ruft, so wie die Befragung des Blicks die Dinge enthüllt, die sie wiederum hervorrufen und anziehen.

Als Frage der Fragen kann sie nun nicht wie diese mit einer positiven Antwort enden. Das ist prinzipiell unmöglich. Eine

[2] Eine *expression toute faite* meint eine „Redewendung", deren Sinn sich normalerweise nicht aus der lexikalischen Bedeutung der einzelnen Worte ableiten lässt. Anm. d. Übers.

[3] Das französische *qu'y a-t-il* ließe sich auch mit „was ist los" wiedergeben. Wie im Fall des „was weiß ich" kann die unterschiedliche Betonung den Sinn fundamental verschieben: Das reflexive, philosophische Fragen nach dem Wissen oder den Dingen, die es gibt, wird unterbrochen und die Fragende zurückgerufen in die Welt, die sie befragt, in jenen Raum, in dem das „Wo bin ich?" und „Wie viel Uhr ist es?" jenen anderen Sinn gewinnen, den Merleau-Ponty weiter oben verspricht (siehe FN 1 zu diesem Text). Anm. d. Übers.

[4] [Marginalie:] „Was ist Wissen" und selbst „Was bin ich".

Aussage, ganz egal welche, wäre immer etwas Gesagtes. Selbst wenn sie, wie durch ein Wunder, nie falsch verstanden werden könnte, selbst wenn es keinen denkbaren Fall gäbe, auf den sie nicht anwendbar wäre, und selbst wenn sie alle Fälle erhellen würde, hätte sie nur die prädikative Wahrheit einer Stellungnahme, eines Urteils, und würde denjenigen, der die Frage über das Chaos hinweg trägt, außen vor lassen, denjenigen, der so eine Stelle im Sein innehatte, bevor er sie einnahm – ein denkender Gedanke vor dem gedachten Gedanken des *statement**, und mit ihm die Welt und das wilde Sein, in dem er sich herumtreibt [*fréquente*]. Und das alles ist es, worauf das philosophische Fragen abzielt, das Selbstverständliche, all das, was vor den Problemen des Wissens liegt und zu ihnen hinführt.

Es verlangt vollständige Aufklärung, es will auch wissen, warum und woraus es selbst entstanden ist. Und diese Forderung wiederholt es gegenüber jeder aufkommenden „Antwort". Es nimmt nichts für bare Münze. Selbst die Einsichten, die es in unser präreflexives Leben gewinnt, die Fetzen unserer tiefsten Geschichte, die es an die Oberfläche bringt, zählt es nicht von vornherein zu den erworbenen Wahrheiten, die es ruhig anhäufen könnte: Dazu müssten wir im Augenblick des Fragens mit dem, was wir wissen wollen, zusammenfallen und diesen Kontakt zumindest unserem Ich von morgen mitteilen können. Selbst wenn man hier all die Vermittler außer Acht lässt, die sich zwischen mich und den anderen und sogar zwischen mich und mich selbst schieben, wenn man das philosophische Fragen nur in dem Augenblick seines Vollzugs betrachtet, abgesehen von jeder Bemühung, es zu notieren oder auszudrücken, selbst dann ist es also nicht ununterscheidbar von dem, was es befragt, es ist eine Praxis, eine Haltung, die in mir (und außerhalb von mir) ihre Geschichte, ihre Genealogie hat. Und selbst wenn ich es gerade neu erfinden würde, würde es allein durch die Tatsache, dass es andauert, egal wie kurz, zu den instituierten Dingen gehören, es beginnt nicht, es hat begonnen, es arbeitet mit einem Erwerb, der nicht gegenwärtig ist – es ist sich selbst gegeben. Die Frage kommt also zu spät, um die naive Welt zu kennen, die vor ihr war, und zu früh, um all das zu kennen, was sie gerade als Initiative, als freiwillige Operation, als kritisches Unternehmen und als Augenblick der Kultur bereits an Umständen, an im Entstehen begriffenen Gewohnheiten und Konventionen zwischen selbst und selbst mit sich trägt. Das, was sie befragt, liegt bereits hinter ihr und widersetzt sich allen Bemühungen um eine ideale Genese. Und wenn sie, um sich dieser Masse anzugleichen, um ihr schwächliches Vermögen und die Grenzen ihrer Weisheit zu überwinden, ihre Neugier auf sich selbst richtet, dann um festzustellen, dass sie sich nicht einmal gegenwärtig erfasst, dass sie die Offenbarung der Motive, die sie tragen und spezifisch machen, von der Zukunft erwarten muss: Dieses Mal ist sie wohl zu früh dran.

Aber wenn das so ist, wenn die philosophische Frage prinzipiell unstillbar ist – wenn es keine Erklärung der Welt und unserer selbst gibt, die sie und uns „ganz natürlich" macht, keine Reflexion, die uns an irgendeiner einzigartigen Quelle installiert, aus der wir die Welt und uns selbst entspringen sehen würden, nicht einmal eine Übereinstimmung mit uns selbst und mit der Welt –, ist dann die Philosophie nicht das stumme *tête-à-tête* mit einer undurchsichtigen Welt und mit uns selbst, die wir zwar auf andere Weise, aber nicht weniger dunkel sind als diese Welt, die überwältigende Konfrontation mit dem, was *da ist*, die reine Angst, die uns angesichts der unverständlichen Wucherung der Welt, unseres Lebens, unserer Worte und unserer Handlungen sprachlos zurücklässt, ohne Wort und ohne Antwort? Und ist sie daher nicht das Fragezeichen, das man, um die Frage zu bilden, hinter alles Sein und alle Erfahrung setzt, und aus dem man nichts ziehen kann? Gut, die Welt und wir selbst sind also undenkbar, und hier beginnen erst die ernsten Dinge, wenn die Philosophie in ihrem Radikalismus nämlich jedes System, jede Reflexion und jede Unmittelbarkeit ablehnt, wenn sie alles suspendiert und sich jedes Lichts, jeder Sprache und jeder Logik beraubt, mit welchem Recht sollte sie dann positive Aussagen als unklar, naiv oder abgeleitet anfechten? Ist sie dann nicht ein Nichts, ein alter Traum, den es zu erledigen, oder ein Albtraum, den es zu vergessen gilt? Und ist sie es nicht selbst, die ihr eigenes Ende verordnet?

Genauso ist es, wenn die Philosophie nur die Wahl zwischen zwei Sackgassen hat: zwischen der des reflexiven und der des intuitiven Zusammenfallens [*coïncidence*]. Zumindest, wenn wir wollen, dass sie ein absoluter Überflug über die Dinge und uns selbst ist (wir haben gesehen, dass das angeblich konstituierende Bewusstsein immer ärmer ist als die psychologischen, ethnologischen und historischen Erfahrungen, und dass die allmächtige Reflexion, wenn sie sich selbst überlassen bleibt, kaum über die Kategorien, die der Philosoph bereits besaß, und über die Bedeutung seiner Worte hinausgehen würde). Doch wenn man das Bewusstsein öffnen muss, dann nicht durch eine Verschmelzung mit den Dingen selbst. Denn sobald wir an sie denken, sobald wir über sie sprechen, sind wir nicht mehr der Stein oder die Languste, und dürften, um den Dingen selbst treu zu bleiben, nichts mehr über sie sagen: Die Dinge selbst sind das Chaos.

Doch hat dieses Dilemma einen Grund? Stehen dem philosophischen Fragen nur diese beiden Möglichkeiten offen? In Wirklichkeit muss das Denken nur dann zwischen dem Wiederkäuen seiner Lieblingsbedeutungen und der unmöglichen Verschmelzung mit den Dingen wählen, wenn es ein geschlossenes Denken, oder, allgemeiner gesprochen, ein proximales Denken ist. Damit meinen wir ein Denken, das vom Ideal der absoluten Nähe heimgesucht wird, sei es der Nähe zu idealen Bedeutungen, die vom Geist bis auf ihren Grund durchbohrt werden, oder der Nähe zu existierenden Dingen, die wir genau an dem Punkt und genau in dem Moment sehen, in dem sie sind. Dieses Denken, das den Dingen so nahe wie möglich sein will, das weder an die Ferne noch an die Erscheinung [*apparence*] glaubt, dieses grausame Denken, das abschneidet und entblößt, das mehr Furcht vor dem Irrtum als Liebe zur Wahrheit ist, dieses Denken ist es, das uns in unseren Bedeutungen einschließt, im Garten der gesagten und für die Sprache sinnvollen Dinge. Wenn es das Außen, wenn es die Welt selbst sucht, kann es sie nur als ein undurchsichtiges SEIN begreifen, das wir mit uns selbst zu verwechseln [*confondre*] gezwungen wären. Aber beide Versuche sind gleichermaßen vergeblich, beide Fehlschläge sind vermeidbar, wenn die Forderung nach einer absoluten Nähe zum Sein ein Vorurteil ist, wenn die innere Übereinstimmung der Vorstellung ebenso wie die Selbstidentität des Dings ein Mythos ist, wenn es für die Vorstellung wie für das Ding wesentlich ist, sich in einer Distanz zu präsentieren, die kein Hindernis für das Wissen ist, sondern im Gegenteil seine Garantie, wobei die Vorstellung selbst und das Ding selbst nicht das sind, was den Geist verschließt und seiner Bewegung ein Ende setzt, sondern das, was seine Erwartung erfüllt, ohne sie zu ersticken.

[Proximales Denken ist auch: negativistisches Denken (ich bin nichts) und positivistisches Denken (das Sein ist), und dazwischen der Mythos einer *Weltlichkeit** des Geistes, die derjenigen der NATUR nachempfunden ist. Kurz gesagt, proximales Denken: idealisierendes Denken. Philosophie: Reduktion aller Idealisierungen (die Form selbst der doppelten Tendenz: Konstitution *zu der Sache selbst**). Was hinterlässt sie? Nicht etwa das Chaos oder das Unmittelbare, sondern das *Ineinander**.][5]

Das Postulat des proximalen Denkens beruht auf der Verkennung des philosophischen Fragens, das als eine Ungewissheit oder sogar als eine Negation verstanden wird, die nur durch die Positivität der Idee oder der Sache selbst beseitigt werden könnte – obwohl es tatsächlich nicht mit dem SEIN bricht, es nicht vernichtet, nur um es dann aus dem Nichts entstehen zu

[5] Diese eckigen Klammern hat Merleau-Ponty selbst gesetzt. Anm. d. Hg.

sehen, sich nicht einmal von ihm löst, sondern es nur suspendiert, zwischen ihm und uns einen Abstand herstellt, in dem sein Relief sichtbar wird und seine schweigende, selbstverständliche Präsenz vor jeder Thesis enthüllt wird.

Sagen wir das Gleiche auf eine dritte Weise: Was die Philosophie zum Tode verurteilt, ist dieses ganz negative (ich bin nichts) und ganz positive (das SEIN ist) Denken, das glaubt, das Nichts in seinem Nichts und das SEIN in seinem Sein fixieren zu können, während man gerade dann, wenn das Nichts nicht ist und das SEIN ist, weder vom Nichts noch vom identischen SEIN sprechen kann: Sie verhalten sich zueinander wie Vorder- und Rückseite, und genau in dem Maß, in dem eine gewissenhafte Prüfung alle Eigenschaften der Dinge aus mir ausschließt (ich bin weder ein Hauch noch ein Rauch ...), muss ich mich auf sie stützen, um auf die Welt zu kommen. Man sollte meinen, dass man nicht leicht in dieses Denken des Negativen hineinkommt: Kaum war es aufgetaucht, wurde es, da das Nichts keine Eigenschaften hat, als nichtiges Denken zurückgewiesen. An seiner Stelle erschien die *mens sive anima*, ein Wesen, das so zweifelt, als ob sich irgendein Wesen selbst leugnen könnte. Damit beginnt die verworrene Geschichte der *psyché*, aus der wir noch nicht herausgetreten sind. Zwischen dem Geist, der sich durch die Verneinung aller Merkmale der Dinge definiert, und den reinen Dingen, den nackten Dingen, bar aller Werte oder Qualitäten, muss eine Vermischung stattfinden, sollen sie derselben Welt angehören. Die Dinge bilden eine Welt, weil sie sich in einem Verhältnis der Kontiguität und des Handelns berühren. Die Geister würden hier und da, wie Inseln der Negativität, durch diese volle Welt treiben, wenn der Begriff der objektiven Welt sie nicht kontaminieren würde: Muss die Welt die Geister nicht umarmen und vereinen, da sie durch ihre Körper hindurchgeht und sie vereint? So entsteht die mühsame Mythologie der *psyché*. Man folgt den Wegen der physikalischen Kausalität bis zum Gehirn und verlängert sie darüber hinaus bis zu jenem Denken, das sie erreichen müssen, wenn es wahr ist, dass es zur Welt gehört, dass es die Dinge der Welt sieht oder dass sein Sehen zumindest von der Welt abhängt. Eine ganze Reihe von Entitäten wird eingeführt, die die vier folgenden [?] beerben werden: Empfindung, Bild, Aufmerksamkeit, Erinnerung, zwischen denen die Beziehungen von der gleichen Art sind wie die der physikalischen Kausalität. Für eine Philosophie, die sich nicht sonderlich darum bemüht hat, den Begriff der Welt zu erhellen, sondern ihn von vornherein mit dem Ganzen identifiziert hat, das in den rein dinghaften Dingen enthalten ist, die durch kausale Beziehungen miteinander verbunden sind, muss es, um das ‚Ich denke' mit dieser Welt zu verbinden, eine Innenwelt geben, die eine Verdopplung und ein Phantom dieser Welt ist. Die Psychologie hat bis heute nicht aufgehört, diese Innenwelt zu bevölkern: Weil es klar ist, dass wir mehr Dinge erleben, als wir denken, wird die Infrastruktur der Empfindungen und Bilder um eine Infrastruktur der unbewussten Empfindungen und Bilder erweitert. So erscheint uns schließlich jeder noch so einfach zu erlebende Moment unseres Lebens als von einem Gewimmel psychischer Elemente getragen, und wir können keinen Gegenstand mehr vor uns sehen,[6] ohne von den dunklen Vorgängen zu träumen, die „tief in unserem Inneren" dieses Sehen stützen. Diese gängige Vorstellung vom Bewusstsein als einer Abfolge oder einem System von psychischen Wesenheiten, die durch koordinierende Funktionen miteinander verbunden sind, hätte sich wahrscheinlich lange gehalten, wenn die Sozialwissenschaften sie nicht infrage gestellt hätten: Denn wie könnten so beschaffene Bewusstseine füreinander existieren, sobald sie für sich selbst existieren? Wie könnten die Züge, Merkmale und Dimensionen der menschlichen Welt, die keine physische Existenz haben, auf eine so vorzeitige Weise wie die primären Qualitäten die Rolle von Stimuli spielen? Unser Begriff

[6] [Marginalie:] Kritik der *psyché* auf den § 1 des zweiten Teils beziehen, um die Kritik aller positiven Begriffe einzuführen, Wahrnehmung, Bild, die Intentionalität selbst …

der *psyché* befindet sich also in einer Krise und wird sich nicht mehr lange halten können. Um die Krise zu überwinden, muss man jedoch ihren Ursprung verstehen, und ihr Ursprung liegt in diesem Denken, das man als negativistisch oder positivistisch bezeichnen könnte, das den Geist durch die reine Negation des Körpers und den Körper als absolute Positivität definiert und das, nachdem es die Welt auf diese Weise in zwei Ordnungen zerlegt hat, ihre Einheit nur durch die Misch-Mythologie [*mythologie bâtarde*] der *psyché* wiederfinden kann. Die Krise wird erst überwunden sein, wenn wir die reine Idee der Ausdehnung als reine Positivität und die Gegen-Abstraktion des Geistes als reine Negativität und natürlich die Misch-Mythologie der *psyché* entknotet haben. Wir müssen diese Schleier zerreißen, mit denen die Tradition unsere Beziehungen zu anderen Menschen, zu unserem Körper, zur Natur und zum SEIN verhüllt hat, wir müssen den Kontakt zu ihnen wiederfinden, wir müssen alle unsere Begriffe der *psyché* – zum Beispiel den der Erinnerung, des Stimulus der Empfindung – neu maßschneidern, die die Psychologie an den toten Punkt geführt haben, an dem sie sich befindet. Es geht nicht mehr darum, den Geist mit einem Gewimmel von Phantomen und positiven Wesenheiten zu bevölkern, die nichts begreiflich machen, nicht einmal unsere Beziehung zur Vergangenheit. Die *Weltlichkeit** des Geistes muss neu konzipiert werden, ohne sie an die Prinzipien der physischen Welt zu binden, die im Übrigen unlängst erschüttert wurden. Philosophie ist diese Zerstörung der Idealisierungen, der Idole, sie wird wiedergeboren als Rückkehr nicht zu einem chimärischen Unmittelbaren, das niemand je gesehen hat, sondern zu der Ungeteiltheit des SEINS und des Nichts, das wir sind, eine Ungeteiltheit, die wir auf irgendeine Weise schon kennen, da wir sie erleben.
L'*Ineinander**.

Wenn man also beunruhigt ist angesichts dieses philosophischen Fragens, das alles suspendiert und sich mit keiner

Antwort zufrieden gibt, wenn man fragt, in wessen Namen es dies tut, wenn man verlangt, dass es sich zunächst rechtfertigt, indem es eine Unmittelbarkeit – die Unmittelbarkeit der Bedeutungen selbst oder diejenige der Dinge selbst – benennt, die ihre Kritik der Erscheinungen trägt – und wenn man schließlich, da man keine solche Unmittelbarkeit findet (wie sollte eine Unmittelbarkeit überzeugend sein, wenn sie *per definitionem* eine verlorene Unmittelbarkeit ist, die mühsam wiedergefunden werden muss, wenn es also zwischen ihr und uns Vermittlungen [*intermédiaires*] gibt, wenn sie in jedem Fall nicht unser Ursprung und schließlich eine falsche Unmittelbarkeit ist), die Debatte für beendet und das philosophische Zeitalter für abgeschlossen erklärt, muss man antworten, dass es in einem gewissen Sinne mit dem Ende des proximalen Denkens erst beginnt oder neu beginnt – dieses heimat- und ortlosen Denkens [*pensée sans feu et lieu*], das sich eine universelle Macht des Überflugs anmaßte und dabei vergaß, dass es, gerade wenn es nichts ist, niemals ohne Gewicht oder rein ist – dieses Denkens, das das Ganze im Begriff oder in der bestehenden Welt oder im „Seelenleben" suchte und dabei all die durchquerten Schichten vergaß, die zwischen uns und dieser fundamentalen Festigkeit liegen, das seinen Weg, seine Herangehensweisen und sich selbst von seinen Ergebnissen abzog und sich in seinen Idealisierungen verlor.

Die Philosophie lebt gerade in diesem Scheitern wieder auf, denn es handelt sich nicht einfach um einen Fehlschlag des Denkens, um eine unerklärliche Katastrophe, aus der sich nichts folgern lässt; indem sie die Erklärung, das reflexive und das intuitive Zusammenfallen verlernt, lernt die Philosophie: Sie lernt, warum ihre Versuche fehlgeschlagen sind – welche Vorurteile ihr Feld einschränkten, sie lernt dieses Feld in seiner ganzen Breite kennen. Und was ist dieses Feld, was ist die geheime Wissenschaft, vor deren Tribunal sie jedes Wissen, jede Erfahrung erscheinen lässt? Diese letzte Instanz, die all unsere Sätze als naiv verurteilt? Nicht mehr eine Ordnung des absoluten Zusammenfallens, eine vollständig positive Unmittelbarkeit, eine Erfahrung (sei es der adäquaten Vorstellung oder der Zugänglichkeit durch die Sinne oder der Dauer in uns), die dem Sein am nächsten käme, und im Vergleich zu welcher jede andere Erfahrung als zweitrangig, abgeleitet, abstrakt betrachtet werden müsste – nicht nur eine einzige Bezugsebene also, kein eindeutiges Sein, das immer durch die Subjektivität widerlegt wird – oder ein Objekt-SEIN, das durch das Ding widerlegt wird –, wenn es sich um eine Metaphysik des Subjekts handelt, sondern der Durchgang durch uns, die Begegnung, die Überschneidung, die Neuverschränkung, die Konfrontation dieser vielfältigen Referenzen in uns, denn sie befinden sich alle am Horizont unseres Lebens, und da wir sie gemeinsam erleben, muss es einen Weg geben, sie gemeinsam zu denken. Wir sind von natürlichen Dingen umgeben, und damit ist gemeint, dass sie in sich selbst ruhen, dass die Wahrnehmung, die wir von ihnen haben, sich in ihnen selbst zu vollziehen scheint. Kein noch so beharrliches Bemühen wird uns in sie übergehen lassen: In dem Moment, in dem es an sein Ziel gelangen würde, gäbe es weder Sehende noch Sichtbares. *Was es* also *gibt*, sind keine mit sich selbst identischen Dinge, in denen wir uns aufzulösen hätten: Denn dabei würde es sich um Dinge handeln, die durch eine subjektive Form hindurchscheinen, die wir durch das Gewebe unseres Lebens hindurch ertasten, denen wir nicht einmal in dem unmöglichen Fall näher kämen, dass sie uns nackt gegeben wären. Es ist an uns, dieses erste Paradox zu verstehen. Und auch das andere Paradox, dass dieselben, ungeteilten Dinge durch mehrere Leben hindurch erscheinen können. Jedes Ding ist jedoch in sich selbst versiegelt, und jede Vorstellung, die ich mir von einem anderen mache, trägt immer den entscheidenden Makel, dass sie meine eigene ist. Solange ich mich als Vorstellung, synthetische Aktivität, Bewusstsein, kurz als geistiges Wesen begreife, kann ich in anderen nur ein Nicht-Ich sehen, und es gibt keine koordinierende Funktion, keine Wahrnehmung des anderen, keine Synopse, keinen Rückschluss durch Analogie, der die Ipseität, die ich als die meine empfinde, auf einen anderen hin überschreiten könnte.

Und doch, wenn er auch in meinen Augen nie er selbst ist, zumindest nicht in dem Sinne, wie ich es bin, ist er nicht bloß der absolute ANDERE, eine Abwesenheit, ein Riss in meiner Selbstgefälligkeit: Er ist auch, er ist gerade dieser ganz besondere andere, der mir fehlt, der ich sein sollte oder umgekehrt. Nicht, dass ein bestimmter Platz in mir selbst reserviert wäre: Das würde bedeuten, dass es ein Terrain gibt, das meines ist und das er beansprucht, das seines ist und das ich beanspruche, auf dem wir uns treffen, und sei es auch nur, um zu konkurrieren, etwas zwischen uns Ungeteiltes, ein SEIN, dem er und ich entnommen sind: Dieses SEIN mit mehreren Eingängen aber, das ich nicht sehen kann, ohne dass es mich dezentriert und aus mir selbst herausreißt, das mich im innersten Geheimnis meiner selbst trifft und mich in die Öffentlichkeit hinausträgt, das mir ganz nahe und unendlich fern ist, das ist immer noch der Horizont der sinnlichen Dinge, und nur wenn wir verstehen, wie wir dort sind, unter ihnen, werden wir verstehen, wie der andere für uns der andere sein kann. Mein Verhältnis zu den Dingen erhellt schließlich mein Verhältnis zu mir selbst, das ich selbst bin, dieses Selbstverständnis, das im Allgemeinen Subjektivität heißt: Mir selbst, insbesondere meiner Dauer und auch den Dingen gegenüber befinde ich mich in einer seltsamen Situation des „partiellen Zusammenfallens“: Gewiss bin ich ich. Wenn sich jemand von innen kennt, dann bin ich es; ich bin meine Dauer, nur in mir kann ich das Vorantreiben der Zeit miterleben. Und doch kommt es nicht infrage, sich diesem Ich, das ich bin, dieser Dauer, die ich bin, frontal zu nähern oder auch nur zuzuwenden: Das würde bedeuten, diese Dauer zu töten, ihre kontinuierliche Geburt zu unterbrechen, ihre Identität, die Identität eines immer neuen und gerade deshalb immer gleichen Wesens, zu zersplittern. Sogar mich selbst sehe ich also nur aus der Ferne, weil ich nicht im Sinne eines identischen Seins bin, weil ich das Nicht-Zusammenfallen, das Herausgerissene bin, und weil das Ding selbst immer hinter der Erscheinung liegt, die ich sehe, liegt hinter meiner Veränderung immer mein Zusammenhalt, hinter meiner Vielheit immer meine Einheit, ein Horizont – ohne dass man sich jedoch irgendeine Ansicht meiner selbst vorstellen könnte, die mir näher ist als diese, da es ja die meine ist. Licht gibt es nur vor mir, ich sehe nur von einem bestimmten Ort aus, von einer bestimmten Art von Leben und Erkenntnis ausgehend, und vor mir ebenso wie hinter allen Dingen gibt es eine Latenz.

Wenn unsere Beziehungen zu den natürlichen Dingen, anderen menschlichen Körpern und zu unserer eigenen unfreiwilligen Dauer von dieser Art sind, was wird dann aus ihnen, wenn wir zu den kulturellen Beziehungen übergehen, die von der Sprache und von den Bedeutungen getragen werden? Auch hier kann man keine der Erfahrungen mit Gewalt in die Ebene einer anderen einfalten. Mein Leben unterhält eine doppelte Beziehung zu der stummen Welt der Passivität und zu dem Universum, das willentlich durch die Sprache, die Handlung und die Erkenntnis wiederaufgenommen wird, eine Dopplung, die kein Dualismus ist, da es derselbe Mensch ist, der sieht und der spricht, und da wir verstehen müssen, wie die beiden Ordnungen zur selben Welt gehören. Es ist eine Tatsache, dass wir von den sinnlichen Dingen als sinnlichen sprechen, sie sind also nicht unsagbar; eine weitere Tatsache ist, dass die Welt der Kultur ins Sichtbare hinabsteigt: Da der Anblick eines einzigen Gemäldes meine Vorstellung von der Welt verändern kann, befindet sich der Geist nicht nur im Unsichtbaren.

Die beiden Ordnungen wiederum überlagern sich weniger, als sie ineinander verflochten sind, jede stützt sich auf die andere und stützt sie zugleich, sie halten sich gegenseitig über dem Nichts. Die gesamte Welt der Erkenntnis lebt von

Untertönen, und die Reden, aus denen sie gemacht ist, stützen sich nur im Entferntesten auf irgendeine positive Vision. Unser Denken der Zeit ist beispielsweise in der Zeit gefangen, aus der es hervorgeht. Es ruht nicht auf sich selbst, es ist künstlich und zerbrechlich. Unsere Bedeutungen sind weniger positive Entitäten als vielmehr Abstände zwischen den Bedeutungen; Figuren vor einem Hintergrund, der nicht gegenwärtig ist und sogar abwesend sein muss, damit sich etwas vor ihm abzeichnen kann. Das Ganze steht nur auf diesem Sockel. Wenn man ihn untersucht, findet man dort noch viele unvollendete, partielle, parteiische Gedanken, und um zum Ziel zu gelangen, müsste man unter das Wissen hinabsteigen, bis zu diesem unwiderlegbaren Sichtbaren, von dem ich nicht genau weiß, was es ist, von dem ich aber weiß, dass es da ist. Wenn es auch als Ganzes evident ist, so ist das Sichtbare doch in jedem einzelnen Fall anfechtbar, und es ist die Anwendung und die Disziplin der Bedeutungen, die mich lehrt, besser zu sehen. Die Welt der Passivität ist also weder das Modell noch die Kopie jener anderen Welt. Die ungreifbaren Bedeutungen und das Grau der Worte verlängern und berichtigen sie vielmehr.

Was die Philosophie als ihr unveräußerliches Gebiet wiederentdeckt, ist dieser Kreis, dieser Knoten, diese Beziehung des *Ineinander** zwischen dem Selbst und den Dingen, zwischen mir und anderen, zwischen Sichtbarem und Unsichtbarem, die Beseelung des Seins durch das Nichts und des Nichts durch das Sein, diese Umkehrungen, die Übergänge sind, diese Entwicklungen, die plötzlich eine andere Dimension eröffnen, dieses Knäuel, das schon immer verworren war, dieses Gewebe ohne Nähte, das nicht aus einem einzigen Faden gemacht ist.[7]

Die Philosophie sucht gerade diese Kreuzungen, die älter sind als die Wege, diese Echos, von denen jedes vorgibt, die

[7] [Fußnote von Merleau-Ponty:] Philosophie also ≠ Bewusstsein oder Synthese, sondern *Ineinander** als Totalität; und entsprechend nicht perspektivisches, vergangenes, retrospektives Sein, sondern aufrechtes, prä-konstituiertes Sein in der *praxis* / § Analyse eines Beispiels: Sehen.

Quelle des Gerüchts zu sein. Sie ist keine Analyse, als ob es genügte, etwas aufzutrennen: Schon die Handlung des Auftrennens bezeugt, dass die Ordnung unserer Gründe nicht die Ordnung der Dinge ist. Sie ist keine Synthese, als ob man das, was alle unsere Operationen umfasst, das, was ihnen verbunden vorausliegt, zusammensetzen oder wiederzusammensetzen könnte. Sie ist nicht die Verschmelzung oder die Verunmittelbarung [*immédiation*] oder das Zusammenfallenlassen, denn wenn sie das zu sein vorgäbe, vergäße sie zumindest ihr Projekt der Verschmelzung, der Verunmittelbarung und des Zusammenfallenlassens, ignorierte sie sich selbst als Haltung, Unternehmen, Förderung, als privilegierte Orientierung gegenüber dem vergangenen SEIN, ignorierte darüber hinaus allgemein die *praxis*, die all unsere Weltansichten aufrecht hält.

Als Methode ist die Philosophie das Wissen um das *Ineinander**, um die paradoxen Implikationen, die bewirken, dass die gegenwärtige Welt in voller Rüstung erscheint,[8] wenn man am Faden der Bedeutungen zieht, dass sie als der andere oder als NATUR erscheint, wenn man das Selbst expliziert, und dass diese Beziehungen sich umkehren, wenn man am anderen Ende anfängt.[9] Und die einzige „Lösung" dieser Paradoxa, die einzige „Antwort" der Philosophie auf ihr fundamentales Fragen besteht darin, die Waffen, die wir von ihr erhalten haben, gegen sie selbst zu richten, mit dem Finger auf uns zu zeigen und uns durch [alle Begriffe – „Subjekte", „Objekt", „Geist", „Bewusstsein", „Bewusstseinsakt", „Stoff", „Form", „Bild", „Erinnerung", „Wahrnehmung", „Empfindung", „Gedanke" –, die uns maskieren] die Rede das Sein gegenwärtig zu machen, auf

[8] Merleau-Ponty spielt an dieser Stelle wahrscheinlich auf die Geburt Athenes an, die schon erwachsen und ‚in voller Rüstung' dem Kopf des Zeus entstieg, der zuvor ihre schwangere Mutter Metis verschlungen hatte. Mit dem Ausdruck *sortir tout armé de la tête* wird im Französischen gewöhnlich ein Projekt oder eine Idee bezeichnet, die dem Kopf schon ganz fertig entsteigt, der also nichts mehr hinzuzufügen ist. Anm. d. Übers.

[9] [Marginalie:] Diese ganze Ausführung über Kant streichen. Unvermittelt mit der noematischen Reflexion über das Prä-konstituierte anfangen, mit der Reflexion desjenigen, der so auf der Welt und im SEIN ist.

das unsere Blicke, unsere Hände, unsere Worte abzielen – denn letzten Endes weiß ich, was es heißt, zu sehen, zu berühren, zu sprechen und wie all das zusammengeht, denn ich bin der Knotenpunkt, an dem sich aller Verkehr zwischen der NATUR und dem Geist kreuzt.

§ 2. Die Stimme des Schweigens oder die philosophische Frage

Versuchen wir, die philosophische Fragestellung genauer zu situieren. Jede Frage ist eine Suspendierung, ein Hiatus, unsere gewöhnlichen Fragen jedoch sind nichts weiter als Momente des Zögerns: Man weiß nicht, ob Ja oder Nein, aber es ist eines von beiden. Wir kennen die Ursache eines Ereignisses nicht, aber wir könnten die möglichen Antworten klassifizieren, und die wahre Antwort hat von vornherein ihren Platz in dem Bild eingenommen. Die Philosophie stellt scheinbar die gleiche Art von Frage: Ob die Welt, ob die Bewegung, ob das Vielfache ist, oder ob das SEIN ihnen äußerlich ist – doch aus dem Untergrund dieser Formulierungen taucht die wahre philosophische Frage auf, die darauf abzielt, zunächst einmal zu wissen, was das SEIN ist.

Diese Frage nach dem *What* ist nun auch die Frage der Wissenschaft. Wenn auch nur, um Wissenslücken zu füllen, stellt sie die überkommenen Kategorien infrage und erfindet manchmal neue Arten des Seins.

In der Wissenschaft wird jede Frage, die das *That* berührt, in einen Kontext von Fragen eingewickelt, die das *What* berühren, und die beiden Arten von Fragen greifen ständig ineinander über. Da eine theoretische Formation immer durch die Erfahrungen, die sie angeregt hat, selbst wieder infrage gestellt werden kann, lässt sich weder erwarten, dass das Hin und Her zu irgendeinem Zeitpunkt aufhört, noch dass die Welt vor den

Augen des Wissenschaftlers eines Tages zur bloßen Konsequenz einer endgültigen theoretischen Formation wird, und insofern ist das wissenschaftliche Wissen immer ein vorläufiges. Man kann davon träumen, es zu vollenden, indem man ihm gegenüber die Forderung wiederholt, die es an die Dinge richtet, die Forderung nach einer vollständigen Klärung sowohl unserer Erfahrung als auch der Operationen oder Konstruktionen, durch die das Wissen die Erfahrung gemäß ihrem Sinn entwickelt. Die Philosophie wäre diese universelle Suspendierung, die eine Sphäre absoluter Gewissheit enthüllt, denn ich muss in mir ein kohärentes Ganzes von Operationen, ein System von Grundstrukturen, einen inneren Sinn des SEINS finden, wenn ich von ihm eine Erfahrung haben und wenn ich es mir vorstellen können soll. Die Philosophie wäre die exakteste (die einzige exakte) Wissenschaft, die sowohl unsere Erfahrung als auch die [konstruktiven?][10] Operationen des Wissens und ihre eigene Operation beherrscht, und das philosophische Fragen würde das erreichen, was die Wissenschaft nicht erreichen kann, weil sie nicht radikal genug ist: die Konversion der Welt, einschließlich uns selbst, die wir sie sehen und denken, in eine „Weltbedeutung", das genaue Korrelativ des absolut freien, interesselosen Blicks eines *Kosmos theoros*, eines *unbeteiligten Zuschauers**. Wenn sie danach fragt, was die Welt und was das Sein ist, dann wäre dies, in einer unbegrenzten Universalität, dieselbe Frage nach dem *What*, die die Wissenschaft der massiven Tatsache der Welt entgegengehalten hat.

Schließlich [wäre] die Philosophie das Inventar der Begriffe, der Prinzipien und geistigen Akte, welche die Einheit des Bewusstseins und die Einheit der Welt sicherstellen.

Es ist sicherlich kein Zufall, dass Wissenschaft und Philosophie in der Geschichte des Abendlandes gemeinsam geboren und aufgewachsen sind. Aber bringt man ihre wahre Beziehung

[10] Merleau-Ponty schreibt an dieser Stelle: „construct.", was für „constructeur" [konstruierende] oder „constructive" [konstruktive] stehen könnte. Anm. d. Übers.

angemessen zum Ausdruck, wenn man sie als zwei Stufen der Erkenntnis betrachtet, als zwei Antworten, die eine unvollkommen, die andere vollendet, auf die Frage nach dem Wesen? Gerade in seinem Bemühen, Erkenntnis und Philosophie zu verbinden, hat der transzendentale Idealismus (sei es der von Kant oder der von Husserl) die radikale Originalität des philosophischen Fragens ans Licht gebracht: Die Gesamtheit der Operationen der Wissenschaft oder der Erkenntnis [wird] als Ontogenese gerechtfertigt, welche die Bedingungen der *Erfahrung** erklären soll, die an diesem Maß gemessen wird. Doch dieser Bezug auf die *Erfahrung** = Bezug auf einen Kontakt mit dem SEIN, auf eine Ontologie, die sich nur einem mehr als eidetischen Fragen enthüllt. Bei Husserl beispielsweise wird die Theorie der imaginären Variation zu einem Erkennen des Wesens als einer Weise *zu wesen* [*une manière d'ester*] umgebogen – und die Theorie der transzendentalen Reduktion zu einem Erkennen dessen, was *vor aller Thesis** liegt.

Die kritische Begründung des Wissens zeigt die Entfaltung seiner ontologischen Funktion, seines ursprünglichen Kontakts mit dem Sein und mit sich selbst, der Erfahrung genannt wird. Und zweifellos wird die Erfahrung durch die Analyse, die Reflexion und die Explikation so verhandelt, dass sie in ihr ein implizites Verstehen zum Vorschein bringt. Aber von dem Moment an, in dem diese Erfahrung ins Zentrum der Philosophie gerückt wird, stellt sich eine Frage: Wenn es einen Kontakt mit dem präreflexiven Sein gibt – wie lässt sich diese Beziehung begreifen? Muss man sagen, dass sie mit einer konstituierenden Dynamik zusammenfällt? Aber warum werden wir dann selbst konstituiert? Und wenn wir uns selbst in einer umfassenden und blinden Apprehension gegeben sind, wenn die Reflexion nur all die Bedingungen aufzählen und diskursiv unter [*en deça*] unsere Erfahrung projizieren kann, ohne die sie uns unmöglich zu sein scheint, und ohne dabei jemals mit dem Funktionieren des Ganzen zusammenzufallen, was ist dann die Rückseite der Reflexion, in der sich die Reflexion vorbereitet, und was ist die Überreflexion [*surréflexion*], die uns diese Rückseite erschließen wird?

Auf jeden Fall fragt die philosophische Frage nicht mehr einfach, was das Sein und was diese Welt ist, und was das Wissen von der Welt und vom Sein ist, so wie man fragt, was der Kreis oder das Dreieck ist: Wir wissen im Voraus, dass die Philosophie keine unmittelbare Lektüre der Wesenheiten ist, und dass diese Wesenheiten in einer Erfahrung der gegenwärtigen Welt, des gegenwärtigen Seins, vor einem ontologischen Hintergrund erscheinen. Das philosophische Fragen fordert die Restitution.

Dies ist der tiefe Sinn der modernen Untersuchungen über die Genealogie des Wesens und der Bedeutung. Wenn sie fragen, was das Sein, das Wesen, das Ich oder das Bewusstsein *bedeutet*. [Die Neuheit liegt [nicht] im Rückgriff auf das *Sinnvolle** der Sprache, aber auch nicht im Rückgriff auf vermeintlich positiv gegebene Wesenheiten. Die Neuheit besteht darin, dass die Bedeutung prospektiv ist, d.h. auf einen Kontakt mit dem vor uns liegenden Sein hin orientiert.][II]

Insofern erschienen uns diese Formulierungen unzureichend. Die philosophische Frage ist nur dann wirklich radikal, wenn die Höhlung des Nicht-Seins, in der sie sich ausspricht, weder die reine Abwesenheit noch die reine Anwesenheit des SEINS und der Wahrheit ist, wenn die Antwort weder mit der Frage gegeben noch absolut unerreichbar ist, wenn die Frage ein Feld oder einen Horizont eröffnet, sodass man weiß, was sie meint und in welcher Richtung zu suchen ist, ohne dass

[II] [An dieser Stelle sind etwa vier Seiten durchgestrichen, folgende Anmerkung ist erhalten:] Genau genommen ist es bereits eine schwerwiegende Einschränkung, und schon die Universalität der Wesenheiten versteht sich nicht mehr von selbst. In den *Logischen Untersuchungen* (*Prolegomena zur reinen Logik*) heißt es: Wenn die Fiktion eines engelhaften oder übermenschlichen Denkens (Grenzfall unserer imaginären Variationen) den Wert der Prinzipien unseres Denkens nicht wesentlich beeinträchtigt, dann müssten die übermenschlichen [Wesen?], um relevant zu sein, mit uns in Verbindung treten, und daher wie wir eine Sprache, Sinne und einen Körper haben.
Es geht also um den universellen Wert der Wesenheiten und um ihre rechtmäßige Grundlage, um die Intersubjektivität und die konkrete Interkorporalität. Nun wird in der einsamen eidetischen Anschauung diese tiefe Verflochtenheit [*entrelacé*] der Geister ineinander und aller Geister in die NATUR invoziert, doch die ersten Schriften machten nur Andeutungen.

grundsätzlich eines der Wesen aus diesem Feld oder diesem Horizont die Frage, die dieses Feld oder diesen Horizont eröffnet hat, auslöscht – wenn also in diesem Sinn das Fragen ein Fragen, wenn es so etwas wie eine unerfüllte Intention bleibt, wenn es den positiven Wesen eine Dimension hinzufügt, von der sie selbst nicht zeugen, und ohne die sie dennoch nicht gesehen werden würden und nicht existieren würden, das heißt eine Frage, die also nicht weniger eine Frage nach sich selbst als nach ihnen ist, eine Frage nach sich selbst, insofern sie eine Frage nach ihnen ist, sodass schließlich die Frage und die Gesamtheit der Wesen so etwas wie die Kehrseite oder die andere Seite voneinander sind, ist sie nicht weniger in ihnen impliziert als umgekehrt – was bedeutet, dass die Frage nicht von woanders herkommt, um sie zu befragen, sondern in ihrem Herzen entsteht, wie durch eine Einstülpung [*invagination*] oder Faltung ihrer Masse, dass der Fragende wirklich von der Welt ist, die er befragt, eine Falte in diesem Stoff, so wie mein Körper Teil dieses Sichtbaren ist, das er sieht, es dabei also von innen sieht, dass er von derselben Art ist wie das, was er sieht, dass er eine Welt sieht, die etwas für ihn ist, die Fleisch ist wie er – und wie ich, als sprechendes Subjekt höre ich in dem Augenblick, in dem ich andere anrufe, mich selbst, spreche ich auch zu mir selbst, rufe mich selbst an, instituiere mich als Angesprochener, indem ich mich zum Sprecher mache, als anderer für mich selbst, indem ich sie zu anderen für mich mache, sodass das ich über das Sprechen [*parole*] nicht wie über ein Attribut oder ein Produkt oder ein Konstrukt oder einen Gedanke von mir verfügte, ich spreche aus dem Inneren und der Mitte des SPRECHENS, es ist das SPRECHEN, das mich ergreift und das genau in dem Augenblick über mich verfügt, in dem ich all meine Kräfte dafür einsetze, mich verständlich zu machen – und da schließlich ich, das denkende Subjekt, niemals das Gefühl habe, meine Gedanken zu produzieren: Wer hat jemals seine besten Ideen entstehen sehen, wer hat sie konstituiert, wer hat sie produziert:

Es ist eher ein Sonnenstrahl, der hervorbricht, ein Nebel, der sich lichtet, eine Achse unseres Lebens, die sich enthüllt und entblößt. Wenn ich aktiv denke, auf eine produktive Weise, habe ich mein Denken nicht wie eine Hypothese oder wie eine Ansicht vor mir, es denkt [sich] in mir, ich werde ebenso sehr gedacht, wie ich denke, und die Stimme meines Denkens ist, im grammatikalischen Sinne, weder das Aktiv noch wohlgemerkt das Passiv, es wäre vielmehr das, was die Griechen als Medium bezeichnen, jene Aktion, die man an sich selbst vornimmt, und in der man also unteilbar aktiv und passiv ist. Unterm Strich ist jede Frage, insofern sie ein Feld eröffnet, eine Entmischung, eine Abgrenzung innerhalb eines Bereichs, in den der Fragende bereits eingeweiht ist, der bereits sein Territorium ist, dem er angehört, der ihn umgrenzt oder einschließt – und da die Frage der Fragen, die Philosophie, eine Öffnung zum SEIN ist, kann sie sich nicht mit dem gedachten Wesen begnügen, das wir in unsere Urteile, unsere Aussagen einhüllen, das vor uns liegt, das wir manipulieren, eine Sphäre, die durch unsere Handlungen und Operationen aus einem umfassenderen Sein herausgeschnitten wird und nicht aufhört, ihm anzugehören, so wie die sichtbare Welt weit davon entfernt ist, auf den dünnen und schmalen Film der *visibilia* beschränkt zu sein. Das Fragen der Philosophie wird also nicht von uns geschaffen, es spricht sich durch uns aus, durch die immer neue Überkreuzung des Sichtbaren und des Sehenden, des Sprechens und des Verstehens, des Denkens und des gedachten Wesens, das bewirkt, dass es jemanden gibt, oder wie Homer es mit anderen Worten so wunderschön ausdrückt, niemanden, οὔτις, das Gegenteil jenes Raums im Freien, den man Monade nennt, eine Kreuzung, an der alle Dinge sich daranmachen, füreinander zu existieren. Der Philosoph ist, wie jeder Mensch, das X, in dem das Sein zu sich selbst kommt, sich selbst erlebt oder wiedererlebt wird.[12]

[12] Vor dem folgenden Absatz sind etwa zwei Seiten durchgestrichen. Anm. d. Hg.

Nicht, dass die Philosophie auf die wortlose Übereinstimmung mit einem unmittelbaren Erleben abzielt: Sie selbst realisiert sich nur in den Worten und es wäre die größte Inkonsequenz ihrerseits, wenn sie die Sprache wie einen Schirm behandeln würde, der zwischen ihr und dem Sein steht, wenn sie sich damit begnügen würde, die Definitionen, die syntaktischen Operationen und die immanenten Gesetze des einmal etablierten Sprachuniversums zu entwickeln, als ob die Sprache über nichts sprechen würde und sich auf nichts öffnen würde. Weil die Philosophie Sprache ist, ist sie auch Philosophie und Kritik (im kantischen Sinne) der Sprache; dass sie nicht Herrin über die Sprache ist, macht sie nicht zu ihrer Sklavin, sie verdammt sie nicht, sie überträgt ihr kein Monopol des Sinns, denn sie erfasst sie (und sich selbst) bei der Arbeit, sie ist im Begriff, das Schweigen zu brechen, nach der einen Seite offen auf den Horizont der Konfigurationen, der Artikulationen, der stummen Gesten, die sie verlängert und transformiert, nach der anderen Seite offen für die Ordnung neuer Evidenzen, die zu instituieren sie im Begriff ist, die nicht disqualifiziert, sondern an ihren Platz gestellt und in ihren Kontext reintegriert werden wollen. Die Kritik an der gesprochenen Essenz und an der gesprochenen Existenz erfolgt nicht im Namen und zugunsten eines Unmittelbaren, das ihnen unsagbar vorausgeht, sondern im Namen der sprechenden Essenz und der sprechenden Existenz, also der schweigenden Erfahrung, der Erfahrung dessen, was in ihr das Wort für das hervorruft, was sie sagen will, und die Erfahrung dessen, was dafür sorgt, dass das Sprechen die Erfahrung sagt, all das ineinander [*l'un dans l'autre*], in Diskordanz und in Konkordanz, so wie wir es erleben. Denn so notwendig es ist, sich nicht an den immanenten Sinn der Worte, an die innere Regel des Spiels zu halten, so sicher ist es auch, dass das Wort in dem Moment, in dem es auftaucht, über eine ebenso überzeugende Evidenz verfügt wie ein beliebiges stummes Ding, und tatsächlich sogar von derselben Art ist, weil man das Sprechen erlernt, weil sich das Wort zu einem bestimmten Zeitpunkt als stummes Ding rechtfertigen und durchsetzen muss, durchdringt es selbst das Schweigen des Kindes, indem es sich im Schweigen nahelegt, dieses Mal allerdings in einem privativen Schweigen, also als bevorstehendes Wort. Das Wort, das nicht länger ein Schirm zwischen der Philosophie und dem Sein ist, ist selbst für die Philosophie keine Einschränkung ihrer Macht und ihrer Freiheit mehr, kein Gefängnis, denn da es im SEIN geboren ist, aus dem SEIN geboren ist, auf Verlangen des SEINS hin ausgesprochen wird, kann es, vorausgesetzt man berücksichtigt sein Auftauchen und das stille Sein, aus dem es hervorgeht, das SEIN weder verdecken noch kann es ein als gegeben hingenommenes SEIN vollständig enthüllen. Es gibt nur dann einen Gegensatz zwischen dem Erlebten und dem Gesprochenen, wenn man die Artikulation des Erlebten auslässt, seine Organisation um einen stillschweigenden Sinn, und die sensorischen Felder, in denen jedes Individuum bereits Variante einer Dimension, Exemplar eines alogischen Wesens ist, das, was Hermes Trismegistos als „den Schrei des Lichts" bezeichnete, um so das Erlebte auf die reine Stummheit und die reine Kontinuität zu reduzieren, und wenn man darüber hinaus die Voraussetzungen des Wortes auslässt, die Einrichtung beispielsweise eines linguistischen Feldes, das jedes mögliche Sein in die Ordnung des Benennbaren und des Ausdrückbaren einwickelt. Wenn man hingegen in der Lage ist, in beiden Ordnungen diese Institutionen gleichen Typs, und in eins damit nicht nur die wilde Sinnlichkeit, sondern auch das wilde Sprechen und das wilde Denken wiederzufinden, dann gibt es kein Entweder-oder mehr; vom Erlebten zum Gesprochenen gibt es eine Verständigung durch Umkehrung, einen Chiasmus, und man kann mit Husserl sagen, dass die Philosophie „noch stumme Erfahrung [ist], die nun erst zur reinen Aussprache ihres eigenen Sinnes zu bringen ist",[13] was

[13] Das Zitat stammt aus: Edmund Husserl, *Cartesianische Meditationen*, hg. v. Elisabeth Ströker, Hamburg: Meiner 1995, S. 40. Anm. d. Übers.

bedeutet, dass die Philosophie spricht und dass ihr Sprechen an das Schweigen angelehnt ist, dass sie aus dem Inneren des Seins und nicht von oben oder aus der Ferne spricht, dass sie insbesondere von sich selbst spricht, also vom Sprechen, dass sie so spricht, wie die Bäume wachsen, wie die Zeit vergeht und wie die Menschen sprechen.[14]

Es handelt sich bei der Philosophie also weder um Reflexion, wir haben es oft genug gesagt, noch um eine Rückkehr zum Unmittelbaren, von der Bergson sagen würde, dass sie „Reflexion ist", und das zu Recht: Denn sie teilt mit den reflexiven Philosophien das supralapsarische Vorurteil, das Vorurteil einer ursprünglichen Unversehrtheit, eines verlorenen und wiederzufindenden Geheimnisses, das die Fragen aufhebt. Weil sie nach der Welt, nach der Natur, nach dem Leben, nach dem Denken kommt, die sie bereits konstituiert vorfindet, befragt die Philosophie dieses vorgängige Sein und befragt sich über ihre Beziehung zu ihm. Sie ist offensichtlich eine Rückkehr zu sich selbst und zu allen Dingen: aber keine Rückkehr zu einem Unmittelbaren, zu einem Ursprung der Dinge oder der Bedeutungen, zu einer verschütteten Wahrheit, deren gefallene Erben wir wären, zu einem System von Operationen, zu einem andauernden Anstoß [*poussée de durée*], dessen Produkte wir wären. Der Wieder-anfang, die Wiedereroberung des Seins aus dem Vergessen, die Zerstreuung und die Gewohnheit, das Wieder der Philosophie, beinhaltet zwar die Wiederherstellung, die Restitution der wahren Vergangenheit, beschränkt sich aber nicht auf diese Rückschau und beruft sich (selbst in Bezug auf die Vergangenheit) nicht auf eine verlorene Übereinstimmung, die es wiederherzustellen gälte: Wenn sie verloren ist, dann ist sie es für immer, denn wir sind weder Bäume noch Dinge; dass eine Vergangenheit zu haben bedeutet, sich einem Abgrund zu öffnen, der nicht nur unergründlich ist: der keinen Boden hat,

[14] [Marginalie:] wiederwahrnehmen; wiedersprechen; wiederdenken, Prospektion ebenso wie Retrospektion.

auf dem man Fuß fassen kann, und auf dem die Vergangenheit selbst, und zwar gerade als absolute Distanz, als reine Erinnerung gegeben wäre. Entweder das eine oder das andere: Wenn wir wirklich wieder zu dem werden, was einmal als Gegenwart war, dann ist es, in dem Moment, in dem das Zusammenfallen gelingt, nicht mehr vergangen, dann hört die Gegenwart zugleich auf, weil ihre gegenwärtige Bezeugung verschwindet; und wenn es im Erinnern eine Distanz gibt, dann ist es nicht rein, dann nimmt es Anleihen am Fleisch des Gegenwärtigen. In Wahrheit sind Vergangenheit und Gegenwart nicht im selben Sinne gegeben, und weder das eine noch das andere ist im Sinne des Zusammenfallens gegeben. Was uns gegeben ist – nun allerdings uneingeschränkt und kontinuierlich gegeben –, ist ihre Differenzierung innerhalb unserer massiven Zugehörigkeit zur Welt, zum SEIN, und zu Raum und Zeit des SEINS, und diese Zugehörigkeit selbst wird uns durch unsere Augen bedeutet, durch unsere Hände, durch das Sichtbare, das Sinnliche, von dem auch sie ein Teil sind, das sie also von innen sehen und berühren, durch unsere Worte, unsere Gedanken, gemeinsam mit dem SEIN, auf das sie abzielen und in das sie auch eingeschrieben sind, an ihrem Platz, an ihrem Datum, mit ihrem Wahrheitsgehalt. Denn das Sichtbare, das wir sehen, von dem wir sprechen, ist dasselbe, von dem Platon und Aristoteles sprachen, das sie sahen, das *numerisch* Selbe: Da es eine Landschaft ist und keine Herde von vergänglichen Empfindungen, oder von Urteilen, oder von heimat- und ortlosen geistigen Handlungen, sondern ein Ausschnitt des dauerhaften Fleisches der Welt, liegen hinter jeder von mir gesehenen Landschaft, auch wenn es sich nicht um Hymettos, Ilissos oder die Platanen von Delphi handelt, die Landschaften aller Menschen verborgen, die gewesen sind, all jener, die sein werden, all jener, die sein können oder hätten sein können, ungeteilt zwischen ihnen und mir, wie ein Gegenstand, den ich mit meiner rechten und meiner linken Hand halte. Von Platon bis zu uns ist der griechische

Mensch verblasst, ein anderer Mensch ist entstanden, der seinen eigenen Geschmack, seinen eigenen Geruch in alles einbringt, was er unternimmt, aber wenn er Platon liest, wenn er ihm dort drüben im alten Griechenland folgt und das Geäder seiner Dialoge wiederfindet, dann bewegt sich etwas, im Zentrum seiner selbst und auf synchrone Weise, und wird wieder lebendig, etwas, das Platons Denken war und ist. Die NATUR und das WORT, das Sichtbare und das Geschriebene, stellen, auf andere und auf gleiche Weise, in jedem Augenblick eine universelle Gleichzeitigkeit wieder her.

Die Philosophie sucht also nicht hinter uns ein zurückgelassenes Unmittelbares, um sich mit ihm zu verschmelzen: Was sie will, ist, sich über diesen Feuerkreis des Sichtbaren, des Benennbaren, des Denkbaren zu erheben, wo das gegenwärtige Sehen, Sprechen, Denken an alle Ansichten, alle Worte, alle Gedanken, die jemals sein konnten oder können, anknüpft – wo sie sich untereinander und mit ihnen verschränken, sich gegenseitig neu erschaffen in der unbewegten Selbstverwicklung der Natur und in der Selbstverwicklung der Geschichte, die an jene Falten des Meeres erinnert, die zu einer einzigen Welle verschmelzen ... Die Quelle des Sinns ist ebenso wenig hinter uns, wie sie vor uns ist, ist ebenso wenig ein verlorenes Unmittelbares wie ein zu erreichender, zu machender Omega-Punkt, sie ist im Sehen, Sprechen, Denken mit ihren Verfalzungen, ihren Horizonten, den Verweisen nach hinten, und nach vorne, von denen es wimmelt, mit ihren Öffnungen, ihren Überschreitungen, die selbstverständlich sind, weil sie sich nicht addieren, sondern Umschreibungen, Abtrennungen, Absonderungen des Fleisches der Welt und des SEINS sind; die philosophische Rückkehr ist ebenso gut ein Aufbruch, und die Philosophie ist eigentlich weder das eine noch das andere, weder Retrospektion noch Prospektion allein. Sie ist die Einladung, das Sichtbare erneut zu sehen, das Wort erneut zu sprechen, das Denken erneut zu denken.

[Die schlafende Macht aller Horizonte – schlafend, weil sie erworben, sedimentiert sind – und doch jeden Augenblick im wilden Zustand in ihnen sichtbar, das heißt in uns selbst in jedem Augenblick – eine Macht, die nicht thetisch ist und die für jedes thetische Denken unzugänglich ist].[15]

Nicht um vor oder hinter ihnen nach einem Fundament zu suchen, das sicherer ist als sie, sondern um in ihnen die ontologische Macht zu wecken, die sie durchströmt und die sie gleichzeitig fortsetzen und verkennen, weil sich der Sinn nur ausbreitet oder überträgt, indem er seinen Ursprung vergessen lässt, indem er sich als erworbene Dimension einrichtet, an die man nicht länger denken muss und auf der sich in der Distanz die späteren Erfahrungen aus sich selbst erheben ... Die Welt erneut sehen, die Sprache erneut sprechen, das Denken erneut denken – das bedeutet also nicht, sie aufzutrennen, sie wie einen Stoff wiederherzustellen oder an ihnen zu kleben wie an einem Unmittelbaren, sondern die Aushöhlung wiederzufinden, die ihnen eine Prägung verleiht, der sie ihre Form und ihren Zusammenhalt verdanken, sie umzudrehen wie einen Handschuh, dessen Innenseite man zeigt, im Körper die Verwachsung bloßlegen, den Kreislauf von Sehendem und des Sichtbaren, im Wort den von Sprechendem und Angesprochenem, im Denken den des Denkakts und seiner Spur, seines Pfades, seiner Bahnung oder seiner Einschreibung, also hinter all diesen Gedanken das Anti-Denken erkennen, das ihre Wahrheit ist. Diese Operation setzt voraus, dass man nicht einfach jedem Sichtbaren, jedem Benennbaren, jedem Denkbaren anhängt – was nicht philosophieren, sondern leben hieße –, sondern dass man sie entfernt, suspendiert, um zu sehen, wie sie sich zu sehen, zu benennen und zu denken geben, was sie sagen wollen, was die ihnen eigene Art ist, sich zu äußern, sich anzukündigen, zu sein, und dass schließlich all das in Worten

[15] Die eckigen Klammern stammen von Merleau-Ponty. Anm. d. Hg.

festgehalten wird. Die Operation geht also im Kreis, denn das Sehen muss sich sehen, das Sprechen sich sprechen, das Denken sich denken, und derjenige, der sie durchführt, bedient sich dazu eben jener Kräfte, die diese Operation zu enthüllen sucht, und die er in dem Moment hinter sich versammelt hält, in dem er ihrem Schauspiel beiwohnen will. Aber dieser Kreis ist kein Makel und zieht keine Inkonsequenzen nach sich, da weder das Sehen noch das Sprechen noch das Denken immanente Operationen sind, da sie eine Öffnung sind, da es in Bezug auf sie kein mögliches Zusammenfallen mehr gibt, und mit ihnen zusammenzufallen gerade bedeuten würde, sie zu zerstören. Zwischen dem Sehen und der Philosophie des Sehens, dem Sprechen und der Philosophie des Sprechens, dem Denken und der Philosophie des Denkens gibt es einen Austausch, ein Chiasma, eine Überlappung, aber kein Zusammenfallen; und insbesondere spricht das philosophische Sprechen ohne Widerspruch vom schweigenden Sehen, spricht ohne Zirkelschluss vom Sprechen selbst, weil es, wie jedes neue Sprechen, seinen Sinn absteckt, ohne ihn zu enthalten, einzuschließen oder auch zu tragen: Es genügt, dass es etwas anzeigt, dass es wie eine Geste sowohl den Stil des Menschen als auch den der Sache manifestiert, oder dass es wie die Bewegung eines Zweiges sowohl den Wind als auch den Widerstand der tiefreichenden Faser bezeugt. Sofern also das philosophische Sprechen nahe genug am Herzen der Dinge und am Herzen des Sprechens geboren wird, wird es deren Mal davontragen und uns davon erzählen, unter der einzigen Bedingung, dass wir es in uns sprechen lassen, anstatt es zum Schweigen zu bringen, indem wir von ihm zuerst seine Titel und Definitionen verlangen. Die Philosophie, die Sprechen ist, spricht ohne Schwierigkeiten *von* dem Sprechen, weil jedes Sprechen auf das Sprechen abzielt, so wie der sehende Körper auch sichtbar ist. Und die Philosophie, die Sprechen ist, spricht ohne Schwierigkeiten von der Welt des Schweigens, weil jedes Sprechen sich den Dingen ausliefert, von denen es spricht, und sie das sagen lässt, was sie selbst sagen wollen.

> Hier spricht eine weise Vollendung,
> und eine Stimme erschallt,
> die klingt, als ob sie erkläre,
> dass sie niemandes Stimme wäre,
> so gehört sie zu Wasser und Wald.[16]

Von der Welt des Schweigens zum Universum des Sprechens, und dem des Denkens, gibt es Übergänge, ein Kommen und Gehen, nicht weil es sich um drei parallele Ordnungen handelt, zwischen denen man nach einem punktuellen Zusammenfallen und Überlappen suchen müsste, sondern weil sie drei Dimensionen desselben SEINS sind. Ihre Einheit ist problematisch, wenn man die Produkte, die einzelnen Akte der drei Bereiche – Wahrnehmungen, Aussagen und Gedanken – betrachtet, sie versteht sich hingegen von selbst, wenn man die Horizonte betrachtet, die sie umfassen und denen sie gleichsam entnommen werden: den Horizont des Sichtbaren, den Horizont des Benennbaren und den Horizont des Denkbaren. Um dieses Denken der Horizonte zu erobern, muss man sich jedoch für eine Beziehung zum Sein empfänglich machen, die den umschriebenen Akten, dem [?][17] der Erkenntnis, vorausgeht, sie alle trägt und nach jeder Erkenntnis fortbesteht. Versuchen wir zunächst, dies in Bezug auf das Sichtbare zu tun.[18]

[16] Paul Valéry, „La Pythie"/„Pythia", in: ders., *Werke.* Bd. 1: *Dichtung und Prosa*, hg. v. Karl Alfred Blüher u. Jürgen Schmidt-Radefeldt, Berlin: Suhrkamp 2021, S. 134–147, hier S. 147. Frz. Original: „Voici parler une Sagesse / Et sonner cette auguste Voix / Qui se connaît quand elle sonne / N'être plus la voix de personne / Tant que des ondes et des bois." (Ebd., S. 146.)

[17] Hier ein unleserliches Wort. Anm. d. Übers.

[18] An dieser Stelle folgt noch die Überschrift „§ 3. Wiederentdeckung des Sichtbaren", versehen mit der Anmerkung, dass es sich dabei auch um den ersten Paragrafen des zweiten Teils handeln könnte. Mit dieser Überschrift endet der Text. Anm. d. Übers.

BIBLIOGRAFIE

Zitierte Texte von Maurice Merleau-Ponty

—*Causerien 1948. Radiovorträge,* hg. v. Stéphanie Ménasé, übers. v. Joan-Catharine Ritter, Ignaz Knips u. Emmanuel Alloa, Köln: Salon Verlag 2006. (**C**)

—*Das Auge und der Geist,* hg. v. Christian Bermes, übers. v. Hans Werner Arndt, Claudia Brede-Konersmann, Friedrich Hogemann, Andreas Knop, Alexandre Métraux u. Bernhard Waldenfels, Hamburg: Meiner 2003. (**AG**)

- „Schrift für die Kandidatur am ‚Collège de France'", [1951/52], S. 99–110.
- „Lob der Philosophie", [1953], S. 177–224.
- „Das Auge und der Geist", [1961], S. 275–317.

—*Das Primat der Wahrnehmung,* hg. v. Lambert Wiesing, übers. v. Jürgen Schröder, Frankfurt a.M.: Suhrkamp 2003. (**PrW**)

- „Die Natur der Wahrnehmung", [1934], S. 10–25.
- „Das Primat der Wahrnehmung und seine philosophischen Konsequenzen", [1946], S. 26–84.

—*Das Sichtbare und das Unsichtbare,* hg. v. Claude Lefort, übers. v. Regula Giuliani u. Bernhard Waldenfels, München: Fink 1994 [1988]. (**SU**)

—*Dits et écrits rares ou inédits* (= *Chiasmi International,* Nr. 20), hg. v. Mauro Carbone u. Mathias Goy, Paris: Vrin 2018.

—*Die Abenteuer der Dialektik,* übers. v. Alfred Schmitt u. Herbert Schmitt, Frankfurt a.M: Suhrkamp 1974 [1955]. (**AD**)

—*Die Natur. Aufzeichnungen von Vorlesungen am Collège de France 1956–1960,* hg. v. Dominique Séglard, übers. v. Mita Köller, München: Fink 2000 [1995]. (**N**)

- „Der Naturbegriff, 1956–1957", S. 19–174.
- „Der Naturbegriff, 1957–1958. Die Tierheit, der menschliche Leib, Übergang zur Kultur", S. 175–274.

- „Der Naturbegriff, 1959–1960. Natur und Logos: der menschliche Leib“, S. 275–378.

—„Die Krise des europäischen Bewusstseins“, [1946], übers. v. Nikolai Mähl, in: *Zeitschrift für Kulturphilosophie*, Bd. 10, Nr. 1, Hamburg: Meiner 2016, S. 167–182. [Umfassendere Dokumentation veröffentlicht als: *L'Esprit européen. Textes in-extenso des conférences et des entretiens organisés par les Rencontres Internationales de Genève 1946,* La Baconnière: Neuchâtel 1947.]

—*Die Prosa der Welt*, hg. v. Claude Lefort, übers. v. Regula Giuliani, München: Fink 1993 [1969]. **(PW)**

—*Die Struktur des Verhaltens,* übers. v. Bernhard Waldenfels, Berlin: De Gruyter 1976 [1942]. **(SV)**

—Entretiens avec Georges Charbonnier et autres dialogues, 1946–1959, hg. v. Jérôme Melançon, Paris: Verdier 2016. **(E)**

- „La Tribune des *Temps Modernes*“, [1947], S. 41–56.
- „Le ‚Forum‘ de *L'Express*“, [1945–1955]„ S. 77–109.
- „Entretiens avec Georges Charbonnier“, [1959], S. 111–430.

—*Humanismus und Terror I,* übers. v. Eva Moldenhauer, Frankfurt a.M.: Suhrkamp 1966 [1947]. **(HT)**

—*Humanismus und Terror II,* übers. v. Eva Moldenhauer, Frankfurt a.M.: Suhrkamp 1966 [1947]. **(HTII)**

—*Keime der Vernunft. Vorlesungen an der Sorbonne 1949–1952*, hg. v. Bernhard Waldenfels, übers. v. Antje Kapust, München: Fink 1994 [1988]. **(KV)**

—*Le problème de la parole. Cours au Collège de France. Notes, 1953–1954*, hg. v. Lovisa Andén, Franck Robert u. Emmanuel de Saint-Aubert, Genf: MétisPresses 2020. **(PP)**

—*Le monde sensible et le monde de l'expression. Cours au Collège de France, Notes 1953*, hg. v. Emmanuel de Saint Aubert, Genf: MétisPresses 2011. **(MS)**

—*L'institution, la passivité. Notes de cours au Collège de France (1954–1955)*, hg. v. Dominique Darmaillacq, Claude Lefort u. Stéphanie Ménasé, Paris: Belin 2015. **(IP)**

– „L'institution dans l'histoire personnelle et publique", S. 43–198.
– „Le problème de la passivité: Le sommeil, l'inconscient, la mémoire", S. 199–391.

—*L'union de l'âme et du corps chez Malebranche, Biran et Bergson: Notes prises au cours à l'École Normale Supérieure (1947–1948)*, hg. v. Jean Deprun, Paris: Vrin 1968.

—*Notes de cours sur* L'origine de la géométrie *de Husserl [1959–60]*, hg. v. Renaud Barbaras, Paris: Presses Universitaires de France 1998.

—*Notes des Cours au Collège de France: 1958–1959 et 1960–1961*, hg. v. Stéphanie Ménasé, Paris: Gallimard 1996. **(NC)**

—*Parcours. 1935–1951*, hg. v. Jacques Prunair, Paris: Verdier 1997. **(P)**
– „Le manifeste communiste a cent ans", [1948], S. 103–108.
– „Complicité objective", [1948], S. 112–121.

—*Parcours deux. 1951–1961*, hg. v. Jacques Prunair, Paris: Verdier 1997. **(PII)**
– „Titres et travaux – Projet d'enseignement", [1951], S. 9–35.
– „[Un inédit de Maurice Merleau-Ponty]", [1951], S. 36–48.
– „Sartre, Merleau-Ponty: Les lettres d'une rupture", [1953], S. 129–169.
– „Rencontre Est–Ouest à Venise", [1956], S. 174–200. [Umfassendere Dokumentation veröffentlicht als: „Discordia Concors: Rencontre Est-Ouest à Venise", in: *Comprendre*, Nr. 16, September 1956, S. 201–301.]
– „[Les philosophes célèbres]", [1956], S. 201–210.
– „L'avenir du socialisme", [1959], S. 241–246.
– „La philosophie de l'existence", [1959], S. 247–266.
– „[Les écrivains en personne]", [1960], S. 285–301.
– „[Notes sur Claude Simon]", [1961], S. 310–316.
– „[Colloque sur le mot ‚structure']", [1961], S. 317–320.
– „L'homme et l'adversité", [1952], S. 321–376.

—*Phänomenologie der Wahrnehmung*, übers. v. Rudolf Boehm, Berlin: De Gruyter 1966 [1945]. **(PhW)**

—*Recherches sur l'usage littéraire du langage: Cours au Collège de France. Notes, 1953*, hg. v. Benedetta Zaccarello u. Emmanuel de Saint Aubert, Genf: MétisPresses 2013. (**ULL**)
—*Sinn und Nicht-Sinn*, übers. v. Hans-Dieter Gondek, München: Fink 2000 [1948]. (**SNS**)
– „Der Roman und die Metaphysik", [1945], S. 34–54.
– „Das Kino und die neue Psychologie", [1947], S. 65–82.
– „Der Existentialismus bei Hegel", [1946], S. 83–93.
– „Der Streit um den Existentialismus", [1945], S. 94–110.
– „Das Metaphysische im Menschen", [1946], S. 111–132.
– „Im Umkreis des Marxismus", [1946], S. 133–169.
– „Marxismus und Philosophie", [1946], S. 170–186.
– „Der Krieg hat stattgefunden", [1945], S. 187–206.
– „Für die Wahrheit", [1945], S. 207–234.
—*Vorlesungen I*, hg. u. übers. v. Alexandre Métraux, Berlin: De Gruyter 1972. (**V**)
– „Vorlesungszusammenfassungen (Collège de France 1952–1960)", S. 51–128.
– „Die Humanwissenschaften und die Phänomenologie", [Vorlesungen an der Sorbonne 1950–1952], S. 129–226.
—*Zeichen*, hg. v. Christian Bermes, übers. v. Barbara Schmitz, Hans Werner Arndt u. Bernhard Waldenfels, Hamburg: Meiner 2007 [1961]. (**Z**)
– „Vorwort", [1961], S. 1–51.
– „Das indirekte Sprechen und die Stimme des Schweigens", [1952], S. 53–116.
– „Von Mauss zu Claude Lévi-Strauss", [1959], S. 163–179.
– „Überall und nirgends", [1956], S. 181–231.
– „Der Philosoph und sein Schatten", [1959], S. 233–264.
– „Anmerkung zu Machiavelli", [1949/50], S. 311–331.
– „Der Mensch und die Widersetzlichkeit der Dinge", [1952], S. 333–360.
– „Die paranoische Politik", [1948/49], S. 363–384.
– „Die UdSSR und die Lager", [1949/50], S. 388–403.

– „Die Zukunft der Revolution“, [1955], S. 410–431.
– „Über die Entstalinisierung“, [1956], S. 432–455.
– „Über Madagaskar“, [1958], S. 485–497.
– „Über den 13. Mai 1958“, [1958], S. 498–503.
– „Morgen …“, [1958], S. 504–518.

Maurice Merleau-Ponty u. Jean-Paul-Sartre, „Ein Briefwechsel“, übers. v. Vincent von Wroblewsky, in: *Literaturmagazin,* H. 34 („Über das Darstellbare“), hg. v. Martin Lüdke u. Delf Schmidt, Reinbek bei Hamburg: Rowohlt 1994, S. 107–135.

Sonstige Literatur

Alloa, Emmanuel, *La résistance du sensible. Merleau-Ponty, Critique de la transparence*, Paris: Editions Kimé 2008.

Althusser, Louis, „Anmerkung zur ‚Kritik des Personenkults‘ [1972]“, in: Horst Arenz, Joachim Bischoff u. Urs Jaeggi (Hg.), *Was ist revolutionärer Marxismus? Kontroverse über Grundfragen marxistischer Theorie zwischen Louis Althusser und John Lewis*, Westberlin: Verlag für das Studium der Arbeiterbewegung 1973, S. 95–109.

—„Über den jungen Marx. Fragen der Theorie [1961]“, in: ders., *Für Marx,* übers. v. Frieder Otto Wolf, Frankfurt a.M.: Suhrkamp 2011, S. 55–104.

Arendt, Hannah, *Vom Leben des Geistes.* Bd. 1: *Das Denken*, München/Zürich: Piper 1979.

Aristoteles, *Poetik, Griechisch/Deutsch*, übers. u. hg. v. Horst Fuhrmann, Stuttgart: Reclam 1982.

Aron, Raymond, *Die heiligen Familien des Marxismus,* übers. v. Hans Naumann, Hamburg: Christian Wegner 1970.

—*Introduction à la philosophie de l'histoire. Essai sur les limites de l'objectivité historique,* Paris: Gallimard 1981.

—*Opium für Intellektuelle, oder: Die Sucht nach Weltanschauung,* übers. v. Klaus Peter Schulz, Berlin/Köln: Kiepenheuer & Witsch 1957.

Aronson, Ronald, „Vicissitudes of the Dialectic: From Merleau-Ponty's *Adventures of the Dialectic* to Sartre's Second *Critique*", in: Jon Stewart (Hg.), *The Debate between Sartre and Merleau-Ponty,* Evanston (IL): Northwestern University Press 1998, S. 233–269.

Artaud, Antonin, „Deux notes", in: ders., *Œuvres complètes*, Bd. VIII, Paris: Gallimard 1971, S. 307.

Aury, Dominique, „Was ist Existentialismus? Billanz einer Offensive", übers. v. Bernd Wilczek, in: Bernd Wilczek (Hg.), *Paris 1944–1962. Dichter und Denker auf der Straße*, Bühl-Moos: Elster 1994, S. 41–56.

Beauvoir, Simone de, *Der Lauf der Dinge*, übers. v. Paul Baudisch, Reinbek bei Hamburg: Rowohlt 1970.

Benda, Julien, *Der Verrat der Intellektuellen,* übers. v. Arthur Merin, Mainz: Verlag André Thiele 2013.

Benveniste, Émile, „Latin *tempus*", in: *Mélanges de philologie, de littérature et d'histoire ancienne offerts à Alfred Ernout*, Paris: Klincksieck 1940, S. 11–16.

Birault, Henri, „Der Philosophie-Unterricht an den höheren Schulen Frankreichs", übers. v. Hermann Riefstahl, in: *Zeitschrift für philosophische Forschung,* Bd. 12, Nr. 3, 1958, S. 416–422.

Bouju, Marie-Cécile, „Les maisons d'édition du PCF et Marx en France de 1920 à 1960: du politique au scientifique?", in: Jean-Numa Ducange u. Antony Burlaud (Hg.), *Marx, une passion française,* Paris: La Découverte 2018, S. 124–133.

Butler, Judith, „Sexuelle Differenz als Frage der Ethik. Fleischliches Anderssein bei Irigaray und Merleau-Ponty", übers. v. Oliver Precht, in: dies., *Sinn und Sinnlichkeit des Subjekts*, Wien/Berlin: Turia + Kant 2021, S. 206–232.

Campe, Rüdiger, „Stil als Übung. Eine Skizze zu Stilus, Stil und Schreibszene", in: Eva Geulen u. Melanie Möller (Hg.): *Stil und Rhetorik. Ein prekäres Paar und seine Geschichten* (= Interjekte 14), Berlin: Leibniz-Zentrum für Literatur- und Kulturforschung 2022, S. 17–31.

Castoriadis, Cornelius, *Gesellschaft als imaginäre Insitution. Entwurf einer politischen Philosophie,* übers. v. Horst Brühmann, Frankfurt a.M.: Suhrkamp 1984.

—„Merleau-Ponty und die Last des ontologischen Erbes", übers. v. Bernhard Waldenfels, in: Alexandre Métraux u. Bernhard Waldenfels (Hg.), *Leibhaftige Vernunft. Spuren von Merleau-Pontys Denken*, München: Fink 1986, S. 111–143.

Chauí, Marilena, „Merleau-Ponty: da constituição à instituição", in: *doispontos: Revista dos Departamentos de Filosofia da Universidade Federal do Paraná e da Universidade Federal de São Carlos*, Bd. 9, Nr. 1, April 2012, S. 155–180.

Charbonnier, Pierre, *Überfluss und Freiheit. Eine ökologische Geschichte der politischen Ideen*, übers. v. Andrea Hemminger, Frankfurt a.M.: Fischer 2022.

Chruschtschow, Nikita Sergejewitsch, *Über den Personenkult und seine Folgen*, Berlin: Dietz 1990.

Cixous, Hélène, „Das Lachen der Medusa", übers. v. Claudia Simma, in: dies., *Das Lachen der Medusa*, hg. v. Esther Hutfless, Gertrude Postl u. Elisabeth Schäfer, Wien: Passagen 2017, S. 39–61.

Claudel, Paul, „Ars poetica mundi", übers. v. Robert Grosche, in: ders., *Gesammelte Schriften,* Bd. V (*Kritische Schriften*), Heidelberg: F. H. Kehrle u. Zürich/Köln: Benziger 1958, S. 7–99.

—*Art poétique*, hg. v. Gilbert Gadoffre, Paris: Gallimard 1984.

—„Protée (permière version)", in: ders., *Théâtre*, hg. v. Jacques Madaule u. Jacques Petit, Bd. 2, Paris: Gallimard 1989, S. 311–357.

Cohen-Solal, Annie, *Sartre: Ein Leben,* übers. v. Eva Groepler, Reinbek bei Hamburg: Rowohlt 1988.

Danowski, Deborah u. Viveiros de Castro, Eduardo, *In welcher Welt leben? Ein Versuch über die Angst vor dem Ende*, übers. v. Ulrich van Loyen u. Clemens van Loyen, Berlin: Matthes & Seitz 2016.

Därmann, Iris, „Back for more: Die Möglichkeit der Gabe als Erfindung des Anderen", in: Regula Giuliani (Hg.), *Merleau-Ponty und die Kulturwissenschaften*, München: Fink 2000, S. 283–303.

Derrida, Jacques, „Das Subjektil ent-sinnen", in: ders. u. Paule Thévenin, *Antonin Artaud. Zeichnungen und Portraits,* übers. v. Simone Werle, München: Schirmer/Mosel 2019, S. 183–251.

—*Marx' Gespenster. Der Staat der Schuld, die Trauerarbeit und die neue Internationale,* übers. v. Susanne Lüdemann, Frankfurt a.M.: Suhrkamp 2004.

Descartes, René, *Meditationes de prima philosophia. Lateinisch–Deutsch,* hg. u. übers. v. Christian Wohlers, Meiner: Hamburg 2008.

Descombes, Vincent, *Das Selbe und das Andere. Fünfundvierzig Jahre Philosophie in Frankreich 1933–1978*, übers. v. Ulrich Raulff, Frankfurt a.M.: Suhrkamp 1981.

Dormal, Michel, „Zur Welt kommen. Politische Theorie mit Maurice Merleau-Ponty", in: *Zeitschrift für Politische Theorie,* Bd. 10, Nr. 2, 2019, S. 151–168.

Embree, Lester, „Merleau-Ponty's Examination of Gestalt Psychology", in: *Research in Phenomenology*, Bd. 10, 1980, S. 89–120.

Engels, Friedrich u. Marx, Karl, „Die heilige Familie", in: MEW, Bd. 2, S. 3–223.

Faust, Wolfgang, *Abenteuer der Phänomenologie, Philosophie und Politik bei Merleau-Ponty,* Würzburg: Königshausen & Neumann 2007.

Foucault, Michel: „Der Ariadnefaden ist gerissen", in: ders. u. Gilles Deleuze, *Der Faden ist gerissen,* übers. v. Walter Seitter u. Ulrich Raulff, Berlin: Merve 1977, S. 7–12 [neu übersetzt als: „Ariadne hat sich erhängt", übers. v. Michael Bischoff, in: Michel Foucault, *Schriften,* Bd. 1, Frankfurt a.M.: Suhrkamp 2001, S. 975–979].

—„Theatrum philosophicum", in: ders. u. Gilles Deleuze, *Der Faden ist gerissen*, übers. v. Walter Seitter u. Ulrich Raulff, Berlin: Merve 1977, S. 21–58 [neu übers. v. Michael Bischoff in: Michel Foucault, *Schriften,* Bd. 2, Frankfurt a.M.: Suhrkamp 2002, S. 93–122].

Garcia, Emmanuelle, „Vie et Œuvre", in: Maurice Merleau-Ponty, *Œuvres*, hg. v. Claude Lefort, Paris: Gallimard 2010, S. 27–99.

Gehring, Petra, „Die beiden Enden der Kette halten. Merleau-Ponty, die Geschichte, die Geschichtswissenschaft", in: Regula Giuliani (Hg.), *Merleau-Ponty und die Kulturwissenschaften*, München: Fink 2000, S. 29–63.

Geulen, Eva; Haas, Claude; Shokri, Diba und Bajohr, Hannes, „Gestalt", in: *Formen des Ganzen* (= Literatur- und Kulturforschung. Schriftenreihe des ZfL, Bd. 1), hg. v. Eva Geulen u. Claude Haas, Göttingen: Wallstein 2022, S. 103–137.

Graeber, David u. Wengrow, David, *The Dawn of Everything. A New History of Humanity,* London: Penguin 2022.

Goethe, Johann Wolfgang von, *Die Wahlverwandtschaften*, in: ders., *Sämtliche Werke nach Epochen seines Schaffens*, Bd. 9: *Epoche der Wahlverwandtschaften. 1807–1814*, München: Hanser 1987, S. 283–529.

Goy, Mathias, „Merleau-Ponty, L'héritage de l'œuvre", in: Maurice Merleau-Ponty, *Dits et écrits rares et inédits*, Paris: Vrin 2018, S. 27–41 [englische Übersetzung: ebd., S. 43–59].

Guérin, Daniel, *Klassenkampf in Frankreich. Bourgeios et „bras nus" 1793–1795,* übers. v. Jürgen Hoch, Frankfurt a.M.: Suhrkamp 1979.

Günzel, Stephan, *Maurice Merleau-Ponty: Werk und Wirkung. Eine Einführung*, Wien/Berlin: Turia + Kant 2007.

Hamel, Hanna, *Übergängliche Natur. Kant, Herder, Goethe und die Gegenwart des Klimas,* Berlin: August 2021.

Heidegger, Martin, „Spiegel-Gespräch (23. September 1966)", in: *Gesamtausgabe,* Bd. 16 (*Reden und andere Zeugnisse des Lebensweges*), hg. v. Hermann Heidegger, Frankfurt a.M.: Klostermann 2000, S. 652–683.

Hjelmslev, Louis, *Prolegomena zu einer Sprachtheorie,* übers. v. Rudi Keller, Ursula Scharf u. Georg Stötzel, München: Max Hueber 1974.

Howard, Dick, *The Marxian Legacy. The Search for the New Left. Third Edition,* London: Palgrave Macmillan 2019.

Husserl, Edmund, *Cartesianische Meditationen*, hg. v. Elisabeth Stroker, Hamburg: Meiner 1995.

—*Die Krisis der europäischen Wissenschaften und die transzendentale Phänomenologie* (= *Husserliana*, Bd. VI), hg. v. Walter Biemel, Den Haag: Martinus Nijhoff 1962.

—*Ding und Raum. Vorlesungen 1907* (= *Husserliana*, Bd. XVI), hg. v. Ulrich Claesges, Den Haag: Martinus Nijhoff 1973.

—„Beilage III" [besser bekannt als: „Die Frage nach dem Ursprung der Geometrie als intentionalhistorisches Problem"], in: *Die Krisis der europäischen Wissenschaften und die transzendentale Phänomenologie* (= *Husserliana*, Bd. VI), hg. v. Walter Biemel, Den Haag: Martinus Nijhoff 1962, S. 365–386.

—„Grundlegende Untersuchung zum phänomenologischen Ursprung der Räumlichkeit der Natur" [besser bekannt unter dem Titel „Umsturz der Kopernikanischen Lehre"], in: Marvin Farber (Hg.), *Philosophical Essays in Memory of Edmund Husserl,* Cambridge (MA): Harvard University Press 1940, S. 307–325.

Kant, Immanuel, „Idee zu einer allgemeinen Geschichte in weltbürgerlicher Absicht", in: ders., *Werkausgabe,* hg. v. Wilhelm Weischedel, Bd. XI, Frankfurt a.M.: Suhrkamp 1982, S. 31–61.

—„Logik. Ein Handbuch zu Vorlesungen", in: ders., *Werkausgabe,* hg. v. Wilhelm Weischedel, Bd. VI, Frankfurt a.M.: Suhrkamp 1982, S. 417–582.

—„Über ein vermeintliches Recht aus Menschenliebe zu lügen", in: ders., *Werkausgabe*, hg. v. Wilhelm Weischedel, Bd. VIII, Frankfurt a.M.: Suhrkamp 1982, S. 637–643.

—„Was heißt: sich im Denken orientieren?", in: ders., *Werkausgabe*, hg. v. Wilhelm Weischedel, Bd. VI, Frankfurt a.M.: Suhrkamp 1982, S. 267–283.

Kleinbeck, Johannes u. Precht, Oliver, „Aplomb! Zur politischen Haltung von Derridas Philosophie", in: Jacques Derrida, *Was tun – mit der Frage „Was tun“?*, übers. v. Johannes Kleinbeck u. Oliver Precht, Wien/Berlin: Turia + Kant 2018, S. 107–134.

—„Verfinsterungen. Derridas *Geschlecht III* und die Frage des philosophischen Nationalismus“, in: Jacques Derrida, *Geschlecht III. Geschlecht, Rasse, Nation, Menschheit*, übers. v. Johannes Kleinbeck u. Oliver Precht, Wien/Berlin: Turia + Kant 2021, S. 159–185.

Koestler, Arthur, *Der Yogi und der Kommissar. Auseinandersetzungen*, übers. v. Friedrich Klumpp, Frankfurt a.M.: Suhrkamp 1980.

—*Sonnenfinsternis. Nach dem deutschen Originalmanuskript*, Coesfeld: Elsinor 2018.

Kühnle, Till R., *Chronos und Thanatos. Zum Existentialismus des „nouveau romancier“ Claude Simon*, Tübingen: Max Niemeyer 1995.

Larkin, Maurice, *France Since the Popular Front. Government and People 1936–1996*, Oxford: Clarendon Press 1997.

Latour, Bruno, *Das terrestrische Manifest*, übers. v. Bernd Schwibs, Berlin: Suhrkamp 2018.

—„Does the Body Politic Need a New Body?“, in: Eva Geulen u. Claude Haas (Hg.), *Formen des Ganzen* (= Literatur- und Kulturforschung. Schriftenreihe des ZfL, Bd. 1), Göttingen: Wallstein 2022, S. 147–158.

—*Où atterrir? Comment s'orienter en politique*, Paris: La Decouverte 2017.

—„Warten auf Gaia. Komposition der gemeinsamen Welt durch Kunst und Politik“, übers. v. Joachim Schulte, in: Michael Hagner (Hg.), *Wissenschaft und Demokratie*, Berlin: Suhrkamp 2012, S. 163–188.

—*Wo bin ich? Lektionen aus dem Lockdown*, übers. v. Achim Russer u. Bernd Schwibs, Berlin: Suhrkamp 2021.

Latour, Bruno und Schultz, Nikolai, *Zur Entstehung einer ökologischen Klasse. Ein Memorandum*, übers. v. Bernd Schwibs, Berlin: Suhrkamp 2022.

Lefebvre, Henri, „M. Merleau-Ponty et la philosophie de l'ambiguïté", in: *La pensée*, Nr. 68, 1956, S. 44–58 u. Nr. 73, 1957, S. 37–52.

Lefort, Claude, „Vorwort", in: PW 15–24.

—„Préface", in: NC 7–30.

Wladimir Iljitsch Lenin, „Womit beginnen?" [1901], in: *Sämtliche Werke*, Band 4.1, Wien/Berlin: Verlag für Literatur und Politik 1928, S. 5–13.

Lévi-Strauss, Claude, „Begegnungen mit Merleau-Ponty", übers. v. Alexandre Métraux, in: Alexandre Métraux und Bernhard Waldenfels (Hg.), *Leibhaftige Vernunft. Spuren von Merleau-Pontys Denken*, München: Fink 1986, S. 29–36.

—„Das Feld der Anthropologie [Antrittsvorlesung am *Collège de France* vom 5.1.1960]", in: ders., *Strukturale Anthropologie II*, übers. v. Eva Moldenhauer, Hanns Henning Ritter u. Traugott König, Frankfurt a.M.: Suhrkamp 1973, S. 11–44.

—*Das wilde Denken,* übers. v. Hans Naumann, Frankfurt a.M.: Suhrkamp 1973.

—„Jean-Jacques Rousseau, Begründer der Wissenschaften vom Menschen", übers. v. Henning Ritter, in: ders., *Strukturale Anthropologie II,* übers. v. Eva Moldenhauer, Hanns Henning Ritter u. Traugott König, Frankfurt a.M.: Suhrkamp 1999, S. 45–56.

—*„Primitive" und „Zivilisierte". Nach Gesprächen aufgezeichnet von Georges Charbonnier*, übers. v. Alfred Kuoni u. Katrin Reinhart, Zürich: Die Arche 1972.

—*Rasse und Geschichte*, übers. v. Traugott König, Frankfurt a.M.: Suhrkamp 1972.

—*Traurige Tropen,* übers. v. Eva Moldenhauer, Frankfurt a.M.: Suhrkamp 1981.

Lewis, Clarence Irving, *Mind and the World-Order. Outline of a Theory of Knowledge,* New York: Dover Publications 1929.

Lévy, Bernard-Henry, *Sartre. Der Philosoph des Jahrhunderts,* übers. v. Petra Willim, München/Wien: Hanser 2002.

Loick, Daniel, *Der Missbrauch des Eigentums,* Berlin: August 2021.

Lukács, Georg, „Lenin. Studie über den Zusammenhang seiner Gedanken", in: *Frühschriften II (Geschichte und Klassenbewusstsein)*, Bielefeld: Aisthesis 2013, S. 519–588.

Machiavelli, Niccolò, *Il Principe. Der Fürst*, übers. v. Philipp Rippel, Stuttgart: Reclam 1986.

Marx, Karl, „Debatten über Pressfreiheit und Publikation der Landständischen Verhandlungen", in: MEW 1, S. 28–77.

Melançon, Jerôme, „Avant-propos. Merleau-Ponty en dialogue", in: E 7–17.

—*La politique dans l'adversité. Merleau-Ponty aux marges de la philosophie,* Genf: MétisPresses 2018.

Menke, Christoph, *Kraft. Ein Grundbegriff ästhetischer Anthropologie*, Frankfurt a.M.: Suhrkamp 2008.

Meyer, Rudolf W., „Maurice Merleau-Ponty und das Schicksal des französischen Existentialismus", in: *Philosophische Rundschau,* Bd. 3, Nr. 3/4, 1955, S. 129–165.

Moran, Dermot, „Ineinandersein and l'interlacs: The Constitution of the Social World or ‚We-World' (Wir-Welt) in Edmund Husserl and Maurice Merleau-Ponty", in: ders. u. Thomas Szanto (Hg.), *Discovering the We: The Phenomenology of Sociality*, London: Routledge 2016, S. 107–126.

Müller-Funk, Wolfgang, *Crudelitas. Zwölf Kapitel einer Diskursgeschichte der Grausamkeit*, Berlin: Matthes & Seitz 2022.

Nizan, Paul, *Aden. Die Wachhunde,* hg. u. übers. v. Traugott König, Reinbek bei Hamburg: Rowohlt 1969.

Nowotny, Stefan u. Raunig, Gerald, *Instituierende Praxen. Bruchlinien der Insitutionskritik,* Wien: transversal texts 2016.

Proust, Marcel, *Die wiedergefundene Zeit*, übers. v. Eva Rechel-Mertens, Frankfurt a.M.: Suhrkamp 2004.

Precht, Oliver, *Heidegger. Zur Selbst- und Fremdbestimmung seiner Philosophie*, Hamburg: Meiner 2020.

—„Weltverlust und Selbstbehauptung. Politische Ökologie und politische Philosophie bei Bruno Latour", in: Björn Bertrams

u. Antonio Roselli (Hg.), *Selbstverlust und Welterfahrung. Erkundungen einer pathischen Moderne*, Wien/Berlin: Turia + Kant 2021, S. 69–89.

Rancière, Jacques, *Der Philosoph und seine Armen*, übers. v. Richard Steurer-Boulard, Wien: Passagen 2010.

—*Die Wörter der Geschichte. Versuch einer Poetik des Wissens*, übers. v. Eva Moldenhauer, Berlin: August 2015.

Robert, Franck, „Postface", in: PP 239–265.

Queneau, Raymond, *Stilübungen*, übers. v. Frank Heibert u. Hinrich Schmidt-Henkel, Berlin: Suhrkamp 2016.

Revault d'Allones, Myriam, *Merleau-Ponty: La Chair du politique*, Paris: Michalon 2001.

Rioux, Jean-Pierre, *The Fourth Republic, 1944–1958*, übers. v. Godfrey Rogers, Cambridge/New York: Cambridge University Press 1989.

Rousseau, Jean-Jacques, *Diskurs über die Ungleichheit. Discours sur l'inégalité*, hg. u. übers. v. Heinrich Meier, Paderborn: Schöningh 2008.

Safina, Carl, *Die Kultur der wilden Tiere. Wie Wale Familien gründen, Papageien Schönsein lernen und Schimpansen Frieden schließen*, München: C. H. Beck 2022.

Saint-Aubert, Emmanuel de, *Du lien des êtres aus éléments de l'être. Merleau-Ponty au tournant des années 1945–1951*, Paris: Vrin 2004.

Sartre, Jean-Paul, *Kritik der dialektischen Vernunft. 1. Band: Theorie der gesellschaftlichen Praxis*, übers. v. Traugott König, Reinbek bei Hamburg: Rowohlt 1967.

—*Tagebücher November 1939 – März 1940*, übers. v. Eva Moldenhauer, Reinbek bei Hamburg: Rowohlt 1984.

—„Über Merleau-Ponty (1961). Freundschaft und Widersprüche", übers. v. Hans-Heinz Holz, in: ders., *Sartre über Sartre, Aufsätze und Interviews 1940–1976*, hg. v. Traugott König, Reinbek bei Hamburg: Rowohlt 1977, S. 68–145.

—„Vorstellung von Les Temps Modernes", übers. v. Lothar Baier, in: ders., *Der Mensch und die Dinge. Aufsätze zur Literatur*

1938–1946, hg. v. Lothar Baier, Reinbek bei Hamburg: Rowohlt 1978, S. 156–170.
—„Vorwort", in: Paul Nizan, *Aden. Die Wachhunde,* hg. u. übers. v. Traugott König, Reinbek bei Hamburg: Rowohlt 1969, S. 7–44.
—„Was ist Existentialismus? Billanz einer Offensive" [Interview mit Dominique Aury], übers. v. Bernd Wilczek, in: Bernd Wilczek (Hg.), *Paris 1944–1962. Dichter und Denker auf der Straße*, Bühl-Moos: Elster 1994, S. 41–56.
—*Was ist Literatur?,* hg. u. übers. v. Traugott König, Reinbek bei Hamburg: Rowohlt 1990.
Saussure, Ferdinand de, *Grundfragen der allgemeinen Sprachwissenschaft,* hg. v. Charles Bally u. Albert Sechehaye, übers. v. Herman Lommel, Berlin/New York: De Gruyter 2001.
Scammell, Michael, „Logik der Eiszeit", in: Arthur Koestler, *Sonnenfinsternis. Nach dem deutschen Originalmanuskript,* Coesfeld: Elsinor 2018, S. 7–17.
Schnell, Martin W., „Merleau-Pontys Beitrag zu einer Phänomenologie des Politischen", in: Regula Giuliani (Hg.), *Merleau-Ponty und die Kulturwissenschaften*, München: Fink 2000, S. 65–80.
Schoch, Bruno, *Marxismus in Frankreich nach 1945*, Frankfurt a.M./New York: Campus 1980.
Scholz, Leander, *Die Regierung der Natur,* Berlin: August 2022.
Sheredos, Benjamin, „Merleau-Ponty's Immanent Critique of Gestalt Theory", in: *Human Studies*, Bd. 40, 2017, S. 191–215.
Simon, Claude, *Der Wind. Versuch der Wiederherstellung eines barocken Altarbildes,* übers. v. Eva Moldenhauer, Köln: DuMont 2001.
Toulmin, Stephen, *Kosmopolis. Die unerkannten Aufgaben der Moderne*, übers. v. Hermann Vetter, Frankfurt a.M.: Suhrkamp 1991. 1991.
Trüstedt, Katrin, *Stellvertretung. Zur Szene der Person,* Konstanz: Konstanz University Press 2022.
Valéry, Paul, „La Pythie"/„Pythia", in: ders., *Werke*. Bd. 1: *Dichtung und Prosa,* hg. v. Karl Alfred Blüher u. Jürgen Schmidt-Radefeldt, Berlin: Suhrkamp 2021, S. 134–147.

Vongehr, Thomas, „Kurze Geschichte des Husserl-Archivs in Leuven und der Husserl-Edition“, in: *Geschichte des Husserl-Archivs*, Dordrecht: Springer 2007, S. 71–98.

Waelhens, Alphonse de, *Une philosophie de l'ambiguïté: l'existentialisme de Maurice Merleau-Ponty*, Löwen: Publications universitaires de Louvain 1951.

Wallon, Henri, *Les origines de la pensée chez l'infant*, Paris: Presses Universitaires de France 2015 [1945].

Weil, Simone, »Perspektiven. Gehen wir einer proletarischen Revolution entgegen?«, in: dies., *Unterdrückung und Freiheit. Politische Schriften*, übers. v. Heinz Abosch, München: Rogner & Bernhard 1975, S. 113–137.

Whiteside, Kerry H., *Merleau-Ponty and the Foundation of Existential Politics,* Princeton: Princeton University Press 1988.

Wiesing, Lambert, „Merleau-Pontys Entdeckung der Wahrnehmung“, in: PrW 85–124.

Wulff, Erich, „Maurice Merléau-Ponty: La Structure du Comportement und Phénoménologie de la Perception“, in: *Philosophisches Jahrbuch,* Bd. 64, 1956, S. 406–417.

DANK

Die vorliegende Arbeit entstand im Rahmen eines Forschungsprojektes zum Thema „Marx in Frankreich: Die Selbstbestimmung der französischen Theorie (1945–1995)“, das ich seit 2021 am Leibniz-Zentrum für Literatur- und Kulturforschung in Berlin durchführe. Für diese großartige Möglichkeit bin ich ebenso dankbar wie für die zahlreichen Gespräche, Arbeits- und Lektürekreise mit meinen Kolleg_innen und der Direktorin Eva Geulen, von denen ich und dieses Buch ungemein profitiert haben. Ebenso bin ich den Teilnehmer_innen an meinen Seminaren an der Humboldt-Universität zu Berlin, insbesondere an dem Seminar zu Merleau-Pontys politischen Schriften im Wintersemester 2021/22 zu Dank für wertvollen Input und anregende Diskussionen verpflichtet.

Auch den Herausgeber_innen des August Verlages Alexandra Heimes, Maria Muhle, Morten Paul, Francesca Raimondi und David Weber sei an dieser Stelle herzlich für die Möglichkeit gedankt, mein Buch an diesem Ort zu veröffentlichen. David Weber und Morten Paul danke ich außerdem für die hervorragende verlegerische Betreuung, letzterem auch für das gewinnbringende Lektorat, Ilona Buth schließlich für das gewissenhafte Korrektorat. Für die genauen und kritischen Lektüren der Entwürfe zu diesem Buch danke ich Kianush Ruf und Hannes Kerber. Nicht zuletzt gilt mein Dank Johannes Kleinbeck, für die wiederholten Lektüren ebenso wie für das unendliche Gespräch, aus dem sich die Gedanken für dieses Buch herausgebildet haben.

IMPRESSUM

Der rote Faden erscheint im August Verlag. Der August Verlag ist ein Forum für Theorie im Schnittpunkt von Philosophie, Politik und Kunst. Seit 2021 ist der August Verlag ein Imprint von Matthes & Seitz Berlin.

August Verlag
August@Augustverlag.de
www.augustverlag.de

Erste Auflage Berlin 2023

Coverabbildung: Jon Konkol

Gestaltung: Selitsch Weig
Druck: GGP Media GmbH, Pößneck

Die Deutsche Nationalbibliothek verzeichnet diese Publikation in der Deutschen Nationalbibliografie; detaillierte bibliografische Daten sind über http://dnb.d-nb.de abrufbar

Printed in Germany

ISBN 978-3-7518-9016-8

BISHER ERSCHIENEN

Georges Canguilhem
DIE ERKENNTNIS DES LEBENS
ISBN 978-3-941360-00-6

Marietta Kesting,
Aljoscha Weskott (Hg.)
SUN TROPES
Sun City and (Post-)Apartheid Culture in South Africa
ISBN 978-3-941360-04-4

Anselm Haverkamp
BEGREIFEN IM BILD
Methodische Annäherung an die Aktualität der Kunst (Antonello da Messina, August Sander)
Kleine Edition 1
ISBN 978-3-941360-02-0

Barbara Vinken
EINE LEGENDE DER MODERNE
Flauberts *Einfaches Herz*
Flaubert Lectures I
Kleine Edition 2
ISBN 978-3-941360-03-7

Volker Pantenburg
RÄNDER DES KINOS
Godard – Wiseman – Benning – Costa
Kleine Edition 3
ISBN 978-3-941360-08-2

Jacques Rancière
DER HASS DER DEMOKRATIE
Kleine Edition 24
ISBN 978-3-941360-01-3

Alain Badiou
KLEINES TRAGBARES PANTHEON
ISBN 978-3-941360-06-8

Maria Muhle, Kathrin Thiele (Hg.)
BIOPOLITISCHE KONSTELLATIONEN
ISBN 978-3-941360-05-1

Jean Starobinski
GESCHICHTE DER MELANCHOLIE-BEHANDLUNG
ISBN 978-3-941360-09-9

Thomas Khurana,
Christoph Menke (Hg.)
PARADOXIEN DER AUTONOMIE
Freiheit und Gesetz I
ISBN 978-3-941360-10-5

Juliane Rebentisch,
Dirk Setton (Hg.)
WILLKÜR
Freiheit und Gesetz II
ISBN 978-3-941360-11-2

Christoph Menke
RECHT UND GEWALT
Kleine Edition 4
ISBN 978-3-941360-14-3

Jonathan Culler
WHY FLAUBERT?
and Jacques Neefs
LOVE, GODS, WARS
A modern epic prose
Flaubert Lectures II
Kleine Edition 5
ISBN 978-3-941360-15-0

Thomas Schestag
REALABSENZ, SCHATTEN
Flauberts Erziehung:
Zur *Education Sentimentale*
Flaubert Lectures III
Kleine Edition 6
ISBN 978-3-941360-16-7

Jalal Toufic
VOM RÜCKZUG DER TRADITION NACH EINEM UNERMESSLICHEN DESASTER
Kleine Edition 7
ISBN 978-3-941360-24-2

Branden W. Joseph
THE *ROH* AND THE COOKED
Tony Conrad and Beverly Grant in Europe (with an Essay by Tony Conrad)
ISBN 978-3-941360-18-1

Alexander García Düttmann
NAIVE KUNST
Ein Versuch über das Glück
Kleine Edition 8
ISBN 978-3-941360-13-6

Alain Brossat
PLEBS INVICTA
Kleine Edition 9
ISBN 978-3-941360-07-5

Jacques Rancière
UND DAS KINO GEHT WEITER
Schriften zum Film
ISBN 978-3-941360-19-8

Anselm Haverkamp
DIE ZWEIDEUTIGKEIT DER KUNST
Zur historischen Epistemologie der Bilder
Kleine Edition 10
ISBN 978-3-941360-23-5

Beate Söntgen, Gabriele Brandstetter
RENAISSANCEN DER PASSION
Flaubert Lectures IV
Kleine Edition 11
ISBN 978-3-941360-22-8

Isabelle Graw, Peter Geimer
ÜBER MALEREI
Eine Diskussion
Kleine Edition 12
ISBN 978-3-941360-28-0

Jacques Rancière
BÉLA TARR. DIE ZEIT DANACH
Kleine Edition 13
ISBN 978-3-941360-26-6

Björn Quiring (Hg.)
THEATRUM MUNDI
Die Metapher des Welttheaters von Shakespeare bis Beckett
ISBN 978-3-941360-17-4

Georges Canguilhem
DAS NORMALE UND DAS PATHOLOGISCHE
ISBN 978-3-941360-20-4

Thomas Khurana (Hg.)
THE FREEDOM OF LIFE
Hegelian Perspectives
Freiheit und Gesetz III
ISBN 978-3-941360-21-1

Eva Horn, Michèle Lowrie (Hg.)
DENKFIGUREN / FIGURES OF THOUGHT
Für / For Anselm Haverkamp
ISBN 978-3-941360-32-7

Andreas Fischer-Lescano
RECHTSKRAFT
Kleine Edition 14
ISBN 978-3-941360-29-7

Simon Rothöhler
HIGH DEFINITION
Digitale Filmästhetik
Kleine Edition 15
ISBN 978-3-941360-25-9

Stefanos Geroulanos, Todd Meyers
EXPERIMENTE IM INDIVIDUUM
Kurt Goldstein und die Fragen des Organismus
Kleine Edition 16
ISBN 978-3-941360-30-3

Rüdiger Campe, Christoph Menke, Anselm Haverkamp
BAUMGARTEN-STUDIEN
Zur Genealogie der Ästhetik
ISBN 978-3-941360-38-9

Friedrich Balke, Rembert Hüser
REISEN MIT KAFKA
Paris, Weimar
Kleine Edition 17
ISBN 978-3-941360-39-6

Jacques Lacan
STRUKTUR. ANDERSHEIT. SUBJEKTKONSTITUTION
Lacanian Explorations I
Kleine Edition 18
ISBN 978-3-941360-37-2

Leon Filter
BIEGEN
Mit einem Essay von Helmut Draxler
Kleine Edition 19
ISBN 978-3-941360-36-5

Volker Pantenburg u.a. (Hg.)
WÖRTERBUCH KINEMATOGRAFISCHER OBJEKTE
ISBN 978-3-941360-33-4

Jacques Rancière
DIE WÖRTER DER GESCHICHTE
Versuch einer Poetik des Wissens
ISBN 978-3-941360-42-6

Slavoj Žižek
THE WAGNERIAN SUBLIME
Four Lacanian Readings of Classic Operas
Lacanian Explorations II
Kleine Edition 20
ISBN 978-3-941360-41-9

Volker Pantenburg (ed.)
CINEMATOGRAPHIC OBJECTS
Things and Operations
ISBN 978-3-941360-34-1

Frédéric Paul
SARAH MORRIS
CAPITAL letters read better for Initials
ISBN 978-3-941360-46-4

David Joselit
NACH KUNST
ISBN 978-3-941360-47-1

Alexander García Düttmann
GEGEN DIE SELBSTERHALTUNG
Ernst und Unernst des Denkens
ISBN 978-3-941360-49-5

Eva Geulen
AUS DEM LEBEN DER FORM
Goethes Morphologie und die Nager
ISBN 978-3-941360-40-2

Daniel Loick
DER MISSBRAUCH DES EIGENTUMS
Kleine Edition 21
ISBN 978-3-941360-54-9

Georges Canguilhem
REGULATION UND LEBEN
Kleine Edition 22
ISBN 978-3-941360-43-3

Maria Muhle, Christiane Voss (Hg.)
BLACK BOX LEBEN
ISBN 978-3-941360-44-0

Astrid Deuber-Mankowsky
QUEERES POST-CINEMA
Yael Bartana, Su Friedrich, Todd Haynes, Sharon Hayes
Kleine Edition 25
ISBN 978-3-941360-55-6

Felix Trautmann (Hg.)
DAS POLITISCHE IMAGINÄRE
Freiheit und Gesetz V
ISBN 978-3-941360-31-0

Eric L. Santner
GESETZ UND PARANOIA
Freud, Schreber und die Passionen der Psychoanalyse
Lacanian Explorations III
ISBN 978-3-941360-53-2

Christoph Menke
RECHT UND GEWALT
Erweiterte Neuauflage
Kleine Edition 26
ISBN 978-3-941360-14-3

Richard Baxstrom, Todd Meyers
VIOLENCE'S FABLED EXPERIMENT
Kleine Edition 27
ISBN 978-3-941360-57-0

Christoph Menke
AM TAG DER KRISE
Kolumnen
Kleine Edition 29
ISBN 978-3-941360-62-4

Anne von der Heiden,
Sarah Kolb (Hg.)
LOGIK DES IMAGINÄREN
Diagonale Wissenschaft nach
Roger Caillois
Band 1: Versuchungen durch Natur,
Kultur und Imagination
ISBN 978-3-941360-58-7

Katja Müller-Helle (ed.)
THE LEGACY OF TRANSGRESSIVE
OBJECTS
ISBN 978-3-941360-64-8

Samo Tomšič
THE LABOUR OF ENJOYMENT
Towards a Critique of Libidinal
Economy
Lacanian Explorations IV
ISBN 978-3-941360-56-3

Gilles Deleuze, Claire Parnet
DIALOGE
ISBN 978-3-941360-48-8

Anne Sauvagnargues
ETHOLOGIE DER KUNST
Deleuze, Guattari und Simondon
Kleine Edition 30
ISBN 978-3-941360-60-0

Eric Fassin
REVOLTE ODER RESSENTIMENT
Über den Populismus
Kleine Edition 31
ISBN 978-3-941360-68-6

Jörg Dünne
KOSMOGRAMME
Geohistorische Skalierungen
romanischer Literaturen
Kleine Edition 32
ISBN 978-3-941360-69-3

Christian Maurel
FÜR DEN ARSCH
Mit einem Essay von Peter Rehberg
Kleine Edition 28
ISBN 978-3-941360-63-1

Anna Häusler, Elisabeth Heyne,
Lars Koch, Tanja Prokić
VERLETZEN UND BELEIDIGEN
ISBN 978-3-941360-70-9

Jörg Kreienbrock
DAS MEDIUM DER PROSA
Studien zur Theorie der Lyrik
ISBN 978-3-941360-66-2

Ludger Schwarte
DENKEN IN FARBE
Zur Epistemologie des Malens
ISBN 978-3-941360-71-6

Henning Trüper
SEUCHENJAHR
Kleine Edition 33
ISBN 978-3-941360-83-9

Hanna Hamel
ÜBERGÄNGLICHE NATUR
Kant, Herder, Goethe und
die Gegenwart des Klimas
ISBN 978-3-941360-80-8

Peer Illner (ed.)
UNWORKING
ISBN 978-3-941360-67-9

Gilles Châtelet
LEBEN UND DENKEN WIE
DIE SCHWEINE
ISBN 978-3-941360-79-2

Didier Debaise
VOM REIZ DES MÖGLICHEN
Natur als Ereignis
ISBN 978-3-941360-78-5

Martina Dobbe und
Francesca Raimondi (Hg.)
SERIALITÄT UND WIEDERHOLUNG:
REVISITED
ISBN 978-3-941360-75-4

Johanna Bussemer, Katja Kipping
GREEN NEW DEALS
ALS ZUKUNFTSPAKT
Die Karten neu mischen
Kleine Edition 37
ISBN 978-3-941360-88-4

Hanna Sohns und
Johannes Ungelenk (Hg.)
BERÜHREN LESEN
ISBN 978-3-941360-84-6

Hervé Guibert
ZYTOMEGALIEVIRUS
Krankenhaustagebuch
Kleine Edition 36
ISBN 978-3-941360-87-7

Hervé Guibert
DEM FREUND, DER MIR DAS LEBEN
NICHT GERETTET HAT
ISBN 978-3-941360-86-0

Alexander García Düttmann
DIE HOFFNUNGSLOSEN
ISBN 978-3-941360-90-7

Saidiya Hartman
DIESE BITTERE ERDE
(IST WOMÖGLICH NICHT,
WAS SIE SCHEINT)
ISBN 978-3-941360-91-4

Hannes Bajohr
SCHREIBENLASSEN
Texte zur Literatur im Digitalen
ISBN 978-3-94136-097-6

Leander Scholz
DIE REGIERUNG DER NATUR
Ökologie und politische Ordnung
ISBN 978-3-94136-096-9

Niklaus Largier, Anja Lemke (Hg.)
THEORIEN DES MÖGLICHEN
ISBN 978-3-94136-074-7

Kathy Acker, McKenzie Wark
DU HAST ES MIR SEHR ANGETAN
E-MAILS 1995/96
ISBN 978-3-94136-099-0

Julian Radlmaier
BLUTSAUGER
ISBN 978-3-7518-9004-5

Anna Häusler
SZENEN DER HERABSETZUNG
Tragik und Ideologie
ISBN 978-3-94136-098-3

Volker Pantenburg
AGGREGATZUSTÄNDE
BEWEGTER BILDER
ISBN 978-3-94136-095-2

Jeffrey Jerome Cohen
STEIN
Ökologie des Nichthumanen
ISBN 978-3-7518-9005-2

Georges Canguilhem
ÜBER MAURICE HALBWACHS
Mit einem Essay von Henning
Schmidgen
Kleine Edition 41
ISBN 978-3-7518-9007-6

Roger Caillois, Sarah Kolb,
Anne von der Heiden (Hg.)
DER MYTHOS UND DER MENSCH
ISBN 978-3-7518-9006-9

Olivia Sudjic
EXPONIERT
Kleine Edition 34
ISBN 978-3-94136-082-2

McKenzie Wark
REVERSE COWGIRL
ISBN 978-3-7518-9010-6

Louis Chude-Sokei
TECHNOLOGIE UND RACE
ISBN 978-3-7518-9011-3

Dan Edelstein, Stefanos Geroulanos,
Natasha Wheatley
MACHT UND ZEIT
Kleine Edition 43
ISBN 978-3-7518-9018-2